Parleremo Languages
Presents

Basic Vocabulary Activities
Portuguese - Volume 1

Compiled by Erik Zidowecki

For more language learning materials and the chance to meet other language learners, visit http://www.parleremo.org

Published by Scriveremo Publishing, a division of Parleremo Languages.

Welcome to this Vocabulary Activities book!

This book contains word searches, word scrambles, and quizzes
in 12 categories of words:

Airport	Clothing	Hotel
Animals	Family	Parts of the Body
Around the House	Food	Restaurant
Birds	Fruit	Vegetables

This book is divided into four main sections:

Word lists. These are the words for the different categories, listed in alphabetical order with parts of speech and the closest English translations. Parts of speech are given in []. The words are presented so you know what words are being used for the quizzes.

Searches. For each category, there are 12 puzzles. Words are listed with English translations. Find all the word in the grid of letters. Words may be in any direction vertically, horizontally and diagonally.

Scrambles. For each category, there are 6 puzzles, and each puzzle has 10 word scrambles. You must rearrange the letters of each scramble to get the correct word. There is a place under each scramble to write your answer. Spaces and hyphens are in their proper places already. Hints and solutions are availbe at the end of the scrambles section.

Quizzes. For each category, there are 6 quizzes, and each quiz has 24 questions. You must choose the best match for the word given. Solutions are available at the end of the quizzes section.

Note: In some cases , the common word for something may be used instead of the formal word, so as to help provide you with a more natural vocabulary.

We hope you learn some new vocabulary and have fun doing it!

No (new)
 └→ in

Para (to) (to somewhere for a longer time)
Au (to) (to somewhere for a short time)

   Au café (to the coffee shop)

Airport

aeromoça *[f]* - air hostess

aeroporto *[m]* - airport

agente de viagens *[m]* - ticket agent

agência de viagem *[f]* - travel agency

altitude *[f]* - altitude

asa *[f]* - wing (A - zАh)

assento *[m]* - seat

avião *[m]* - airplane

bagagem *[f]* - luggage

bandeja *[f]* - tray

banheiro *[m]* - toilet

bilhete *[m]* - ticket

bilhete de ida e volta *[m]* - round trip ticket

cabine *[m]* - cabin

cancelar *[v]* - to cancel

carregar *[v]* - to carry

cartão de embarque *[m]* - boarding pass

cedo *[adv]* - early

checar bagagens *[v]* - to check bags

check-in *[m]* - check-in

chegada *[f]* - arrival

co-pilôto *[m]* - copilot

colete salva-vidas *[m]* - life preserver

conexão *[m]* - connection

corredor *[m]* - gangway

de primeira classe *[adj]* - first class

declarar *[v]* - to declare

decolagem *[f]* - liftoff

decolar *[v]* - to take off

destino *[m]* - destination

detector de metais *[m]* - metal detector

direto *[adj]* - direct

doméstico *[adj]* - domestic

econômica *[f]* - economy class

embarcar *[v]* - to board

emergência *[f]* - emergency

fones de ouvido *[mp]* - headphones

fumantes *[adj]* - smoking

hangar *[m]* - hangar

helicóptero *[m]* - helicopter

heliporto *[m]* - helipad

informações *[np]* - information

internacional *[adj]* - international

isento de impostos *[adj]* - duty-free

janela *[f]* - window

mala *[m]* - suitcase

mochila *[f]* - rucksack

não-fumantes *[adj]* - non-smoking

oficial *[m]* - officer

oxigênio *[m]* - oxygen

partida *[f]* - departure

passageiro *[m]* - passenger

passagem de ida *[f]* - single ticket

passaporte *[m]* - passport

peso *[m]* - weight

pilôto *[m]* - pilot

pista *[f]* - runway

portão *[m]* - gate

pousar *[v]* - to land

proibido fumar *[adj]* - no smoking

reservar *[v]* - to book

roda *[f]* - wheel

saída *[f]* - exit

segurança *[f]* - security

sem parada *[adj]* - nonstop

sentar-se *[v]* - to sit down

tarde *[adv]* - late

terra *[f]* - land

tripulação *[m]* - crew

turbulência *[f]* - turbulence

voador *[adj]* - flying

voar *[v]* - to fly

vôo *[m]* - flight

Animals

asno *[m]* - donkey

babuíno *[m]* - baboon

bicho *[m]* - animal

búfalo *[m]* - buffalo

cabra *[f]* - goat

cachorrinho *[m]* - little dog

camelo *[m]* - camel

camundongo *[m]* - mouse

canguru *[m]* - kangaroo

canguru pequeno *[m]* - wallaby

castor *[m]* - beaver

cavalo *[m]* - horse

cervo *[m]* - deer

coala *[m]* - koala

cobra *[f]* - snake

coelho *[m]* - rabbit

cordeiro *[m]* - lamb

crocodilo *[m]* - crocodile

cão *[m]* - dog

elefante *[m]* - elephant

esquilo *[m]* - chipmunk

gato *[m]* - cat

gazela *[f]* - gazelle

girafa *[f]* - giraffe

gorila *[m]* - gorilla

guepardo *[m]* - cheetah

hiena *[f]* - hyena

hipopótamo *[m]* - hippopotamus

jacaré *[m]* - alligator

leopardo *[m]* - leopard

leão *[m]* - lion

lhama *[f]* - llama

lince *[m]* - bobcat

lobo *[m]* - wolf

macoco *[m]* - monkey

mula *[f]* - mule

occlote *[m]* - ocelot

onça *[f]* - jaguar

oricteropo *[m]* - aardvark

ovelha *[f]* - sheep

panda *[m]* - panda

pantera *[f]* - panther

porco *[m]* - pig

porco-espinho *[m]* - porcupine

puma *[m]* - cougar

raposa *[f]* - fox

rato *[m]* - rat

rinoceronte *[m]* - rhinoceros

sapo *[m]* - frog

tamanduá *[m]* - anteater

tartaruga *[f]* - tortoise

tatu *[m]* - armadillo

texugo *[m]* - badger

tigre *[m]* - tiger

touro *[m]* - bull

urso *[m]* - bear

vaca *[f]* - cow

zebra *[f]* - zebra

Around the House

alarme de relógio *[m]* - alarm clock

almofada *[f]* - pillow

armário *[m]* - cabinet

aspirador de pó *[m]* - hoover

banheira *[f]* - bath (tub)

cabana *[f]* - cot

cadeira *[f]* - chair

cafeteira *[f]* - coffee pot

caixa *[f]* - box

caldeira *[f]* - kettle

cama *[f]* - bed

carteira *[m]* - wallet

casa *[f]* - house

chave *[f]* - key

chuveiro *[m]* - shower

cinzeiro *[m]* - ashtray

cobertor *[m]* - blanket

cogelador *[m]* - freezer

colher *[f]* - spoon

copo *[m]* - glass

cortina *[f]* - curtain

cozinho *[m]* - kitchen

cuba *[f]* - pail

curtina do banheiro *[f]* - shower curtain

cômoda *[f]* - dresser

escadaria *[f]* - staircase

espelho *[m]* - mirror

estante de livros *[f]* - bookcase

faca *[f]* - knife

fogão *[m]* - stove

frigideira *[f]* - frying pan

garfo *[m]* - fork

garrafa *[f]* - bottle

gaveta *[f]* - drawer

geladeira *[f]* - refrigerator

guarda-roupa *[m]* - wardrobe

guardanapo *[m]* - napkin

imagem *[f]* - image

interruptor *[m]* - switch

lanterna elétrica *[f]* - torch

lata *[f]* - tin

lata de lixo *[f]* - rubbish can

lenço *[m]* - sheet

liquidificador *[m]* - blender

lustre *[f]* - lamp

mesa *[f]* - table

máquina de lavar *[f]* - washing machine

máquina de lavar louça *[f]* - dishwasher

móveis *[mp]* - furniture

panela *[f]* - pot

parede *[f]* - wall

pia da cozinha *[f]* - kitchen sink

pintura *[f]* - painting

porta *[f]* - door

porta-moedas *[f]* - purse

prateleira *[f]* - shelf

prato *[m]* - dish

relógio *[m]* - clock

retrato *[m]* - picture

rádio *[m]* - radio

sabão *[m]* - soap

saco de dormir *[m]* - sleeping bag

saco de lixo *[m]* - rubbish bag

saco de mão *[m]* - handbag

sacola *[f]* - bag

secador de roupa *[m]* - drier

soalho *[m]* - floor

sofá *[m]* - couch

tapete *[m]* - carpet

telefone *[m]* - telephone

televisão *[f]* - television

telhado *[m]* - roof

tigela *[f]* - bowl

torneira *[f]* - tap

torradeira *[f]* - toaster

této *[m]* - ceiling

vaso *[m]* - vase

vassoura *[f]* - broom

xícara *[f]* - cup

água *[f]* - water

Birds

abutre *[m]* - vulture
avestruz *[m]* - ostrich
cegonha *[f]* - stork
cisne *[m]* - swan
coruja *[f]* - owl
corvo *[m]* - crow
faisão *[m]* - pheasant
falcão *[m]* - hawk
flamingo *[m]* - flamingo
gaivota *[f]* - seagull
galinha *[f]* - hen
galo *[m]* - rooster

ganso *[m]* - goose
garça *[f]* - heron
papagaio *[m]* - parrot
pardal *[m]* - sparrow
pato *[m]* - duck
pelicano *[m]* - pelican
peru *[m]* - turkey
pomba *[f]* - dove
pombo *[m]* - pigeon
pássaro *[m]* - bird
rouxinol *[m]* - nightingale
águia *[f]* - eagle

Clothing

biquíni *[m]* - bikini
blusa *[f]* - blouse
boné *[m]* - cap
botas para caminhada *[f]* - hiking boots
cachecol *[m]* - scarf
calcinhas *[fp]* - knickers
calças *[fp]* - trousers
calças justas *[fp]* - tights
camisa *[f]* - shirt
camiseta *[f]* - T-shirt
capa de chuva *[f]* - mackintosh
cardigã *[m]* - cardigan
casaco de pele *[m]* - anorak
chapéu *[m]* - hat
chinelos *[mp]* - slippers
cinta *[f]* - corset
cinto *[m]* - belt
colete *[m]* - waistcoat
cuecas *[fp]* - briefs
fecho éclair *[m]* - zip
gravata *[f]* - necktie
gravata borboleta *[f]* - bow tie

guarda-chuva *[m]* - umbrella
jaleco *[m]* - jacket
jeans *[np]* - jeans
luva *[f]* - glove
luvas *[fp]* - gloves
macacão *[m]* - overalls
meias *[fp]* - socks
paletó *[m]* - coat
pijama *[m]* - pyjamas
roupas *[fp]* - clothes
roupão de banho *[m]* - dressing gown
saia *[f]* - skirt
sandálias *[fp]* - sandals
sobretudo *[m]* - overcoat
suspensórios *[mp]* - braces/suspenders
sutiã *[m]* - bra
suéter *[m]* - sweatshirt
tamanho *[m]* - size
terno *[m]* - suit
traje de banho *[m]* - bathing suit
tênis *[mp]* - running shoes
vestido *[m]* - dress

Family

avó [f] - grandmother

avô [m] - grandfather

enteada [f] - stepdaughter

enteado [m] - stepson

espôsa [f] - wife

família [f] - family

filha [f] - daughter

filho [m] - son

irmã [f] - sister

irmão [m] - brother

madrasta [m] - stepmother

mamãe [f] - mum

marido [m] - husband

maẽ [f] - mother

meia-irmã [f] - stepsister

meio-irmão [m] - stepbrother

neto [m] - grandchild

noiva [f] - bride

padrasto [m] - stepfather

pai [m] - father

pais [mp] - parent

papai [m] - dad

parente [m] - relative

parentes [mp] - relatives

primo [m] - cousin

sobrinha [f] - niece

sobrinho [m] - nephew

tia [f] - aunt

tio [m] - uncle

Food

azeite de oliva [m] - olive oil

açúcar [m] - sugar

barra de chocolate [f] - chocolate bar

biscoito [m] - cookie

bolacha [f] - biscuit

bolo [m] - cake

comida [f] - food

iogurte [m] - yoghurt

leite [m] - milk

manteiga [f] - butter

mostarda [f] - mustard

ovo [m] - egg

pastelaria [f] - pastry

pão [m] - bread

pãozinho [m] - bun

queijo [m] - cheese

sal [m] - salt

salada [f] - salad

sopa de legumes [f] - vegetable soup

sorvete [m] - ice-cream

vinagre [m] - vinegar

Fruit

abacaxi *[m]* - pineapple

ameixa *[f]* - plum

amendoim *[m]* - peanut

amora preta *[f]* - blackberry

amêndoa *[f]* - almond

avelã *[f]* - hazelnut

banana *[f]* - banana

castanha *[f]* - chestnut

cereja *[f]* - cherry

côco *[m]* - coconut

damasco *[m]* - apricot

figo *[m]* - fig

framboesa *[f]* - raspberry

fruta *[f]* - fruit

laranja *[f]* - orange

lima *[f]* - lime

limão *[m]* - lemon

maçã *[f]* - apple

melancia *[f]* - watermelon

melão *[m]* - melon

mirtilo *[m]* - blueberry

morango *[m]* - strawberry

noz *[f]* - walnut

passa *[f]* - raisin

pêra *[f]* - pear

pêssego *[m]* - peach

ruibarbo *[m]* - rhubarb

tangerina *[f]* - tangerine

toranja *[f]* - grapefruit

tâmara *[f]* - date

uva *[f]* - grape

Hotel

ar condicionado *[m]* - air conditioning

arrumadeira *[f]* - maid

café da manhã *[m]* - breakfast

carregador de malas *[m]* - bellboy

check-out *[m]* - check-out

conta *[f]* - bill

elevador *[m]* - lift

entrada *[f]* - entrance

escadas *[fp]* - stairs

garagem *[f]* - garage

gelo *[m]* - ice

gerente *[m]* - manager

hotel *[m]* - hotel

internet *[f]* - internet

mensagem *[f]* - message

pagar *[v]* - to pay

piscina *[f]* - swimming pool

piso *[m]* - floor

porteiro *[m]* - doorman

preço *[m]* - price

quarto *[m]* - room

queixa *[f]* - complaint

recepcionista *[f]* - receptionist

recepção *[f]* - reception desk

recibo *[m]* - receipt

recreação *[f]* - recreation

reserva *[f]* - booking

sacada *[f]* - balcony

sala de jantar *[f]* - dining room

sala de visita *[f]* - living room

salão de espera *[m]* - lobby

serviço de quarto *[m]* - room service

suíte *[f]* - suite

táxi *[m]* - taxi

térreo *[m]* - ground floor

vista *[f]* - view

Parts of the Body

amígdalas *[fp]* - tonsils

apêndice *[m]* - appendix

artéria *[f]* - artery

barba *[f]* - beard

barriga *[f]* - belly

bexiga *[f]* - bladder

bigode *[m]* - moustache

boca *[f]* - mouth

bochecha *[f]* - cheek

braço *[m]* - arm

cabelo *[m]* - hair

cabeça *[f]* - head

cara *[f]* - face

cerebro *[m]* - brain

cilho *[f]* - eyelash

cintura *[f]* - waist

coração *[m]* - heart

corpo *[m]* - body

costas *[fp]* - back

costela *[f]* - rib

cotovêlo *[m]* - elbow

côxa *[f]* - thigh

dedo *[m]* - finger

dedo do pé *[m]* - toe

dedo polegar *[m]* - thumb

dente *[m]* - tooth

dentes *[mp]* - teeth

espinha dorsal *[f]* - backbone

estômago *[m]* - stomach

fígado *[m]* - liver

garganta *[f]* - throat

glândula *[f]* - gland

joelho *[m]* - knee

junta *[f]* - joint

lábio *[m]* - lip

língua *[f]* - tongue

mandíbula *[f]* - jaw

mão *[f]* - hand

músculo *[m]* - muscle

nariz *[m]* - nose

nervo *[m]* - nerve

nó dos dedos *[m]* - knuckle

olho *[m]* - eye

ombro *[m]* - shoulder

orelha *[f]* - ear

osso *[m]* - bone

panturrilha *[f]* - calf

partes do corpo *[fp]* - parts of the body

pele *[f]* - skin

perna *[f]* - leg

pescoço *[m]* - neck

pulmão *[m]* - lung

pulso *[m]* - fist

punho *[m]* - wrist

pálpebra *[f]* - eyelid

pé *[m]* - foot

pés *[mp]* - feet

quadril *[m]* - hip

queixo *[m]* - chin

rim *[m]* - kidney

sangue *[m]* - blood

sardas *[np]* - freckles

seio *[m]* - breast

sobrancelha *[f]* - eyebrow

tendão *[m]* - tendon

testa *[m]* - forehead

tornozelo *[m]* - ankle

tórax *[m]* - thorax

unha *[f]* - fingernail

veia *[f]* - vein

íris *[m]* - iris

Restaurant

almoço *[m]* - lunch

aperitivo *[m]* - main course

barato *[adj]* - cheap

beber *[v]* - to drink

bebida *[f]* - beverage

cardápio *[mp]* - menu

caro *[adj]* - expensive

carta de vinhos *[f]* - winc list

colher de sopa *[f]* - soup spoon

com sede *[adj]* - thirsty

comer *[v]* - to eat

faminto *[adj]* - hungry

garfo de salada *[m]* - salad fork

garçom *[m]* - waiter

garçonete *[f]* - waitress

jantar *[m]* - dinner

pedir *[v]* - to order

prato de salada *[m]* - salad bowl

prato de sopa *[m]* - soup bowl

refeição *[f]* - meal

restaurante *[m]* - restaurant

sobremesa *[f]* - dessert

toalha de mesa *[f]* - tablecloth

Vegetables

abóbora *[f]* - pumpkin

aipo *[m]* - celery

alcachofra *[f]* - artichoke

alface *[f]* - lettuce

alho *[m]* - garlic

batata *[f]* - potato

berinjela *[f]* - aubergine

beterraba *[f]* - beet

brócolis *[mp]* - broccoli

cebola *[f]* - onion

cenoura *[f]* - carrot

cogumelo *[m]* - mushroom

couvre-flor *[f]* - cauliflower

erva doce *[f]* - fennel

ervilhas *[fp]* - peas

espargos *[m]* - asparagus

espinafre *[m]* - spinach

feijão *[fp]* - beans

legume *[m]* - vegetable

milho *[m]* - corn

pepino *[m]* - cucumber

picles *[mp]* - gherkins

pimenta *[f]* - pepper

rabanete *[m]* - radish

repolho *[m]* - cabbage

salsa *[f]* - parsley

tomate *[m]* - tomato

Welcome to the Word Search section!

Find all the Portuguese words in the puzzles.

Words may be in any direction vertically, horizontally and diagonally.

Parts of speech are given in [].

Portuguese - Word Search - #1 - Airport

h	e	l	i	p	o	r	t	o	s	l	l	õ
c	e	o	r	e	t	p	ó	c	i	l	e	h
h	a	n	g	a	r	s	ó	í	v	p	l	f
a	n	a	b	b	a	d	í	a	s	é	e	k
i	e	t	e	h	l	i	b	s	é	a	ã	j
c	j	s	e	n	t	a	r	s	e	í	ã	p
n	n	ã	o	f	u	m	a	n	t	e	s	b
ê	s	f	j	q	õ	ó	é	e	ç	ê	ã	s
g	s	s	x	f	m	e	g	a	g	a	b	d
r	õ	õ	n	m	e	g	a	l	o	c	e	d
e	j	t	u	r	b	u	l	ê	n	c	i	a
m	v	s	a	ç	n	a	ã	v	ê	t	ç	u
e	e	q	t	ç	í	l	p	i	s	t	a	b

Portuguese	English
turbulência [f]	turbulence
pista [f]	runway
saída [f]	exit
bilhete [m]	ticket
sentar-se [v]	to sit down
decolagem [f]	liftoff
emergência [f]	emergency
heliporto [m]	helipad
bagagem [f]	luggage
hangar [m]	hangar
não-fumantes [adj]	non-smoking
helicóptero [m]	helicopter

Find all the Portuguese words in the puzzle.

Portuguese - Word Search - #2 - Airport

ã	ã	o	r	e	t	p	ó	c	i	l	e	h
j	s	n	ã	o	f	u	m	a	n	t	e	s
t	k	v	o	c	e	s	r	a	t	n	e	s
m	a	r	a	v	r	e	s	e	r	í	h	f
x	d	l	h	c	o	r	r	e	d	o	r	g
m	a	í	ô	c	i	o	ê	a	n	ô	f	o
r	g	d	e	c	o	l	a	g	e	m	n	ã
ê	e	õ	õ	é	ó	é	u	j	m	t	l	x
t	h	i	d	h	õ	í	m	k	e	ç	í	e
p	c	h	e	l	i	p	o	r	t	o	e	n
p	i	l	ô	t	o	p	e	s	o	a	m	o
a	m	c	f	c	n	l	n	u	ç	n	k	c
b	a	d	i	t	r	a	p	í	ó	b	v	h

Portuguese	English
não-fumantes [adj]	non-smoking
helicóptero [m]	helicopter
conexão [m]	connection
peso [m]	weight
heliporto [m]	helipad
partida [f]	departure
reservar [v]	to book
sentar-se [v]	to sit down
decolagem [f]	liftoff
chegada [f]	arrival
corredor [m]	gangway
pilôto [m]	pilot

Find all the Portuguese words in the puzzle.

Portuguese - Word Search - #3 - Airport

ã	õ	h	e	l	i	c	ó	p	t	e	r	o
j	r	e	s	r	a	t	n	e	s	ê	n	f
ã	v	ô	r	j	ó	c	h	e	c	k	i	n
r	o	d	a	o	v	x	o	í	é	í	u	o
p	a	s	s	a	p	o	r	t	e	r	m	r
u	j	ó	l	h	o	d	j	v	h	a	s	i
h	e	l	i	p	o	r	t	o	l	s	a	e
h	h	m	i	p	õ	o	x	e	v	r	b	h
e	ô	õ	ç	u	j	k	n	g	o	a	ê	n
ó	r	n	j	n	o	a	ô	d	r	e	o	a
d	s	q	c	e	j	v	a	n	ô	ç	b	b
d	j	l	í	a	j	e	d	n	a	b	g	d
a	l	a	m	s	u	v	l	v	g	o	ê	f

Portuguese	English
heliporto [m]	helipad
sentar-se [v]	to sit down
roda [f]	wheel
voador [adj]	flying
mala [m]	suitcase
banheiro [m]	toilet
bandeja [f]	tray
passaporte [m]	passport
check-in [m]	check-in
janela [f]	window
helicóptero [m]	helicopter

Find all the Portuguese words in the puzzle.

Portuguese - Word Search - #4 - Airport

e	t	i	u	í	r	o	p	ç	d	õ	í	t
c	r	k	e	h	o	v	t	k	b	ç	i	m
o	i	g	a	ó	d	v	k	ô	a	m	r	f
õ	p	n	m	r	a	k	n	u	l	ô	h	f
p	u	a	v	i	ã	o	ç	d	u	i	v	f
o	l	p	g	b	a	n	d	e	j	a	p	p
r	a	j	s	e	n	t	a	r	s	e	g	ó
t	ç	u	v	r	a	g	e	r	r	a	c	h
ã	ã	q	a	ç	b	q	r	a	b	ê	v	n
o	o	k	é	i	f	j	í	q	é	a	x	h
b	ó	o	r	e	t	p	ó	c	i	l	e	h
ç	k	p	e	s	o	b	a	g	a	g	e	m
b	c	o	r	r	e	d	o	r	t	q	e	g

Portuguese	English
helicóptero [m]	helicopter
corredor [m]	gangway
tripulação [m]	crew
bagagem [f]	luggage
pilôto [m]	pilot
sentar-se [v]	to sit down
peso [m]	weight
portão [m]	gate
bandeja [f]	tray
roda [f]	wheel
carregar [v]	to carry
avião [m]	airplane

Find all the Portuguese words in the puzzle.

Portuguese - Word Search - #5 - Airport

r	k	j	g	õ	s	ó	j	o	ã	i	v	a
p	e	d	r	a	t	u	g	s	a	s	t	f
a	q	ç	k	ê	o	ã	x	e	n	o	c	o
r	õ	o	o	a	ç	o	m	o	r	e	a	o
t	o	t	g	d	v	v	g	b	ó	m	p	r
i	s	ô	m	e	g	a	l	o	c	e	d	i
d	g	l	h	q	j	ô	g	r	v	õ	é	e
a	d	i	d	l	c	m	f	n	u	é	e	h
v	í	p	a	e	r	o	p	o	r	t	o	n
q	q	s	t	t	h	í	a	d	o	r	x	a
d	u	i	k	ô	a	j	e	d	n	a	b	b
u	c	ê	u	ã	c	d	ê	g	r	m	í	ô
m	n	k	í	r	a	c	r	a	b	m	e	r

Portuguese	English
avião [m]	airplane
pilôto [m]	pilot
roda [f]	wheel
partida [f]	departure
tarde [adv]	late
aeroporto [m]	airport
embarcar [v]	to board
aeromoça [f]	stewardess
banheiro [m]	toilet
bandeja [f]	tray
decolagem [f]	take off
conexão [m]	connection

Find all the Portuguese words in the puzzle.

Portuguese - Word Search - #6 - Airport

b	l	x	c	m	m	q	õ	a	n	a	i	ô
c	õ	e	ó	c	c	h	n	õ	m	d	s	õ
õ	r	m	ã	õ	l	ç	ç	v	b	i	r	a
s	o	r	e	t	p	ó	c	i	l	e	h	f
a	l	i	h	c	o	m	p	ê	õ	d	x	h
ã	ç	r	o	d	a	o	v	n	í	m	a	v
t	r	i	p	u	l	a	ç	ã	o	e	l	ç
o	ã	x	e	n	o	c	a	q	r	g	t	c
a	l	t	j	g	d	v	s	o	t	a	i	a
p	s	o	é	i	i	c	ã	b	u	s	t	b
d	a	u	k	ã	ô	h	í	a	x	s	u	i
í	m	k	o	v	d	r	v	r	j	a	d	n
d	e	c	o	l	a	g	e	m	ô	p	e	e

Portuguese	English
tripulação [m]	crew
passagem de ida [f]	single ticket
conexão [m]	connection
helicóptero [m]	helicopter
altitude [f]	altitude
avião [m]	airplane
voador [adj]	flying
asa [f]	wing
decolagem [f]	take off
mochila [f]	rucksack
cabine [m]	cabin

Find all the Portuguese words in the puzzle.

Portuguese - Word Search - #7 - Airport

o	s	g	j	l	m	i	t	a	r	d	e	a
s	e	a	i	c	n	ê	l	u	b	r	u	t
s	n	í	j	c	r	a	ô	ô	í	ô	e	í
d	t	p	p	i	o	ô	é	k	ç	a	a	a
d	a	c	ê	ô	d	h	i	í	ó	d	d	g
n	r	b	e	k	a	m	f	x	u	í	í	d
r	s	e	í	ô	g	b	f	f	i	a	ó	b
s	e	t	n	a	m	u	f	ô	c	s	í	o
a	t	s	i	p	d	i	r	e	t	o	d	o
í	m	i	r	ó	r	e	s	e	r	v	a	r
é	r	k	q	a	ç	o	m	o	r	e	a	k
r	a	m	u	f	o	d	i	b	i	o	r	p
e	d	s	d	a	c	i	m	ô	n	o	c	e

Portuguese	English
proibido fumar [adj]	no smoking
aeromoça [f]	stewardess
direto [adj]	direct
pista [f]	runway
roda [f]	wheel
saída [f]	exit
turbulência [f]	turbulence
econômica [f]	economy class
reservar [v]	to book
tarde [adv]	late
fumantes [adj]	smoking
sentar-se [v]	to sit down

Find all the Portuguese words in the puzzle.

Portuguese - Word Search - #8 - Airport

f	k	e	c	o	n	ô	m	i	c	a	ó	í
m	m	g	s	e	g	u	r	a	n	ç	a	u
o	d	b	n	n	o	d	m	s	í	r	c	a
d	t	k	e	e	d	u	t	i	t	l	a	n
e	r	a	e	r	o	p	o	r	t	o	õ	j
s	a	l	k	m	e	g	a	l	o	c	e	d
r	g	s	e	t	n	a	m	u	f	o	ã	n
a	e	h	e	l	i	c	ó	p	t	e	r	o
t	r	o	t	r	o	p	i	l	e	h	o	ó
n	r	k	o	õ	s	l	ã	g	n	c	d	õ
e	a	ç	k	q	q	é	g	j	ã	i	a	d
s	c	n	r	g	ó	ê	a	a	v	i	ã	o
p	a	r	t	i	d	a	g	l	h	d	f	ç

Portuguese	English
avião [m]	airplane
não-fumantes [adj]	non-smoking
econômica [f]	economy class
partida [f]	departure
decolagem [f]	take off
sentar-se [v]	to sit down
carregar [v]	to carry
segurança [f]	security
roda [f]	wheel
helicóptero [m]	helicopter
altitude [f]	altitude
aeroporto [m]	airport
heliporto [m]	helipad

Find all the Portuguese words in the puzzle.

13

Portuguese - Word Search - #9 - Airport

d	o	r	a	r	a	l	c	e	d	o	ç	m
t	n	t	r	a	g	e	r	r	a	c	f	b
q	r	o	r	ó	p	i	l	ô	t	o	j	g
o	ê	i	d	o	n	i	r	d	t	l	t	d
o	t	r	p	r	p	t	í	d	o	p	i	o
t	n	n	c	u	e	i	d	h	s	d	d	h
t	g	i	e	c	l	s	l	õ	r	e	ê	r
q	õ	a	t	s	c	a	e	e	c	õ	k	o
ã	í	õ	í	s	s	j	ç	r	h	í	r	d
i	é	n	õ	a	e	a	ã	ã	v	x	o	a
b	ó	m	õ	r	x	d	d	ê	o	a	ã	o
s	m	g	g	a	r	r	e	t	i	n	r	v
a	d	o	r	n	o	q	g	f	r	a	b	ç

Portuguese	English
reservar [v]	to book
destino [m]	destination
terra [f]	land
pilôto [m]	pilot
tripulação [m]	crew
declarar [v]	to declare
voador [adj]	flying
roda [f]	wheel
cedo [adv]	early
carregar [v]	to carry
assento [m]	seat
heliporto [m]	helipad

Find all the Portuguese words in the puzzle.

Portuguese - Word Search - #10 - Airport

m	c	o	r	r	e	d	o	r	a	n	n	x
s	a	s	e	t	n	a	m	u	f	k	i	í
ó	ô	l	é	t	r	a	a	t	s	i	p	o
h	p	e	a	s	í	x	õ	ã	r	ã	c	j
g	ó	t	d	e	c	l	a	r	a	r	a	é
j	e	d	r	a	t	ç	s	í	ó	q	o	f
a	d	i	e	d	m	e	g	a	s	s	a	p
ç	x	c	m	a	ç	o	m	o	r	e	a	j
í	e	s	e	m	p	a	r	a	d	a	c	õ
e	l	ê	a	í	h	ê	j	õ	ê	f	c	j
r	í	a	d	i	t	r	a	p	ã	í	e	ê
x	é	ó	õ	ô	v	d	o	k	ã	h	d	f
ê	m	r	h	e	l	i	p	o	r	t	o	n

Portuguese	English
mala [m]	suitcase
partida [f]	departure
declarar [v]	to declare
corredor [m]	gangway
cedo [adv]	early
sem parada [adj]	nonstop
aeromoça [f]	stewardess
passagem de ida [f]	single ticket
heliporto [m]	helipad
tarde [adv]	late
fumantes [adj]	smoking
pista [f]	runway

Find all the Portuguese words in the puzzle.

Portuguese - Word Search - #11 - Airport

c	e	r	p	a	s	s	a	p	o	r	t	e
ç	s	t	q	o	a	a	e	o	ô	a	k	o
i	r	ó	e	i	s	g	t	q	ç	ô	r	e
v	a	õ	q	ô	a	ô	r	n	u	a	d	m
ã	t	ó	ê	t	l	p	a	o	g	r	é	o
s	n	a	p	i	e	r	u	e	a	v	k	c
o	e	n	p	c	u	r	r	t	j	e	k	h
p	s	o	í	g	t	r	r	n	q	j	t	i
v	c	é	e	c	a	t	é	a	b	l	f	l
d	l	s	ã	c	ó	a	d	í	a	s	ó	a
õ	s	o	j	ç	a	e	r	o	m	o	ç	a
a	e	r	o	p	o	r	t	o	j	f	x	i
e	q	l	õ	k	a	l	a	s	m	k	i	í

Portuguese	English
segurança [f]	security
terra [f]	land
mochila [f]	rucksack
saída [f]	exit
asa [f]	wing
carregar [v]	to carry
tarde [adv]	late
aeromoça [f]	air hostess
co-pilôto [m]	copilot
aeroporto [m]	airport
sentar-se [v]	to sit down
passaporte [m]	passport

Find all the Portuguese words in the puzzle.

Portuguese - Word Search - #12 - Airport

e	e	g	o	b	é	f	t	q	p	c	g	a
c	s	í	v	p	x	f	a	a	í	ó	s	o
a	r	a	s	c	d	ê	r	r	c	õ	e	ã
b	a	ç	e	d	u	t	d	a	n	ã	e	x
i	t	o	õ	c	i	ó	e	s	e	ê	m	e
n	n	m	ç	d	ê	v	a	u	ç	j	e	n
e	e	o	a	c	d	j	d	o	u	r	r	o
a	s	r	m	ç	f	v	o	p	o	ã	g	c
m	ã	e	r	p	õ	ã	r	d	b	f	ê	n
r	o	a	o	í	m	m	a	ê	n	i	n	ç
a	b	a	f	õ	h	o	í	q	d	n	c	b
o	a	o	n	ã	v	c	n	b	a	e	i	b
v	l	e	i	t	õ	u	ô	õ	v	m	a	q

Portuguese	English
partida [f]	departure
informações [np]	information
voador [adj]	flying
emergência [f]	emergency
sentar-se [v]	to sit down
cabine [m]	cabin
roda [f]	wheel
voar [v]	to fly
aeromoça [f]	air hostess
pousar [v]	to land
conexão [m]	connection
tarde [adv]	late

Find all the Portuguese words in the puzzle.

Portuguese - Word Search - #13 - Animals

c	ó	z	c	ã	o	r	b	x	p	ç	o	í
e	x	b	é	ã	l	i	r	n	ú	ã	c	ú
l	n	i	c	ú	o	n	o	h	é	ã	o	í
e	q	c	u	v	s	o	v	b	h	ç	b	o
f	t	h	é	ó	r	c	e	á	s	z	r	g
a	d	o	l	a	u	e	l	x	b	c	a	u
n	x	f	l	g	é	r	h	é	t	s	u	x
t	c	a	ã	c	ó	o	a	p	ó	t	j	e
e	o	ó	d	e	t	n	s	u	a	v	v	t
c	ç	á	é	í	b	t	z	t	x	b	ú	a
ã	e	c	n	i	l	e	ó	ã	ó	j	l	o
e	p	a	n	t	e	r	a	g	g	p	h	s
j	s	o	f	l	c	a	m	e	l	o	p	b

Portuguese	English
rinoceronte [m]	rhinoceros
cobra [f]	snake
tatu [m]	armadillo
elefante [m]	elephant
bicho [m]	animal
coala [m]	koala
ovelha [f]	sheep
lince [m]	bobcat
texugo [m]	badger
pantera [f]	panther
camelo [m]	camel
cão [m]	dog
urso [m]	bear

Find all the Portuguese words in the puzzle.

Portuguese - Word Search - #14 - Animals

ç	g	á	ú	ó	ç	c	ú	e	p	c	q	á
í	s	á	ã	u	j	d	l	é	a	c	j	í
s	m	ã	e	d	n	e	é	c	c	a	u	s
e	p	a	c	t	f	s	h	ç	d	v	f	a
q	c	m	c	a	a	o	ç	o	p	a	s	c
n	t	o	n	o	r	t	r	h	e	l	ú	a
d	d	t	b	r	c	a	u	á	í	o	e	v
p	e	g	i	r	p	o	j	l	ó	h	r	p
q	o	n	p	o	a	j	o	l	a	f	ú	b
b	h	r	s	o	f	ó	i	b	s	a	l	í
o	ú	a	c	m	b	n	a	ç	n	o	í	d
q	n	v	e	o	c	o	p	q	á	g	n	c
c	n	r	s	e	é	m	l	q	p	r	h	ã

Portuguese	English
búfalo [m]	buffalo
cachorrinho [m]	pup
onça [f]	jaguar
raposa [f]	fox
macoco [m]	monkey
lince [m]	lynx
cavalo [m]	horse
sapo [m]	frog
elefante [m]	elephant
porco [m]	pig
vaca [f]	cow
lobo [m]	wolf
tatu [m]	armadillo
cobra [f]	snake

Find all the Portuguese words in the puzzle.

Portuguese - Word Search - #15 - Animals

í	ú	b	a	b	u	í	n	o	v	x	c	u
t	e	d	t	i	n	p	m	x	j	c	x	a
z	h	a	g	u	r	a	t	r	a	t	t	m
f	i	r	ó	ó	j	g	o	r	i	l	a	u
p	p	e	x	a	v	m	ã	c	s	t	u	p
á	o	l	a	f	ú	b	é	n	j	a	o	x
r	p	ú	u	h	x	t	g	ç	g	d	r	o
o	ó	z	ã	r	b	p	a	r	u	n	i	a
g	t	l	o	q	u	i	v	t	ó	a	e	m
u	a	d	b	é	i	g	c	p	u	p	d	a
x	m	e	o	s	h	r	n	h	s	ã	r	h
e	o	ú	l	i	o	o	b	a	o	d	o	l
t	u	x	f	p	u	ú	u	é	c	d	c	é

Portuguese	English
cordeiro [m]	lamb
gorila [m]	gorilla
bicho [m]	animal
puma [m]	cougar
tartaruga [f]	tortoise
canguru [m]	kangaroo
lobo [m]	wolf
búfalo [m]	buffalo
panda [m]	panda
tatu [m]	armadillo
babuíno [m]	baboon
hipopótamo [m]	hippopotamus
lhama [f]	llama
texugo [m]	badger

Find all the Portuguese words in the puzzle.

Portuguese - Word Search - #16 - Animals

c	u	a	r	b	a	c	ã	x	l	c	h	u
í	a	ç	u	x	é	é	a	e	a	d	e	o
u	r	s	ç	b	a	h	o	c	a	ó	ú	s
i	e	a	t	n	m	p	h	ú	r	ç	l	ú
j	t	c	n	o	a	o	i	o	b	h	o	o
u	n	t	l	r	r	z	o	e	o	m	b	t
t	a	z	d	r	x	ú	p	a	c	ó	o	a
l	p	o	i	m	n	a	a	l	í	i	b	g
e	j	n	ú	a	c	r	s	a	g	q	x	z
ã	h	a	ó	a	ó	o	ã	o	h	i	q	e
o	ó	l	v	b	ó	s	f	c	x	ç	ã	é
c	a	v	a	l	o	á	ú	f	í	í	m	b
h	o	g	é	z	l	h	a	m	a	t	á	v

Portuguese	English
leopardo [m]	leopard
castor [m]	beaver
coala [m]	koala
gato [m]	cat
cachorrinho [m]	pup
lobo [m]	wolf
cabra [f]	goat
sapo [m]	toad
pantera [f]	panther
leão [m]	lion
cobra [f]	snake
lhama [f]	llama
vaca [f]	cow
cavalo [m]	horse

Find all the Portuguese words in the puzzle.

Portuguese - Word Search - #17 - Animals

o	m	d	g	é	a	r	e	t	n	a	p	o
n	h	i	ã	u	c	a	i	i	t	x	a	g
ç	o	n	a	g	u	r	a	t	r	a	t	f
a	r	f	i	z	ç	ç	o	h	l	e	o	c
r	d	r	e	p	r	l	n	í	ú	l	x	v
s	ú	b	z	r	s	e	g	é	v	n	ã	s
n	r	ã	t	q	i	e	ç	o	m	g	í	r
a	ç	o	c	ó	j	o	o	u	r	ç	f	o
ã	ú	h	x	j	p	a	l	c	u	i	s	t
f	a	m	a	h	l	a	c	b	r	g	l	s
v	ó	v	s	ç	t	q	ç	a	l	o	s	a
t	j	c	a	m	e	l	o	ó	r	o	p	c
m	i	z	ç	m	u	c	s	z	e	é	q	é

Portuguese	English
gorila [m]	gorilla
mula [f]	mule
lhama [f]	llama
zebra [f]	zebra
coelho [m]	rabbit
porco-espinho [m]	porcupine
jacaré [m]	alligator
camelo [m]	camel
tartaruga [f]	tortoise
pantera [f]	panther
castor [m]	beaver
onça [f]	jaguar

Find all the Portuguese words in the puzzle.

Portuguese - Word Search - #18 - Animals

t	ú	e	z	e	b	r	a	o	a	í	s	í
t	z	t	t	l	o	o	é	ã	o	o	s	o
ó	r	n	h	v	q	u	h	c	ã	t	a	l
q	t	a	s	m	b	i	t	d	ú	a	p	i
b	z	f	e	r	g	i	t	a	i	g	o	d
o	c	e	l	o	t	e	v	l	t	o	é	o
ç	v	l	g	g	a	é	b	p	s	j	s	c
z	u	e	a	r	b	o	c	a	z	l	f	o
o	d	r	a	p	o	e	l	n	ã	r	t	r
j	ó	é	n	r	ú	u	á	t	l	l	l	c
ç	p	c	z	é	v	o	ú	e	e	t	a	j
e	o	í	v	z	ã	ç	v	r	x	j	ç	n
g	s	g	m	q	s	o	ó	a	a	m	u	p

Portuguese	English
gato [m]	cat
tigre [m]	tiger
cobra [f]	snake
cão [m]	dog
pantera [f]	panther
puma [m]	cougar
elefante [m]	elephant
crocodilo [m]	crocodile
sapo [m]	toad
tatu [m]	armadillo
zebra [f]	zebra
leopardo [m]	leopard
ocelote [m]	ocelot

Find all the Portuguese words in the puzzle.

Portuguese - Word Search - #19 - Animals

s	s	é	v	h	i	e	n	a	m	ç	í	á
e	l	e	ã	q	b	í	ó	c	m	t	v	j
g	u	e	p	a	r	d	o	a	o	é	r	f
z	é	c	r	o	c	o	d	i	l	o	ç	b
o	r	u	o	t	l	u	u	o	ã	e	l	l
a	ú	á	o	ç	r	n	o	h	c	i	b	a
e	a	b	í	u	r	m	a	í	í	f	c	z
ç	b	f	g	r	e	c	n	i	l	a	v	ó
e	á	n	a	i	l	o	t	p	v	t	ã	g
ç	a	a	o	r	i	c	t	e	r	o	p	o
c	d	r	c	ç	i	ó	o	l	a	f	ú	b
ú	á	c	q	m	m	g	u	r	s	o	r	n
f	é	r	i	n	o	c	e	r	o	n	t	e

Portuguese	English
vaca [f]	cow
girafa [f]	giraffe
touro [m]	bull
crocodilo [m]	crocodile
lince [m]	bobcat
oricteropo [m]	aardvark
hiena [f]	hyena
urso [m]	bear
guepardo [m]	cheetah
leão [m]	lion
rinoceronte [m]	rhinoceros
bicho [m]	animal
búfalo [m]	buffalo
canguru [m]	kangaroo

Find all the Portuguese words in the puzzle.

Portuguese - Word Search - #20 - Animals

x	a	r	e	t	n	a	p	p	p	c	t	ó
ó	c	q	l	c	a	s	t	o	r	u	m	o
ã	f	p	o	t	p	a	t	v	b	v	m	p
r	z	o	b	z	c	o	h	i	ú	é	x	a
e	s	n	o	b	a	l	ã	l	g	a	i	s
e	x	s	j	é	n	i	s	h	e	r	s	t
h	b	a	v	o	g	d	ç	t	t	v	e	í
x	o	ã	e	l	u	o	m	h	ó	u	o	ç
l	ó	u	u	e	r	c	b	m	f	n	n	ç
i	u	z	r	d	u	o	ç	i	a	e	o	f
n	a	p	í	s	g	r	ó	ç	í	r	ã	z
c	b	ó	ó	ú	o	c	n	g	c	m	í	ú
e	u	e	h	a	i	o	v	ç	b	s	í	a

Portuguese	English
crocodilo [m]	crocodile
ovelha [f]	sheep
onça [f]	jaguar
tigre [m]	tiger
leão [m]	lion
lince [m]	lynx
castor [m]	beaver
puma [m]	cougar
canguru [m]	kangaroo
pantera [f]	panther
urso [m]	bear
asno [m]	donkey
sapo [m]	frog
lobo [m]	wolf

Find all the Portuguese words in the puzzle.

Portuguese - Word Search - #21 - Animals

ç	c	x	g	e	x	á	j	b	e	q	t	r
r	o	ó	q	t	t	a	m	a	n	d	u	á
i	a	n	r	m	c	m	a	í	d	f	l	c
n	ç	n	n	a	e	m	á	g	ç	o	n	a
o	n	b	r	m	e	s	q	u	i	l	o	c
c	o	é	l	e	o	p	a	r	d	o	b	h
e	o	p	o	r	e	t	c	i	r	o	ú	o
r	m	x	v	o	j	o	n	j	á	t	f	r
o	v	n	d	l	a	v	u	v	v	r	a	r
n	z	u	b	a	m	z	ç	v	m	j	l	i
t	l	ú	e	v	c	z	j	v	a	i	o	n
e	o	q	x	a	ó	a	s	n	o	c	ú	h
x	f	n	j	c	é	g	b	ú	x	h	a	o

Portuguese	English
oricteropo [m]	aardvark
búfalo [m]	buffalo
jacaré [m]	alligator
cachorrinho [m]	pup
esquilo [m]	chipmunk
leopardo [m]	leopard
asno [m]	donkey
onça [f]	jaguar
cavalo [m]	horse
vaca [f]	cow
rinoceronte [m]	rhinoceros
tamanduá [m]	anteater

Find all the Portuguese words in the puzzle.

Portuguese - Word Search - #22 - Animals

j	m	o	l	i	u	q	s	e	p	ó	v	z
h	c	a	c	h	o	r	r	i	n	h	o	b
ú	g	d	r	g	n	d	e	o	s	a	ç	é
ç	r	z	d	o	á	v	a	m	j	r	z	í
t	é	p	á	v	a	m	r	a	m	b	x	o
a	a	j	b	c	u	f	b	t	á	e	i	r
r	d	a	ç	l	s	i	a	ó	é	z	í	i
t	n	u	a	f	b	s	c	p	r	u	e	e
a	a	á	a	i	p	ç	o	o	í	r	x	d
r	p	o	á	o	ç	e	ã	p	g	l	p	r
u	ú	á	á	t	o	h	c	i	b	t	f	o
g	p	q	é	a	j	r	t	h	v	u	h	c
a	e	t	ã	g	g	u	q	s	l	i	á	p

Portuguese	English
zebra [f]	zebra
panda [m]	panda
tigre [m]	tiger
bicho [m]	animal
mula [f]	mule
gato [m]	cat
hipopótamo [m]	hippopotamus
cordeiro [m]	lamb
cachorrinho [m]	little dog
tartaruga [f]	tortoise
esquilo [m]	squirrel
cabra [f]	goat

Find all the Portuguese words in the puzzle.

Portuguese - Word Search - #23 - Animals

e	r	g	i	t	ã	g	j	e	i	r	v	c
ú	g	a	r	b	e	z	x	c	e	i	i	á
ú	ç	x	o	c	ã	o	a	n	ã	á	o	m
á	a	h	p	a	b	s	o	i	j	d	q	ó
a	r	b	m	s	t	c	ó	l	r	c	q	ã
e	b	n	í	o	o	i	g	a	g	i	á	c
j	a	p	r	c	c	i	p	ç	n	u	ç	é
c	c	é	a	v	r	o	u	é	d	g	u	u
a	g	m	j	a	e	t	o	n	x	j	q	ó
m	d	j	f	l	a	t	a	ç	v	l	a	f
e	p	a	r	t	a	m	r	a	p	o	s	a
l	l	i	z	g	a	ã	z	a	é	l	u	t
o	q	ã	h	t	t	o	l	l	l	r	r	o

Portuguese	English
tamanduá [m]	anteater
castor [m]	beaver
cão [m]	dog
camelo [m]	camel
cabra [f]	goat
raposa [f]	fox
tatu [m]	armadillo
lince [m]	bobcat
macoco [m]	monkey
leopardo [m]	leopard
tigre [m]	tiger
zebra [f]	zebra
girafa [f]	giraffe
gato [m]	cat

Find all the Portuguese words in the puzzle.

Portuguese - Word Search - #24 - Animals

l	r	á	p	a	ú	o	o	v	e	l	h	a
d	h	e	r	g	i	t	c	a	u	g	í	o
ú	ç	a	d	n	a	p	é	r	g	q	i	h
a	u	z	q	á	h	o	h	l	e	o	c	n
r	i	n	o	c	e	r	o	n	t	e	a	i
p	ç	é	z	z	o	o	x	ó	ó	r	f	p
p	m	g	ç	ó	ú	u	c	a	b	j	a	s
í	á	r	p	z	x	l	a	a	á	q	r	e
z	e	b	r	a	h	l	c	n	m	ó	i	o
a	b	b	g	b	r	n	i	í	i	v	g	c
c	a	ç	a	r	e	t	n	a	p	u	z	r
q	á	m	o	c	r	o	p	l	s	s	s	o
t	a	m	a	n	d	u	á	b	o	p	é	p

Portuguese	English
coelho [m]	rabbit
cabra [f]	goat
pantera [f]	panther
rinoceronte [m]	rhinoceros
zebra [f]	zebra
panda [m]	panda
porco [m]	pig
girafa [f]	giraffe
ovelha [f]	sheep
porco-espinho [m]	porcupine
tigre [m]	tiger
tamanduá [m]	anteater

Find all the Portuguese words in the puzzle.

Portuguese - Word Search - #25 - Around the House

ó	n	h	a	d	a	f	o	m	l	a	o	é
m	a	r	i	e	d	l	a	c	c	r	r	f
c	t	b	e	n	o	f	e	l	e	t	i	ó
a	v	a	s	s	o	u	r	a	ó	m	e	z
b	n	n	r	í	p	f	b	u	f	q	z	o
a	a	i	r	a	d	a	c	s	e	a	n	s
n	ó	d	c	e	r	t	s	u	l	l	i	a
a	á	í	ô	ô	j	c	ô	h	s	o	c	v
m	z	g	m	n	g	r	m	f	x	c	q	ã
é	r	á	o	t	x	í	m	s	s	a	ç	i
á	a	p	d	e	x	m	s	á	n	s	h	g
ô	p	i	a	d	a	c	o	z	i	n	h	a
á	f	ç	b	b	o	i	g	ó	l	e	r	l

Portuguese	English
telefone [m]	telephone
cômoda [f]	dresser
vaso [m]	vase
pia da cozinha [f]	kitchen sink
escadaria [f]	staircase
cinzeiro [m]	ashtray
sacola [f]	bag
caldeira [f]	kettle
cabana [f]	cot
lustre [f]	lamp
vassoura [f]	broom
almofada [f]	pillow
relógio [m]	clock

Find all the Portuguese words in the puzzle.

Portuguese - Word Search - #26 - Around the House

c	h	s	n	i	v	ã	d	o	a	p	z	j
o	q	o	i	z	ó	r	t	o	a	c	o	p
r	á	s	x	z	t	l	v	u	h	a	h	m
t	ã	í	p	r	a	t	o	v	n	ó	l	ó
i	a	f	r	i	g	i	d	e	i	r	a	v
n	r	x	á	l	p	h	m	a	z	a	o	e
a	l	e	s	o	a	h	q	r	o	r	s	i
c	i	u	r	a	z	f	h	i	c	i	n	s
h	r	t	p	c	c	b	z	e	a	e	m	c
d	a	z	ô	z	r	o	ã	h	d	n	c	ç
m	g	q	ç	m	c	ç	l	n	a	r	b	v
l	c	c	a	i	x	a	ô	a	i	o	d	q
c	ó	ã	í	n	ç	ç	s	b	p	t	ç	h

Portuguese	English
pia da cozinha [f]	kitchen sink
frigideira [f]	frying pan
caixa [f]	box
sacola [f]	bag
móveis [mp]	furniture
porta [f]	door
cortina [f]	curtain
prato [m]	dish
banheira [f]	bath (tub)
torneira [f]	tap
soalho [m]	floor

Find all the Portuguese words in the puzzle.

Portuguese - Word Search - #27 - Around the House

r	l	p	r	a	t	e	l	e	i	r	a	f
o	l	t	x	a	d	o	m	ô	c	ç	a	í
d	v	a	s	s	o	u	r	a	ç	q	z	g
a	l	p	ô	a	b	p	s	á	t	o	t	n
l	e	e	e	é	d	a	h	ó	q	j	a	r
e	n	t	u	u	a	n	t	h	o	b	l	á
g	ç	e	g	n	ç	e	b	c	i	p	m	x
o	o	s	a	c	p	l	o	f	g	e	o	x
c	v	b	r	z	r	a	q	í	ó	b	f	f
f	r	s	r	u	ô	a	d	á	l	é	a	s
ç	r	a	a	q	s	l	ó	d	e	c	d	ô
z	u	é	f	m	d	ó	v	n	r	ã	a	a
f	a	ç	a	r	i	e	d	a	c	o	u	c

Portuguese	English
cômoda [f]	dresser
relógio [m]	clock
panela [f]	pot
garrafa [f]	bottle
prateleira [f]	shelf
lenço [m]	sheet
almofada [f]	pillow
vassoura [f]	broom
cadeira [f]	chair
cogelador [m]	freezer
tapete [m]	carpet

Find all thc Portuguese words in the puzzle.

Portuguese - Word Search - #28 - Around the House

z	t	t	b	ç	p	p	a	n	e	l	a	í
m	c	ã	á	a	o	x	u	e	m	f	l	a
ó	v	a	r	a	q	í	q	é	l	g	r	r
n	x	e	p	ç	n	ô	z	n	a	t	e	i
m	d	g	o	u	t	i	a	r	t	c	l	e
e	o	ã	o	s	o	g	t	v	a	m	ó	d
i	r	d	ã	i	a	r	e	r	o	u	g	a
m	m	á	g	u	a	v	a	d	o	f	i	l
a	r	s	o	j	t	c	a	d	i	c	o	e
g	g	f	f	í	f	h	t	g	r	s	x	g
e	d	g	t	ô	l	u	l	c	j	a	g	ô
m	q	a	ô	e	á	ó	á	t	t	e	u	e
j	b	u	t	i	g	e	l	a	ô	é	r	g

Portuguese	English
telhado [m]	roof
lata [f]	tin
imagem [f]	image
vaso [m]	vase
água [f]	water
geladeira [f]	refrigerator
guarda-roupa [m]	wardrobe
parede [f]	wall
cortina [f]	curtain
relógio [m]	clock
panela [f]	pot
tigela [f]	bowl
fogão [m]	stove

Find all the Portuguese words in the puzzle.

Portuguese - Word Search - #29 - Around the House

á	x	r	x	f	s	á	ô	ã	m	á	r	a
e	é	g	ó	c	ô	m	o	d	a	u	c	r
á	l	c	h	a	v	e	é	é	e	o	o	i
a	b	a	n	h	e	i	r	o	b	f	ç	e
x	é	j	n	ô	m	s	ã	e	c	l	l	d
a	s	a	c	a	g	é	r	i	m	a	c	l
c	f	v	b	á	i	t	f	o	ç	t	h	a
n	b	ç	g	i	o	u	x	i	t	a	u	c
í	g	u	a	r	d	a	n	a	p	o	v	ó
d	d	e	a	i	r	a	d	a	c	s	e	x
m	r	o	t	a	r	p	r	h	o	b	i	a
n	é	s	r	ó	á	ã	l	z	c	o	r	é
d	h	g	í	c	o	r	t	i	n	a	o	z

Portuguese	English
guardanapo [m]	napkin
casa [f]	house
cobertor [m]	blanket
banheiro [m]	toilet
chave [f]	key
escadaria [f]	staircase
caldeira [f]	kettle
prato [m]	dish
cômoda [f]	dresser
chuveiro [m]	shower
cortina [f]	curtain
lata [f]	tin

Find all the Portuguese words in the puzzle.

Portuguese - Word Search - #30 - Around the House

u	x	g	o	r	i	e	h	n	a	b	h	x
a	z	r	a	f	v	a	o	u	v	á	s	e
b	b	á	v	ó	í	r	l	o	l	ó	o	s
h	ó	u	v	d	i	á	ô	a	v	l	d	c
e	h	a	c	e	e	o	f	g	í	á	a	a
s	í	u	z	q	r	a	u	g	f	ã	h	d
a	é	n	u	á	r	j	t	ô	é	c	l	a
z	i	n	d	r	o	ç	n	e	l	x	e	r
c	ã	i	a	e	ô	d	o	z	u	e	t	i
ã	o	g	e	o	f	r	a	g	o	ã	n	a
ô	a	r	i	e	t	e	f	a	c	p	m	c
q	j	j	ó	x	n	u	u	s	t	r	a	g
m	s	ô	á	c	a	r	t	e	i	r	a	t

Portuguese	English
garrafa [f]	bottle
rádio [m]	radio
banheiro [m]	loo
cafeteira [f]	coffee pot
cinzeiro [m]	ashtray
lenço [m]	sheet
cuba [f]	pail
carteira [m]	wallet
escadaria [f]	staircase
telhado [m]	roof
garfo [m]	fork

Find all the Portuguese words in the puzzle.

Portuguese - Word Search - #31 - Around the House

f	h	l	i	a	o	a	q	p	ô	á	m	v
í	z	t	n	l	r	t	t	g	o	g	c	o
f	ô	á	t	e	d	a	n	ã	e	b	i	r
o	s	e	e	n	x	r	q	s	d	z	n	i
u	f	t	r	a	o	i	ô	a	e	q	z	e
c	h	ã	r	p	i	e	p	m	r	u	e	h
o	a	c	u	t	r	d	r	r	a	f	i	n
z	l	t	p	l	á	l	a	ã	p	g	r	a
i	a	ã	t	j	m	a	t	s	x	u	o	b
n	g	ç	o	h	r	c	o	á	g	g	ô	é
h	z	j	r	t	a	c	a	n	a	b	a	c
o	v	c	e	r	t	s	u	l	j	u	j	p
a	s	p	i	r	a	d	o	r	d	e	p	ó

Portuguese	English
cabana [f]	cot
banheiro [m]	loo
prato [m]	dish
caldeira [f]	kettle
cinzeiro [m]	ashtray
interruptor [m]	switch
lustre [f]	lamp
panela [f]	pot
aspirador de pó [m]	hoover
cozinho [m]	kitchen
parede [f]	wall
armário [m]	cabinet

Find all the Portuguese words in the puzzle.

Portuguese - Word Search - #32 - Around the House

s	é	ô	í	u	a	j	ó	ô	q	r	u	b
v	g	í	b	ó	ó	a	a	é	x	é	í	í
o	z	b	u	c	z	s	b	n	d	i	s	b
q	ç	a	m	t	n	a	u	b	e	o	é	i
í	ô	n	ô	h	t	c	c	a	a	l	g	o
j	ç	h	e	g	l	o	s	d	r	z	a	i
ã	c	e	g	l	h	ã	a	o	i	c	é	d
b	s	i	t	l	l	z	c	m	e	a	b	á
m	t	r	a	u	r	t	o	ô	t	d	i	r
l	t	o	á	o	m	é	l	c	r	e	í	á
i	s	o	g	h	ã	ô	a	u	a	i	q	v
ô	z	x	a	n	i	t	r	o	c	r	z	ó
ã	r	a	r	m	á	r	i	o	p	a	é	u

Portuguese	English
carteira [m]	wallet
cuba [f]	pail
janela [f]	window
rádio [m]	radio
lenço [m]	sheet
cômoda [f]	dresser
casa [f]	house
banheiro [m]	toilet
sacola [f]	bag
soalho [m]	floor
cadeira [f]	chair
cortina [f]	curtain
armário [m]	cabinet

Find all the Portuguese words in the puzzle.

Portuguese - Word Search - #33 - Around the House

p	i	ç	m	a	d	a	f	o	m	l	a	x
i	b	m	h	á	l	h	r	í	ó	ó	j	d
f	c	z	a	i	f	í	e	a	r	é	l	x
c	e	j	á	g	z	r	ç	t	e	b	ó	p
j	r	ã	x	l	e	n	ç	o	e	l	i	o
x	ô	f	í	q	e	m	v	x	h	p	i	ó
ô	s	d	c	u	b	a	l	ã	t	a	a	z
t	e	l	h	a	d	o	í	h	l	ô	r	t
c	a	b	a	n	a	o	i	e	n	h	i	x
q	ã	a	á	g	t	a	n	b	p	o	a	a
e	h	x	z	é	p	a	n	e	l	a	l	m
b	n	s	t	i	j	g	g	t	v	j	é	v
j	j	x	í	c	a	r	a	n	j	n	b	ó

Portuguese	English
této [m]	ceiling
panela [f]	pot
almofada [f]	pillow
cabana [f]	cot
imagem [f]	image
tapete [m]	carpet
janela [f]	window
lenço [m]	sheet
telhado [m]	roof
cuba [f]	pail
xícara [f]	cup

Find all the Portuguese words in the puzzle.

Portuguese - Word Search - #34 - Around the House

s	a	ç	s	a	r	a	c	í	x	z	r	x
l	r	s	p	í	u	p	x	p	ó	a	f	ó
n	i	a	r	a	n	ô	u	m	l	a	t	t
b	e	c	g	f	n	r	r	o	f	r	a	g
p	d	o	e	a	l	e	c	á	t	j	j	h
r	a	d	v	s	v	a	l	ó	g	v	x	c
a	c	e	o	d	s	e	p	a	é	f	c	n
t	q	d	a	ó	g	v	t	d	o	s	a	v
o	ó	o	z	e	d	e	r	a	p	n	f	x
é	d	r	r	s	i	e	v	ó	m	x	z	h
t	ç	m	t	ô	v	f	á	n	r	ç	ô	p
o	x	i	a	a	r	i	e	t	r	a	c	ô
í	f	r	s	g	ç	c	o	r	t	i	n	a

Portuguese	English
parede [f]	wall
saco de dormir [m]	sleeping bag
xícara [f]	cup
garfo [m]	fork
vaso [m]	vase
carteira [m]	wallet
panela [f]	pot
sacola [f]	bag
cortina [f]	curtain
gaveta [f]	drawer
móveis [mp]	furniture
cadeira [f]	chair
prato [m]	plate

Find all the Portuguese words in the puzzle.

Portuguese - Word Search - #35 - Around the House

s	a	c	o	d	e	d	o	r	m	i	r	o
h	l	u	s	t	r	e	s	j	ô	x	g	p
o	ç	q	f	r	i	g	i	d	e	i	r	a
ã	t	p	n	t	ã	u	x	d	c	j	í	n
s	ô	c	á	ô	u	h	o	z	l	v	r	a
i	o	x	c	o	l	h	e	r	d	i	á	d
v	f	o	r	i	e	v	u	h	c	h	d	r
e	r	r	c	o	t	a	r	p	a	b	i	a
l	a	d	z	o	j	é	ç	o	j	r	o	u
e	g	c	c	ã	p	p	g	e	e	ô	l	g
t	a	p	e	t	e	o	m	ã	j	ã	c	a
m	ô	ã	o	x	i	l	e	d	a	t	a	l
ó	z	h	i	j	x	z	g	x	ã	p	r	q

Portuguese	English
tapete [m]	carpet
lata de lixo [f]	rubbish can
colher [f]	spoon
saco de dormir [m]	sleeping bag
copo [m]	glass
guardanapo [m]	napkin
rádio [m]	radio
garfo [m]	fork
lustre [f]	lamp
chuveiro [m]	shower
prato [m]	plate
frigideira [f]	frying pan
televisão [f]	television

Find all the Portuguese words in the puzzle.

Portuguese - Word Search - #36 - Around the House

h	x	p	c	a	l	d	e	i	r	a	p	e
ó	g	a	v	e	t	a	m	b	a	s	e	m
p	o	r	t	a	m	o	e	d	a	s	e	í
ô	í	ã	l	f	v	s	a	q	i	p	t	r
r	a	í	o	c	d	t	i	o	c	t	e	o
o	r	q	h	s	a	i	u	o	b	ã	p	i
d	i	p	l	l	n	d	m	r	j	o	a	o
a	e	b	a	f	z	z	l	i	c	l	t	t
l	t	n	o	d	x	u	c	e	q	í	x	u
e	r	r	s	é	s	m	p	z	ç	c	é	f
g	a	j	ó	t	f	á	a	n	z	e	c	a
o	c	a	r	é	c	d	ã	i	g	u	í	r
c	ô	e	ç	d	z	f	m	c	b	h	e	f

Portuguese	English
caldeira [f]	kettle
tapete [m]	carpet
mesa [f]	table
copo [m]	glass
lustre [f]	lamp
soalho [m]	floor
porta-moedas [f]	purse
cinzeiro [m]	ashtray
gaveta [f]	drawer
cogelador [m]	freezer
carteira [m]	wallet
lata [f]	tin

Find all the Portuguese words in the puzzle.

Portuguese - Word Search - #37 - Birds

l	f	t	o	ã	s	i	a	f	m	á	ã	v
o	m	a	x	o	r	f	e	f	á	c	v	r
n	á	z	l	j	t	p	a	r	d	a	l	á
i	b	r	z	c	g	a	x	ã	o	g	h	x
x	a	i	ã	n	ã	d	p	a	n	p	u	a
u	t	u	r	e	p	o	b	i	a	m	z	i
o	o	o	d	t	d	m	l	h	c	s	z	u
r	v	b	r	x	o	l	n	u	i	f	s	g
z	i	m	n	p	s	o	a	j	l	j	t	á
r	a	o	z	j	g	j	l	u	e	á	ç	v
l	g	p	c	e	l	l	i	a	p	o	n	g
g	n	c	c	n	f	á	e	b	p	z	s	a
g	a	l	o	h	p	a	p	a	g	a	i	o

Portuguese	English
papagaio [m]	parrot
galo [m]	rooster
pardal [m]	sparrow
falcão [m]	hawk
pelicano [m]	pelican
pomba [f]	dove
águia [f]	eagle
gaivota [f]	seagull
rouxinol [m]	nightingale
faisão [m]	pheasant
pato [m]	duck
peru [m]	turkey
pombo [m]	pigeon
cegonha [f]	stork

Find all the Portuguese words in the puzzle.

Portuguese - Word Search - #38 - Birds

z	ã	l	g	d	a	e	n	s	i	c	v	a
x	o	l	a	m	t	x	ã	u	i	a	d	j
á	f	a	v	a	o	p	o	m	b	o	m	s
p	a	d	e	á	v	g	p	o	m	b	a	n
j	l	r	s	a	i	a	x	á	x	d	a	o
p	c	a	t	r	a	l	h	e	r	r	g	c
á	ã	p	r	u	g	i	v	a	ã	n	o	p
s	o	r	u	ã	o	n	p	r	i	r	ã	d
s	i	u	z	s	v	h	c	m	u	c	n	x
a	a	s	n	v	x	a	a	j	p	o	u	o
r	o	u	a	ç	g	l	a	ã	ã	u	r	n
o	p	x	x	s	f	j	t	a	t	á	e	j
u	x	r	o	u	x	i	n	o	l	n	p	h

Portuguese	English
galinha [f]	hen
peru [m]	turkey
pomba [f]	dove
rouxinol [m]	nightingale
avestruz [m]	ostrich
pombo [m]	pigeon
flamingo [m]	flamingo
falcão [m]	hawk
coruja [f]	owl
pardal [m]	sparrow
cisne [m]	swan
gaivota [f]	seagull
pássaro [m]	bird

Find all the Portuguese words in the puzzle.

Portuguese - Word Search - #39 - Birds

o	t	c	u	o	g	r	p	a	ç	r	a	g
a	h	o	i	a	g	a	p	a	p	t	á	t
b	f	s	z	x	t	e	n	o	r	g	i	ç
m	g	f	m	t	r	b	r	s	a	d	t	a
o	t	z	i	u	m	c	f	i	o	z	a	n
p	e	r	u	n	j	a	v	z	s	h	m	l
h	t	i	m	r	h	o	z	o	s	ç	f	o
o	r	e	t	n	t	p	ã	z	a	x	s	n
l	s	v	o	a	l	s	o	v	r	o	c	i
a	x	g	ç	o	i	ã	e	v	ç	m	t	x
g	e	x	á	a	l	s	u	v	m	b	i	u
c	o	j	f	c	r	d	a	h	a	p	c	o
t	c	u	e	s	ã	á	g	u	i	a	p	r

Portuguese	English
avestruz [m]	ostrich
corvo [m]	crow
faisão [m]	pheasant
ganso [m]	goose
peru [m]	turkey
papagaio [m]	parrot
rouxinol [m]	nightingale
cegonha [f]	stork
gaivota [f]	seagull
garça [f]	heron
galo [m]	rooster
pardal [m]	sparrow
águia [f]	eagle
pomba [f]	dove

Find all the Portuguese words in the puzzle.

Portuguese - Word Search - #40 - Birds

c	p	n	j	a	j	u	r	o	c	ç	f	r
e	o	h	ç	h	ã	c	s	d	a	z	o	n
g	m	j	c	s	i	o	p	z	z	u	d	n
o	b	a	f	s	f	a	t	a	x	e	á	h
n	o	o	n	c	p	x	e	i	d	b	n	p
h	a	e	i	a	o	g	n	i	m	a	l	f
a	g	h	g	s	f	o	ã	b	o	b	b	g
á	i	a	n	r	l	c	o	r	v	o	z	g
p	i	c	t	i	o	ã	s	i	a	f	b	a
o	z	á	g	c	l	m	m	b	s	h	h	m
j	ç	b	n	á	g	a	l	ç	o	l	u	t
u	m	l	m	ã	z	g	g	h	c	l	m	m
á	g	u	i	a	o	p	a	r	d	a	l	g

Portuguese	English
pombo [m]	pigeon
cisne [m]	swan
coruja [f]	owl
flamingo [m]	flamingo
galinha [f]	hen
rouxinol [m]	nightingale
corvo [m]	crow
papagaio [m]	parrot
faisão [m]	pheasant
águia [f]	eagle
cegonha [f]	stork
pardal [m]	sparrow

Find all the Portuguese words in the puzzle.

Portuguese - Word Search - #41 - Birds

c	n	n	f	m	u	r	m	u	á	c	v	m
á	o	v	j	a	ç	r	a	g	x	u	x	e
r	s	a	i	u	g	á	e	á	c	c	p	s
c	n	l	o	ç	p	c	g	f	b	r	e	a
l	a	d	r	a	p	b	r	a	f	o	l	h
a	g	j	p	o	m	b	a	i	b	u	i	n
z	u	r	t	s	e	v	a	s	e	x	c	i
j	o	x	ã	s	c	e	t	ã	l	i	a	l
m	l	f	d	o	t	á	j	o	l	n	n	a
b	a	g	u	t	b	o	a	v	v	o	o	g
ç	g	f	l	a	m	i	n	g	o	l	e	v
e	ç	j	á	p	l	i	á	o	p	l	n	d
ç	e	n	a	t	o	v	i	a	g	m	ã	r

Portuguese	English
faisão [m]	pheasant
avestruz [m]	ostrich
ganso [m]	goose
rouxinol [m]	nightingale
garça [f]	heron
flamingo [m]	flamingo
galinha [f]	hen
gaivota [f]	seagull
pato [m]	duck
pardal [m]	sparrow
galo [m]	rooster
pelicano [m]	pelican
águia [f]	eagle
pomba [f]	dove

Find all the Portuguese words in the puzzle.

Portuguese - Word Search - #42 - Birds

a	b	e	á	e	l	x	c	o	r	u	j	a
l	f	i	o	o	j	t	a	b	p	e	r	u
a	g	t	f	e	s	b	j	g	a	z	ã	d
d	a	t	p	c	u	s	v	s	r	n	s	d
r	i	r	r	t	o	e	m	p	c	l	z	u
a	v	d	r	t	p	r	e	l	i	o	f	á
p	o	e	n	r	o	l	v	v	s	n	c	p
ç	t	e	c	s	i	e	o	o	n	i	e	á
i	a	á	n	c	ç	s	á	u	e	x	g	s
j	h	a	a	c	n	j	g	x	ç	u	o	s
b	g	n	s	b	g	s	u	f	c	o	n	a
j	o	t	s	m	o	n	i	e	o	r	h	r
r	t	d	o	ã	s	i	a	f	f	ç	a	o

Portuguese	English
pardal [m]	sparrow
corvo [m]	crow
cisne [m]	swan
ganso [m]	goose
rouxinol [m]	nightingale
águia [f]	eagle
pelicano [m]	pelican
abutre [m]	vulture
faisão [m]	pheasant
cegonha [f]	stork
coruja [f]	owl
peru [m]	turkey
gaivota [f]	seagull
pássaro [m]	bird

Find all the Portuguese words in the puzzle.

Portuguese - Word Search - #43 - Birds

e	c	o	x	d	o	o	l	s	t	a	e	v
i	n	s	h	n	p	a	t	o	t	n	e	a
h	n	n	m	u	p	f	d	o	s	b	p	x
o	p	a	n	j	a	v	v	i	h	v	h	ã
l	o	g	c	l	p	i	c	z	b	f	r	o
a	s	o	c	t	a	ç	g	ã	a	v	ç	h
g	ã	ã	a	g	g	j	e	i	ã	ç	n	b
v	o	a	b	p	a	i	s	t	x	m	h	n
b	c	j	m	a	i	ã	a	o	v	r	o	c
t	c	c	o	i	o	a	ç	r	a	g	e	t
d	ã	ç	p	u	s	g	a	l	i	n	h	a
h	t	v	o	g	n	i	m	a	l	f	v	x
i	b	v	á	á	ã	á	b	ã	b	i	ã	b

Portuguese	English
faisão [m]	pheasant
ganso [m]	goose
falcão [m]	hawk
garça [f]	heron
gaivota [f]	seagull
pomba [f]	dove
águia [f]	eagle
cisne [m]	swan
papagaio [m]	parrot
flamingo [m]	flamingo
corvo [m]	crow
galinha [f]	hen
pato [m]	duck
galo [m]	rooster

Find all the Portuguese words in the puzzle.

Portuguese - Word Search - #44 - Birds

j	l	r	s	ç	e	n	s	i	c	f	f	n
a	t	o	f	n	ç	o	m	s	x	v	x	z
a	m	ç	n	j	u	x	s	t	l	a	n	d
p	a	t	o	i	m	h	c	n	v	f	m	d
ã	g	m	v	e	x	p	b	e	a	g	o	a
s	á	f	n	t	e	u	s	c	n	g	o	á
ç	i	m	l	r	v	t	o	o	l	ã	i	g
p	z	ã	u	a	r	b	p	r	a	n	a	u
o	g	n	u	u	m	p	i	u	d	h	g	i
m	u	ã	z	á	t	i	s	j	r	u	a	a
b	m	c	o	c	ç	i	n	a	a	r	p	b
a	b	u	t	r	e	h	a	g	p	á	a	p
s	l	ã	p	á	s	s	a	r	o	x	p	n

Portuguese	English
pardal [m]	sparrow
papagaio [m]	parrot
avestruz [m]	ostrich
pato [m]	duck
flamingo [m]	flamingo
águia [f]	eagle
cisne [m]	swan
peru [m]	turkey
pássaro [m]	bird
coruja [f]	owl
ganso [m]	goose
abutre [m]	vulture
pomba [f]	dove
rouxinol [m]	nightingale

Find all the Portuguese words in the puzzle.

Portuguese - Word Search - #45 - Birds

c	i	á	v	p	g	a	i	v	o	t	a	o
c	i	s	n	e	p	o	m	b	o	p	r	b
e	a	a	i	u	g	á	z	f	ç	a	p	a
u	j	z	f	l	p	n	u	x	c	t	o	ç
r	u	p	c	b	m	o	r	b	r	o	m	o
d	r	á	a	b	t	b	t	x	m	c	b	i
a	o	s	ç	i	o	j	s	d	p	o	a	f
g	c	s	j	h	m	h	e	r	n	ã	z	r
z	p	a	r	d	a	l	v	ç	o	c	i	ã
x	c	r	r	u	o	n	a	c	i	l	e	p
c	l	o	ã	z	i	n	i	a	á	a	f	m
l	o	n	i	x	u	o	r	e	p	f	e	v
a	h	n	o	g	e	c	x	ç	n	m	v	i

Portuguese	English
avestruz [m]	ostrich
pássaro [m]	bird
águia [f]	eagle
cegonha [f]	stork
falcão [m]	hawk
pelicano [m]	pelican
pardal [m]	sparrow
coruja [f]	owl
pato [m]	duck
cisne [m]	swan
pomba [f]	dove
gaivota [f]	seagull
rouxinol [m]	nightingale
pombo [m]	pigeon

Find all the Portuguese words in the puzzle.

Portuguese - Word Search - #46 - Birds

a	ç	g	p	ç	o	r	a	s	s	á	p	n
n	m	e	g	a	l	i	n	h	a	p	t	f
s	h	á	p	o	a	p	ã	r	v	a	i	p
h	g	p	ã	r	s	t	e	u	s	t	s	a
s	i	a	a	x	o	n	o	r	o	o	m	r
o	h	o	r	p	j	u	a	v	u	d	f	d
o	g	i	a	ç	a	a	x	g	i	l	u	a
p	b	n	n	r	a	g	h	i	m	a	l	l
v	g	m	i	ç	p	ç	a	n	n	o	g	r
p	h	h	o	m	t	d	m	i	o	o	m	d
x	m	j	x	p	a	p	t	b	o	g	l	p
ç	p	o	m	b	a	l	r	ã	x	ç	e	b
c	o	b	e	l	c	o	f	o	m	g	u	c

Portuguese	English
pomba [f]	dove
garça [f]	heron
pássaro [m]	bird
ganso [m]	goose
peru [m]	turkey
papagaio [m]	parrot
gaivota [f]	seagull
rouxinol [m]	nightingale
cegonha [f]	stork
flamingo [m]	flamingo
pato [m]	duck
pardal [m]	sparrow
pombo [m]	pigeon
galinha [f]	hen

Find all the Portuguese words in the puzzle.

Portuguese - Word Search - #47 - Birds

z	z	o	b	p	z	i	d	t	s	n	v	g
h	i	r	r	t	u	á	á	x	g	o	c	a
ã	b	a	p	a	r	d	a	l	s	o	e	i
r	s	s	l	p	t	u	e	n	r	a	g	v
á	o	s	a	e	s	j	a	v	ç	p	o	o
f	á	á	z	r	e	g	o	r	a	i	n	t
s	a	p	a	u	v	r	a	p	ç	x	h	a
r	z	i	x	i	a	g	a	á	h	s	a	p
e	a	t	s	a	u	g	f	m	f	ã	f	e
t	l	j	r	ã	a	g	l	s	n	ç	j	s
a	f	v	p	i	o	ã	á	f	i	n	p	n
j	i	i	o	d	g	a	l	o	ç	ç	i	c
a	o	h	p	p	e	l	i	c	a	n	o	z

Portuguese	English
águia [f]	eagle
galo [m]	rooster
garça [f]	heron
peru [m]	turkey
pelicano [m]	pelican
pássaro [m]	bird
avestruz [m]	ostrich
papagaio [m]	parrot
pardal [m]	sparrow
gaivota [f]	seagull
ganso [m]	goose
cegonha [f]	stork
faisão [m]	pheasant
corvo [m]	crow

Find all the Portuguese words in the puzzle.

Portuguese - Word Search - #48 - Birds

a	b	u	t	r	e	g	t	p	o	m	b	o
l	ç	á	t	h	g	d	a	l	ç	ç	h	r
o	á	n	v	g	l	i	b	l	b	u	o	c
n	g	a	j	u	r	o	c	a	o	ç	ã	u
i	u	m	c	u	s	c	v	s	a	a	o	l
x	i	n	t	f	z	e	i	o	ç	g	n	l
u	a	t	e	u	s	l	h	r	o	a	a	á
o	t	c	g	t	c	d	a	v	ã	n	c	b
r	v	u	r	o	j	g	l	x	l	s	i	c
d	ç	u	r	o	ã	s	i	a	f	o	l	p
h	z	v	a	h	n	o	g	e	c	n	e	p
d	o	g	c	g	z	i	j	n	e	g	p	m
a	á	x	n	v	j	s	o	t	a	p	b	o

Portuguese	English
pombo [m]	pigeon
galo [m]	rooster
corvo [m]	crow
avestruz [m]	ostrich
faisão [m]	pheasant
ganso [m]	goose
coruja [f]	owl
águia [f]	eagle
rouxinol [m]	nightingale
garça [f]	heron
pato [m]	duck
abutre [m]	vulture
cegonha [f]	stork
pelicano [m]	pelican

Find all the Portuguese words in the puzzle.

Portuguese - Word Search - #49 - Clothing

g	a	t	n	i	c	h	ç	b	j	ê	s	h
t	u	s	a	ç	l	a	c	j	a	e	a	h
í	a	m	a	j	i	p	i	ã	g	ç	u	o
b	v	r	i	a	l	c	é	o	h	c	e	f
c	a	l	c	i	n	h	a	s	a	n	a	á
c	c	a	p	a	d	e	c	h	u	v	a	a
h	í	o	í	i	é	í	ê	u	e	f	s	g
i	c	d	u	r	j	a	n	s	d	i	í	c
n	r	i	ç	e	q	a	ç	n	m	f	ê	i
e	ç	t	o	t	e	h	l	a	á	r	u	n
l	q	s	a	é	o	t	c	e	ê	l	ê	t
o	b	e	v	u	l	h	ê	j	c	n	j	o
s	c	v	p	s	d	s	e	h	i	o	h	v

Portuguese	English
vestido [m]	dress
calcinhas [fp]	knickers
camisa [f]	shirt
capa de chuva [f]	mackintosh
chinelos [mp]	slippers
calças [fp]	trousers
pijama [m]	pyjamas
jaleco [m]	jacket
cinta [f]	corset
cinto [m]	belt
fecho éclair [m]	zip
jeans [np]	jeans
suéter [m]	sweatshirt

Find all the Portuguese words in the puzzle.

Portuguese - Word Search - #50 - Clothing

u	f	u	u	m	é	b	ã	ã	o	t	ê	c
a	ç	a	í	ç	q	n	m	f	h	ê	e	b
t	á	v	t	e	m	v	o	p	n	a	l	h
e	o	o	e	a	h	a	u	b	a	v	e	u
s	t	d	t	s	v	r	i	t	b	u	p	ç
i	n	u	n	e	t	a	h	e	e	h	e	o
m	i	t	r	q	r	i	r	v	d	c	d	c
a	c	e	q	v	ã	n	d	g	o	a	o	e
c	i	r	é	r	m	n	o	o	ã	d	c	l
q	l	b	g	q	t	c	m	p	p	r	a	a
d	g	o	o	ã	i	t	u	s	u	a	s	j
g	ã	s	ó	t	e	l	a	p	o	u	a	ê
á	v	q	p	ç	b	q	d	e	r	g	c	ã

Portuguese	English
roupão de banho [m]	dressing gown
casaco de pele [m]	anorak
sutiã [m]	bra
camiseta [f]	T-shirt
vestido [m]	dress
boné [m]	cap
sobretudo [m]	overcoat
cinto [m]	belt
terno [m]	suit
paletó [m]	coat
gravata [f]	necktie
guarda-chuva [m]	umbrella
jaleco [m]	jacket

Find all the Portuguese words in the puzzle.

Portuguese - Word Search - #51 - Clothing

t	e	j	a	o	s	a	v	u	l	o	p	r
d	o	l	é	a	a	h	r	p	c	l	a	o
ã	h	j	e	c	t	p	t	e	u	é	á	u
s	n	o	p	a	s	a	l	é	o	f	a	p
n	a	ç	c	l	u	a	s	é	h	b	u	ã
a	b	e	i	c	j	b	ó	i	n	s	j	o
e	e	n	n	i	s	o	s	ó	m	o	e	d
j	d	m	t	n	a	ó	í	a	j	a	b	e
m	e	s	a	h	ç	t	i	i	i	r	c	b
á	j	u	g	a	l	e	u	q	é	e	ç	a
é	a	t	i	s	a	l	o	f	i	n	m	n
q	r	i	e	g	c	a	á	l	ã	i	c	h
s	t	ã	v	v	s	p	h	ê	b	ç	m	o

Portuguese	English
calcinhas [fp]	knickers
sutiã [m]	bra
jaleco [m]	jacket
roupão de banho [m]	dressing gown
jeans [np]	jeans
meias [fp]	socks
traje de banho [m]	bathing suit
paletó [m]	coat
calças justas [fp]	tights
boné [m]	cap
cinta [f]	corset
camisa [f]	shirt
luvas [fp]	gloves

Find all the Portuguese words in the puzzle.

Portuguese - Word Search - #52 - Clothing

d	c	s	a	ç	l	a	c	ç	s	i	l	a
é	e	ã	ó	í	c	d	ê	a	ç	b	ó	v
s	a	p	u	o	r	a	i	l	v	p	n	c
v	p	j	r	é	e	e	r	v	e	ã	s	á
t	í	r	e	e	m	o	ã	d	ç	n	v	ó
s	r	s	ó	a	í	e	h	í	i	á	ç	o
a	v	u	l	f	n	f	o	n	ç	g	o	o
b	h	ê	p	ó	g	s	d	p	a	j	ã	í
o	d	b	d	f	l	e	i	d	d	m	o	í
e	n	é	ã	ã	a	n	t	h	m	ç	a	m
r	p	r	n	o	f	ê	s	é	p	m	b	t
g	u	t	e	o	b	é	e	s	u	t	i	ã
i	e	f	ç	t	b	ç	v	o	ê	g	v	ê

Portuguese	English
jeans [np]	jeans
vestido [m]	dress
luva [f]	glove
terno [m]	suit
boné [m]	cap
cardigã [m]	cardigan
meias [fp]	stockings
lenço [m]	handkerchief
tamanho [m]	size
calças [fp]	trousers
roupas [fp]	clothes
sutiã [m]	bra

Find all the Portuguese words in the puzzle.

Portuguese - Word Search - #53 - Clothing

p	í	q	i	á	j	a	l	e	c	o	é	c
n	ê	f	j	s	n	a	e	j	q	é	b	i
f	l	q	p	r	e	v	h	ã	ó	g	a	n
ó	c	a	c	h	e	c	o	l	u	v	i	t
a	p	i	j	a	m	a	j	o	u	v	h	o
s	q	á	á	o	í	s	d	h	s	u	f	á
i	q	ã	u	ó	o	u	c	á	a	l	f	b
m	á	m	ó	g	t	e	l	ç	v	é	ç	l
a	é	é	ê	e	d	í	b	l	u	s	b	ó
c	ã	i	r	a	u	ó	t	e	l	a	p	h
é	f	b	p	c	h	a	p	é	u	ã	r	f
m	o	a	c	r	c	í	r	m	í	ó	i	q
s	c	á	d	p	r	v	v	u	i	ê	f	i

Portuguese	English
sobretudo [m]	overcoat
jeans [np]	jeans
cachecol [m]	scarf
paletó [m]	coat
jaleco [m]	jacket
camisa [f]	shirt
capa de chuva [f]	mackintosh
chapéu [m]	hat
cinto [m]	belt
pijama [m]	pyjamas
luvas [fp]	gloves

Find all the Portuguese words in the puzzle.

Portuguese - Word Search - #54 - Clothing

i	r	s	u	t	i	ã	f	q	s	b	m	c
j	s	a	i	l	á	d	n	a	s	b	é	e
b	c	a	c	h	e	c	o	l	i	r	é	í
l	o	p	r	e	t	é	u	s	ó	q	r	ê
u	o	h	n	a	b	e	d	e	j	a	r	t
s	v	ê	c	a	m	i	s	a	l	e	í	é
a	ê	p	t	o	s	p	a	á	g	a	s	ã
e	n	u	s	n	ç	a	á	g	m	ã	a	a
ê	ç	j	á	r	ã	é	i	a	c	r	ç	t
s	ê	á	j	e	t	b	j	a	c	b	l	t
v	h	ç	s	t	p	i	f	b	h	g	a	n
ç	é	n	o	b	p	o	c	m	q	é	c	o
a	v	u	h	c	a	d	r	a	u	g	v	q

Portuguese	English
camisa [f]	shirt
guarda-chuva [m]	umbrella
saia [f]	skirt
traje de banho [m]	bathing suit
suéter [m]	sweatshirt
calças [fp]	trousers
pijama [m]	pyjamas
terno [m]	suit
sandálias [fp]	sandals
blusa [f]	blouse
sutiã [m]	bra
boné [m]	cap
cachecol [m]	scarf

Find all the Portuguese words in the puzzle.

Portuguese - Word Search - #55 - Clothing

á	é	ã	m	á	n	í	c	o	l	e	t	e
m	r	g	r	a	v	a	t	a	l	ó	u	b
p	i	j	a	m	a	ó	ê	í	c	s	o	ã
u	s	o	i	r	ó	s	n	e	p	s	u	s
t	ó	c	o	g	r	ç	s	c	t	p	j	c
a	h	a	a	ã	d	j	ó	ê	c	o	g	a
m	o	m	m	o	é	ó	n	i	ç	f	j	c
a	n	i	c	r	g	i	n	j	t	a	f	h
n	r	s	u	m	s	t	f	h	l	ç	l	e
h	e	e	ç	v	a	q	l	e	c	c	m	c
o	t	t	o	ã	a	ê	c	e	v	q	ó	o
r	i	a	l	c	é	o	h	c	e	f	l	l
í	p	c	a	r	d	i	g	ã	p	q	c	í

Portuguese	English
tamanho [m]	size
gravata [f]	necktie
suspensórios [mp]	braces/suspenders
cinta [f]	corset
cardigã [m]	cardigan
pijama [m]	pyjamas
jaleco [m]	jacket
fecho éclair [m]	zip
colete [m]	waistcoat
cachecol [m]	scarf
camiseta [f]	T-shirt
terno [m]	suit
tênis [mp]	running shoes

Find all the Portuguese words in the puzzle.

Portuguese - Word Search - #56 - Clothing

c	a	p	a	d	e	c	h	u	v	a	r	g
s	b	j	á	s	g	á	b	s	e	e	r	ó
g	d	é	í	í	b	o	u	ó	t	e	i	n
m	p	c	ê	j	h	é	r	e	t	l	a	r
ã	r	é	b	e	t	b	l	i	m	é	l	i
e	l	e	p	e	d	o	c	a	s	a	c	s
d	s	í	r	s	c	e	a	t	i	é	é	o
u	c	i	n	t	a	ó	í	u	d	l	o	l
s	a	n	d	á	l	i	a	s	u	é	h	e
c	u	l	e	m	ó	g	a	v	m	n	c	n
i	i	o	p	f	b	u	a	v	ç	o	e	i
ê	é	s	p	c	g	s	á	n	ê	b	f	h
ó	a	v	u	h	c	a	d	r	a	u	g	c

Portuguese	English
colete [m]	waistcoat
sandálias [fp]	sandals
guarda-chuva [m]	umbrella
boné [m]	cap
chinelos [mp]	slippers
casaco de pele [m]	anorak
suéter [m]	sweatshirt
fecho éclair [m]	zip
capa de chuva [f]	mackintosh
saia [f]	skirt
cinta [f]	corset
luvas [fp]	gloves

Find all the Portuguese words in the puzzle.

Portuguese - Word Search - #57 - Clothing

ã	a	d	s	v	e	r	r	m	r	á	e	r
a	ç	j	a	á	l	j	g	s	s	é	r	o
s	a	e	ç	a	e	á	j	h	a	é	a	u
u	a	a	l	s	p	u	u	e	i	á	t	p
l	q	n	a	o	e	p	f	i	e	a	e	ã
b	i	s	c	l	d	v	l	n	m	í	s	o
é	o	ê	t	e	o	e	p	í	f	f	i	d
í	v	r	é	n	c	s	ê	u	b	p	m	e
e	b	ê	ã	i	a	t	q	q	l	a	a	b
i	á	d	a	h	s	i	f	i	e	l	c	a
e	ã	m	j	c	a	d	p	b	n	e	f	n
o	o	s	m	m	c	o	q	o	ç	t	f	h
j	u	r	é	é	l	t	l	d	o	ó	b	o

Portuguese	English
calças [fp]	trousers
meias [fp]	socks
lenço [m]	handkerchief
jeans [np]	jeans
vestido [m]	dress
roupão de banho [m]	dressing gown
blusa [f]	blouse
biquíni [m]	bikini
casaco de pele [m]	anorak
chinelos [mp]	slippers
camiseta [f]	T-shirt
paletó [m]	coat

Find all the Portuguese words in the puzzle.

Portuguese - Word Search - #58 - Clothing

c	u	i	h	s	h	q	l	r	f	o	l	m
i	a	f	r	a	e	g	ç	e	l	e	t	a
n	v	e	í	t	l	q	r	é	n	m	a	s
t	u	c	í	s	á	o	n	a	t	ç	a	ó
o	h	h	s	u	ç	q	c	r	v	v	o	c
a	c	o	a	j	ó	ã	a	e	u	a	c	a
i	e	é	n	s	e	a	g	l	h	á	t	i
t	d	c	d	a	u	t	v	i	é	c	m	a
e	a	l	á	ç	j	é	á	u	d	ê	a	d
r	p	a	l	l	d	á	p	í	l	r	f	c
n	a	i	i	a	g	í	n	a	q	n	a	ç
o	c	r	a	c	u	á	é	b	h	h	g	c
g	f	b	s	í	ç	n	t	ã	ó	c	o	r

Portuguese	English
cinto [m]	belt
calças justas [fp]	tights
cardigã [m]	cardigan
chapéu [m]	hat
capa de chuva [f]	mackintosh
cachecol [m]	scarf
gravata [f]	necktie
sandálias [fp]	sandals
luvas [fp]	gloves
lenço [m]	handkerchief
luva [f]	glove
fecho éclair [m]	zip
terno [m]	suit

Find all the Portuguese words in the puzzle.

Portuguese - Word Search - #59 - Clothing

m	v	c	a	m	i	s	e	t	a	s	s	m
e	d	l	r	r	l	a	v	u	l	a	o	c
í	á	á	i	n	é	ç	q	q	f	p	b	a
i	ó	á	e	í	v	n	e	ó	é	u	r	p
r	á	e	í	o	n	r	e	t	b	o	e	a
c	é	a	a	é	v	á	p	í	n	r	t	d
ã	a	o	e	c	h	l	e	n	ç	o	u	e
í	s	c	i	é	ã	ã	m	t	ç	t	d	c
v	r	n	h	i	o	n	p	t	u	u	o	h
ó	t	i	t	e	í	ê	a	s	á	n	i	u
o	j	u	c	ã	c	p	á	o	a	m	í	v
í	s	v	ç	ã	b	o	a	t	n	i	c	a
q	é	r	o	g	l	ó	l	g	á	o	í	ó

Portuguese	English
terno [m]	suit
sobretudo [m]	overcoat
cachecol [m]	scarf
lenço [m]	handkerchief
roupas [fp]	clothes
cinto [m]	belt
cinta [f]	corset
capa de chuva [f]	mackintosh
sutiã [m]	bra
luva [f]	glove
camiseta [f]	T-shirt

Find all the Portuguese words in the puzzle.

Portuguese - Word Search - #60 - Clothing

r	q	c	u	r	h	s	a	á	t	á	ó	p
e	c	b	m	p	ê	a	h	s	b	b	b	l
t	ó	é	u	u	ê	i	g	o	u	l	b	c
é	v	n	o	ç	p	e	q	d	r	l	q	a
u	a	g	c	é	í	m	j	u	b	ó	b	l
s	q	t	t	ê	n	i	s	t	e	c	c	ç
o	d	ó	n	e	m	í	é	e	ó	a	á	a
d	q	g	g	i	t	ç	g	r	é	m	s	s
d	g	v	v	l	c	ó	q	b	ê	i	v	h
s	a	p	u	o	r	b	b	o	e	s	i	é
ç	ê	v	d	í	u	ã	b	s	g	a	ç	é
a	a	c	ê	s	o	l	e	n	i	h	c	ê
ç	a	v	u	h	c	e	d	a	p	a	c	í

Portuguese	English
sobretudo [m]	overcoat
roupas [fp]	clothes
cinta [f]	corset
blusa [f]	blouse
tênis [mp]	running shoes
calças [fp]	trousers
camisa [f]	shirt
meias [fp]	socks
chinelos [mp]	slippers
capa de chuva [f]	mackintosh
suéter [m]	sweatshirt
luva [f]	glove

Find all the Portuguese words in the puzzle.

Portuguese - Word Search - #61 - Family

n	m	h	e	o	ẽ	p	m	n	a	l	ã	t
ã	t	t	ã	í	f	a	a	i	n	i	i	a
d	r	r	i	ô	í	s	ã	i	a	e	m	i
s	e	a	d	a	e	t	n	e	a	p	f	l
o	s	t	m	v	n	b	m	b	s	a	a	í
b	p	v	ẽ	n	n	o	r	ẽ	m	ó	l	p
r	ô	p	a	i	s	h	ã	í	o	v	v	e
i	s	ẽ	s	ẽ	p	l	l	a	m	a	l	v
n	a	i	n	ó	l	i	ô	v	i	ó	ô	m
h	n	e	f	d	a	f	ô	l	r	r	ã	s
o	ã	e	p	o	p	h	v	b	p	t	ô	r
a	a	ẽ	t	d	t	í	a	l	n	m	t	r
l	f	n	ẽ	o	o	t	s	a	r	d	a	p

Portuguese	English
primo [m]	cousin
pais [mp]	parents
família [f]	family
espôsa [f]	wife
sobrinho [m]	nephew
filho [m]	son
pai [m]	father
enteada [f]	stepdaughter
avô [m]	grandfather
papai [m]	dad
padrasto [m]	stepfather
avó [f]	grandmother
neto [m]	grandchild

Find all the Portuguese words in the puzzle.

Portuguese - Word Search - #62 - Family

a	o	d	a	e	t	n	e	m	s	r	t	ẽ
d	r	ô	f	b	i	ẽ	ẽ	s	a	l	n	i
ã	m	s	v	m	n	l	b	t	l	f	r	d
a	l	l	m	a	l	e	s	b	p	m	ã	ó
t	d	a	a	e	m	a	t	a	ã	p	í	e
p	ẽ	m	o	ó	r	o	r	o	o	n	t	ã
a	ã	ô	a	d	m	e	h	m	e	a	l	m
r	n	ó	a	d	n	a	i	ó	s	ó	ẽ	a
e	ó	m	b	t	a	r	ô	ô	p	f	t	m
n	v	h	e	e	p	e	p	p	s	l	s	ó
t	a	s	i	ô	ó	s	t	ã	a	f	f	ô
e	ô	ã	h	m	e	n	b	n	ó	i	l	b
í	v	d	p	ẽ	v	m	ô	s	e	o	s	r

Portuguese	English
espôsa [f]	wife
irmã [f]	sister
primo [m]	cousin
maẽ [f]	mother
mamãe [f]	mum
madrasta [m]	stepmother
neto [m]	grandchild
avô [m]	grandfather
parentes [mp]	relatives
enteada [f]	stepdaughter
enteado [m]	stepson
avó [f]	grandmother
parente [m]	relative
pais [mp]	parents

Find all the Portuguese words in the puzzle.

Portuguese - Word Search - #63 - Family

a	m	v	f	d	t	o	d	a	e	t	n	e
d	e	t	ẽ	t	s	l	h	p	n	a	n	v
s	i	p	o	h	n	i	r	b	o	s	e	d
a	t	n	i	a	p	h	o	h	h	f	b	s
d	p	a	d	r	a	s	t	o	v	ó	v	a
d	o	h	ẽ	i	l	i	s	i	o	n	f	a
o	i	o	ã	v	r	ó	l	m	i	d	b	v
í	d	r	l	ó	f	m	i	h	l	m	ó	í
f	ã	i	h	m	m	r	ã	p	e	e	ã	e
i	d	f	r	a	p	r	ô	o	ẽ	ó	p	a
l	n	b	m	a	f	a	m	í	l	i	a	ã
h	p	ã	o	ã	m	r	i	o	i	e	m	n
o	e	m	m	e	i	a	i	r	m	ã	í	ã

Portuguese	English
avó [f]	grandmother
irmão [m]	brother
primo [m]	cousin
padrasto [m]	stepfather
meia-irmã [f]	stepsister
pai [m]	father
marido [m]	husband
filho [m]	son
tia [f]	aunt
sobrinho [m]	nephew
meio-irmão [m]	stepbrother
enteado [m]	stepson
mamãe [f]	mum
família [f]	family

Find all the Portuguese words in the puzzle.

Portuguese - Word Search - #64 - Family

í	i	n	p	o	ã	o	d	i	r	a	m	ã
p	n	m	o	a	m	h	n	r	p	a	i	s
o	n	a	o	m	r	s	t	b	ô	f	v	s
ã	h	o	a	n	i	e	h	e	f	v	o	ô
m	í	t	o	ã	b	r	n	p	a	l	m	d
r	p	e	v	e	f	t	p	t	ô	b	e	f
i	ó	n	h	i	e	l	m	í	e	e	i	ẽ
o	n	ô	l	a	ó	f	ẽ	o	d	s	a	o
i	f	h	d	o	r	b	a	f	ã	ó	i	í
e	a	a	h	i	n	l	r	r	a	t	r	i
m	f	ã	o	t	v	p	s	i	i	f	m	o
o	h	n	i	r	b	o	s	s	a	v	ã	e
i	ã	v	e	s	p	ô	s	a	l	p	ẽ	l

Portuguese	English
enteada [f]	stepdaughter
parentes [mp]	relatives
marido [m]	husband
pai [m]	father
sobrinho [m]	nephew
meio-irmão [m]	stepbrother
meia-irmã [f]	stepsister
neto [m]	grandchild
tio [m]	uncle
espôsa [f]	wife
primo [m]	cousin
avô [m]	grandfather
filha [f]	daughter
pais [mp]	parent

Find all the Portuguese words in the puzzle.

Portuguese - Word Search - #65 - Family

e	í	r	d	b	f	i	l	h	a	v	t	s
n	o	ã	ã	í	í	ô	ã	i	h	ã	l	r
h	h	f	ó	s	o	b	r	i	n	h	a	ó
o	n	d	a	i	o	o	m	i	r	p	ẽ	m
ã	i	n	e	s	d	ô	m	a	t	r	a	ô
o	r	t	v	v	ô	r	ẽ	e	s	ó	m	ã
ô	b	l	ẽ	a	t	p	t	t	i	a	t	m
r	o	f	o	f	s	ô	s	l	l	i	f	r
ô	s	ã	ó	ã	o	t	d	e	i	l	r	i
s	v	ó	s	i	a	p	t	i	m	í	h	a
ó	ẽ	a	e	n	t	e	a	d	a	m	p	i
m	ẽ	p	a	r	e	n	t	e	h	a	h	e
ẽ	í	ó	r	s	t	t	í	s	m	f	r	m

Portuguese	English
primo [m]	cousin
pais [mp]	parent
espôsa [f]	wife
sobrinha [f]	niece
parente [m]	relative
enteada [f]	stepdaughter
sobrinho [m]	nephew
maẽ [f]	mother
tio [m]	uncle
avô [m]	grandfather
filha [f]	daughter
família [f]	family
tia [f]	aunt
meia-irmã [f]	stepsister

Find all the Portuguese words in the puzzle.

Portuguese - Word Search - #66 - Family

m	n	v	p	i	ó	ã	ô	s	e	d	ó	ã
ô	a	n	d	i	s	e	t	n	e	r	a	p
h	v	m	ẽ	ã	n	e	ã	m	r	i	p	h
b	f	a	ã	t	p	p	ô	a	r	d	h	m
l	ó	a	e	e	p	t	r	s	v	ó	i	a
ó	s	a	s	e	ó	o	n	o	r	ó	n	s
n	d	h	v	ã	m	r	i	a	i	e	m	ô
o	ẽ	a	n	e	t	o	ó	ó	b	p	o	p
n	í	i	ẽ	a	h	n	i	r	b	o	s	s
v	e	t	n	e	r	a	p	ó	f	l	o	e
b	ô	p	í	i	o	v	ó	t	l	i	ó	b
i	e	m	f	i	l	h	a	i	t	t	e	o
ẽ	ẽ	f	a	m	í	l	i	a	l	i	l	s

Portuguese	English
meia-irmã [f]	stepsister
neto [m]	grandchild
avô [m]	grandfather
enteado [m]	stepson
mamãe [f]	mum
família [f]	family
sobrinha [f]	niece
irmã [f]	sister
avó [f]	grandmother
parente [m]	relative
parentes [mp]	relatives
espôsa [f]	wife
tio [m]	uncle
filha [f]	daughter

Find all the Portuguese words in the puzzle.

Portuguese - Word Search - #67 - Family

p	l	o	p	o	s	m	a	r	i	d	o	o
ã	r	ó	ô	a	l	p	a	i	s	f	ô	ó
n	o	e	v	d	i	s	ó	p	ô	s	s	o
ã	v	v	a	t	ó	e	p	e	a	v	m	p
p	o	h	n	i	r	b	o	s	í	p	e	ó
a	p	a	r	e	n	t	e	ã	b	e	a	i
d	b	n	v	f	e	o	a	b	d	t	m	i
r	v	m	t	a	n	f	l	m	p	r	l	i
a	h	d	m	m	t	o	t	e	n	a	o	r
s	m	ô	ô	í	e	o	b	f	ó	m	h	m
t	ô	o	ẽ	l	a	m	a	m	ã	e	í	ã
o	o	ẽ	e	i	d	d	í	i	m	d	ã	o
m	n	o	a	a	o	n	a	i	ã	ẽ	e	l

Portuguese	English
neto [m]	grandchild
papai [m]	dad
enteado [m]	stepson
avô [m]	grandfather
família [f]	family
padrasto [m]	stepfather
pais [mp]	parents
pai [m]	father
parente [m]	relative
marido [m]	husband
irmão [m]	brother
sobrinho [m]	nephew
mamãe [f]	mum

Find all the Portuguese words in the puzzle.

Portuguese - Word Search - #68 - Family

o	p	a	d	r	a	s	t	o	r	b	e	e
h	a	e	m	ó	b	o	d	a	e	t	n	e
n	h	b	p	a	i	s	o	a	ẽ	p	h	e
i	n	ã	b	o	o	f	ó	t	v	v	s	p
r	i	b	p	r	f	h	f	p	e	ô	h	ã
b	r	a	s	a	e	t	l	t	ô	n	i	v
o	b	h	i	ó	n	d	l	i	ã	ó	v	m
s	o	a	n	r	m	p	o	ã	f	í	d	e
í	s	v	m	p	m	a	s	m	ã	e	ẽ	ã
n	r	ó	l	m	f	ã	r	n	a	e	ô	m
b	f	ã	f	ã	p	i	p	i	ã	v	n	a
p	a	p	a	i	ẽ	ẽ	ã	t	d	r	b	m
ẽ	f	i	l	h	a	i	í	ô	í	o	m	m

Portuguese	English
pais [mp]	parent
irmã [f]	sister
avó [f]	grandmother
filha [f]	daughter
filho [m]	son
enteado [m]	stepson
sobrinho [m]	nephew
papai [m]	dad
mamãe [f]	mum
padrasto [m]	stepfather
marido [m]	husband
sobrinha [f]	niece
avô [m]	grandfather
neto [m]	grandchild

Find all the Portuguese words in the puzzle.

43

Portuguese - Word Search - #69 - Family

t	t	s	p	e	i	a	v	ó	r	ẽ	f	r
a	a	b	h	p	n	b	n	ô	h	ó	ẽ	l
l	ẽ	p	a	r	e	n	t	e	s	s	í	í
l	a	i	o	m	i	r	p	í	t	m	t	b
i	s	d	a	t	s	t	t	i	a	ẽ	a	m
r	m	b	a	a	i	l	í	m	a	f	ẽ	ẽ
p	ô	ô	i	e	a	ã	a	v	i	o	n	r
t	s	ô	r	a	t	s	i	t	v	s	r	v
ã	n	v	m	s	m	n	f	t	v	ẽ	ã	o
l	l	a	ã	ó	l	h	e	d	b	o	p	t
ó	v	d	s	o	b	r	i	n	h	a	h	e
e	n	t	e	a	d	o	t	n	ô	ó	ẽ	n
ô	h	f	ẽ	e	m	a	i	l	d	d	s	t

Portuguese	English
sobrinha [f]	niece
maẽ [f]	mother
avô [m]	grandfather
parentes [mp]	relatives
enteada [f]	stepdaughter
pais [mp]	parents
noiva [f]	bride
família [f]	family
primo [m]	cousin
enteado [m]	stepson
tia [f]	aunt
avó [f]	grandmother
irmã [f]	sister
neto [m]	grandchild

Find all the Portuguese words in the puzzle.

Portuguese - Word Search - #70 - Family

í	p	n	b	v	ó	v	v	m	s	m	ó	n
n	o	s	o	b	r	i	n	h	o	í	v	d
ã	ã	i	m	h	l	i	l	f	b	b	ẽ	n
s	m	a	e	ẽ	h	i	ó	o	r	ó	h	o
o	r	p	i	a	ô	i	ó	d	i	ó	a	i
f	i	a	o	s	h	r	ẽ	a	n	o	d	v
ô	ó	p	i	e	a	a	p	e	h	a	a	a
h	i	o	r	t	s	ẽ	a	t	a	f	e	h
h	v	n	m	n	ô	i	r	n	v	e	t	t
d	p	h	ã	e	p	n	e	e	ẽ	ã	n	i
l	a	t	o	r	s	t	n	d	ã	a	e	a
o	t	e	n	a	e	d	t	b	s	i	a	p
d	m	i	ẽ	p	h	o	e	r	i	p	d	m

Portuguese	English
sobrinho [m]	nephew
espôsa [f]	wife
noiva [f]	bride
enteada [f]	stepdaughter
meio-irmão [m]	stepbrother
parentes [mp]	relatives
neto [m]	grandchild
papai [m]	dad
pais [mp]	parents
irmão [m]	brother
parente [m]	relative
enteado [m]	stepson
tia [f]	aunt
sobrinha [f]	niece

Find all the Portuguese words in the puzzle.

Portuguese - Word Search - #71 - Family

i	m	s	p	d	í	ẽ	m	m	h	í	b	n
ẽ	a	i	í	e	n	ô	e	r	l	f	d	p
ẽ	r	a	l	h	n	i	n	f	v	i	e	a
i	i	p	ô	a	o	t	r	í	m	l	v	p
o	d	d	d	i	t	p	e	í	í	h	m	a
t	o	o	r	i	r	m	i	a	f	o	i	i
d	t	m	a	t	b	f	p	m	d	o	e	n
i	ã	ô	ô	ẽ	a	ã	l	v	o	o	l	l
o	v	ã	t	m	p	n	o	i	v	a	p	o
t	i	o	í	b	i	b	m	a	h	l	i	f
ó	s	l	p	r	i	m	o	a	ó	a	l	v
e	i	o	s	í	h	ẽ	t	a	s	ô	i	d
a	i	s	e	t	n	e	r	a	p	n	ô	h

Portuguese	English
filho [m]	son
meio-irmão [m]	stepbrother
primo [m]	cousin
filha [f]	daughter
pais [mp]	parent
tio [m]	uncle
papai [m]	dad
parentes [mp]	relatives
tia [f]	aunt
família [f]	family
noiva [f]	bride
marido [m]	husband
enteado [m]	stepson

Find all the Portuguese words in the puzzle.

Portuguese - Word Search - #72 - Family

o	m	i	r	p	l	h	f	r	h	o	a	d
í	i	e	i	p	r	í	m	ã	p	d	i	m
o	a	a	i	ó	a	o	d	ẽ	ó	i	l	ô
d	a	d	b	a	d	p	i	r	v	r	í	ã
h	p	v	a	a	i	s	a	o	r	a	m	í
l	ã	m	e	e	n	r	i	i	ó	m	a	ẽ
í	n	t	a	s	t	t	m	ẽ	o	ẽ	f	o
h	n	m	t	m	t	n	p	ã	ã	a	i	o
e	a	i	f	f	ã	e	e	n	m	ẽ	o	v
h	f	r	í	v	m	e	e	s	r	m	e	s
a	p	a	r	e	n	t	e	s	i	p	í	b
ó	a	e	ô	ã	o	e	s	p	ô	s	a	n
s	p	i	ẽ	a	s	ô	s	i	a	p	f	o

Portuguese	English
meia-irmã [f]	stepsister
papai [m]	dad
neto [m]	grandchild
família [f]	family
tio [m]	uncle
enteada [f]	stepdaughter
irmão [m]	brother
parentes [mp]	relatives
enteado [m]	stepson
marido [m]	husband
mamãe [f]	mum
pais [mp]	parent
espôsa [f]	wife
primo [m]	cousin

Find all the Portuguese words in the puzzle.

Portuguese - Word Search - #73 - Food

s	o	p	a	d	e	l	e	g	u	m	e	s
r	g	p	a	g	o	s	b	o	b	j	e	s
r	a	e	u	ç	p	l	g	m	e	u	h	q
h	d	b	t	r	ú	n	a	ú	p	j	ã	u
e	r	c	o	r	a	c	a	d	s	ã	r	e
t	a	o	t	e	u	ú	a	h	i	m	o	i
i	t	z	i	s	t	g	p	r	i	m	u	j
e	s	g	o	l	s	e	o	i	s	a	o	o
l	o	z	c	o	p	u	v	i	a	j	s	c
r	m	m	s	b	o	r	ã	r	l	r	m	b
o	r	j	i	r	g	c	b	a	o	o	v	h
v	i	c	b	z	u	j	i	d	ú	s	v	m
o	a	h	c	a	l	o	b	g	v	j	d	ã

Portuguese	English
açúcar [m]	sugar
bolacha [f]	biscuit
ovo [m]	egg
mostarda [f]	mustard
comida [f]	food
queijo [m]	cheese
sal [m]	salt
leite [m]	milk
biscoito [m]	cookie
sopa de legumes [f]	vegetable soup
iogurte [m]	yoghurt
pão [m]	bread
sorvete [m]	ice-cream

Find all the Portuguese words in the puzzle.

Portuguese - Word Search - #74 - Food

j	i	e	r	g	a	n	i	v	z	a	m	m
i	m	p	u	z	p	o	p	ã	o	d	b	a
i	e	z	ç	h	g	s	a	r	c	r	i	d
z	l	d	b	u	s	d	i	i	p	a	s	i
v	l	ú	r	l	q	n	r	d	ã	t	c	m
c	c	t	e	j	e	ç	a	g	o	s	o	o
v	e	z	e	q	q	ã	l	z	z	o	i	c
q	n	ç	u	h	u	e	e	ã	i	m	t	a
ã	n	m	s	l	e	a	t	h	n	s	o	m
a	m	b	l	a	i	d	s	ú	h	a	h	t
q	v	o	b	ã	j	t	a	r	o	l	ç	r
t	d	b	u	d	o	z	p	q	o	z	q	l
v	b	o	l	a	c	h	a	u	q	a	d	u

Portuguese	English
iogurte [m]	yoghurt
queijo [m]	cheese
pãozinho [m]	bun
pastelaria [f]	pastry
pão [m]	bread
biscoito [m]	cookie
vinagre [m]	vinegar
mostarda [f]	mustard
bolacha [f]	cracker
comida [f]	food
sal [m]	salt

Find all the Portuguese words in the puzzle.

Portuguese - Word Search - #75 - Food

j	t	u	ç	h	v	t	d	i	o	ç	v	a
u	n	ç	b	j	ç	b	a	ç	v	q	v	n
l	l	e	a	d	r	a	t	s	o	m	z	a
a	ú	ç	o	t	i	o	c	s	i	b	i	ã
i	m	t	u	v	i	o	g	u	r	t	e	i
r	v	i	n	a	g	r	e	r	a	o	o	l
a	c	o	m	i	d	a	q	e	d	r	o	e
l	c	ú	ã	o	d	c	u	n	a	a	p	o
e	v	ú	l	d	ã	a	a	d	l	c	o	m
t	q	o	e	g	b	g	g	ç	a	ú	l	a
s	b	l	a	s	i	j	o	l	s	ç	c	e
a	a	h	c	a	l	o	b	o	i	a	r	b
p	h	h	h	g	q	u	e	i	j	o	z	i

Portuguese	English
biscoito [m]	cookie
ovo [m]	egg
comida [f]	food
pastelaria [f]	pastry
sal [m]	salt
açúcar [m]	sugar
iogurte [m]	yoghurt
bolo [m]	cake
queijo [m]	cheese
mostarda [f]	mustard
vinagre [m]	vinegar
salada [f]	salad
bolacha [f]	cracker

Find all the Portuguese words in the puzzle.

Portuguese - Word Search - #76 - Food

m	s	h	l	b	q	q	e	s	o	o	s	b
v	b	o	e	q	d	t	c	e	b	m	a	a
t	r	m	d	v	t	a	e	m	o	d	g	ú
v	i	n	a	g	r	e	a	u	l	s	s	b
q	u	e	i	j	o	g	a	g	a	j	r	j
p	s	g	h	m	i	o	p	e	c	h	r	m
j	l	p	g	e	ã	ã	ã	l	h	p	a	o
u	b	e	t	j	j	p	l	e	a	d	c	s
o	h	n	i	z	o	ã	p	d	q	i	ú	t
t	a	r	d	t	p	ú	u	a	u	r	ç	a
m	ç	m	m	j	e	n	c	p	d	v	a	r
e	t	r	u	g	o	i	n	o	ú	u	v	d
b	i	s	c	o	i	t	o	s	p	c	b	a

Portuguese	English
vinagre [m]	vinegar
sopa de legumes [f]	vegetable soup
açúcar [m]	sugar
manteiga [f]	butter
mostarda [f]	mustard
leite [m]	milk
bolacha [f]	biscuit
biscoito [m]	cookie
queijo [m]	cheese
pãozinho [m]	bun
pão [m]	bread
iogurte [m]	yoghurt

Find all the Portuguese words in the puzzle.

Portuguese - Word Search - #77 - Food

ú	s	d	g	p	ç	s	g	q	g	j	a	o
a	v	i	l	b	ú	l	a	o	h	a	r	m
i	l	ã	j	ú	u	r	r	l	e	q	q	a
t	o	h	g	z	m	i	h	i	t	t	c	n
t	e	t	r	u	g	o	i	r	l	a	l	t
m	o	s	t	a	r	d	a	z	h	h	b	e
z	e	ú	n	ã	l	e	i	t	e	p	o	i
q	u	e	i	j	o	q	l	p	q	e	l	g
o	ç	s	o	l	o	b	i	r	o	g	a	a
v	d	ú	ç	s	q	j	i	v	ú	n	c	r
o	q	o	d	h	u	ú	o	ú	o	u	h	b
v	i	n	a	g	r	e	ç	s	c	t	a	ç
d	ú	h	m	j	o	h	n	i	z	o	ã	p

Portuguese	English
bolacha [f]	biscuit
iogurte [m]	yoghurt
queijo [m]	cheese
vinagre [m]	vinegar
sal [m]	salt
pãozinho [m]	roll
bolo [m]	cake
leite [m]	milk
ovo [m]	egg
mostarda [f]	mustard
manteiga [f]	butter

Find all the Portuguese words in the puzzle.

Portuguese - Word Search - #78 - Food

r	l	c	l	p	s	e	a	ç	ú	c	a	r
ã	e	j	d	a	r	i	v	e	d	m	p	h
ç	i	q	m	g	s	r	s	t	r	o	a	c
c	t	r	a	j	o	j	ú	e	i	s	s	u
u	e	n	t	t	v	b	m	v	p	t	t	d
q	i	p	ú	d	o	b	o	r	i	a	e	d
v	d	ã	a	z	a	o	h	o	o	r	l	ã
u	h	o	i	d	o	l	n	s	g	d	a	l
j	z	l	a	v	z	a	i	ú	u	a	r	ú
u	a	l	r	l	v	c	z	j	r	o	i	d
h	a	e	g	g	s	h	o	j	t	u	a	e
s	r	o	o	a	d	a	ã	o	e	ç	n	ç
m	q	i	r	r	q	ú	p	e	b	l	r	o

Portuguese	English
sorvete [m]	ice-cream
vinagre [m]	vinegar
salada [f]	salad
açúcar [m]	sugar
bolacha [f]	biscuit
sal [m]	salt
pãozinho [m]	roll
pão [m]	bread
iogurte [m]	yoghurt
mostarda [f]	mustard
ovo [m]	egg
leite [m]	milk
pastelaria [f]	pastry

Find all the Portuguese words in the puzzle.

Portuguese - Word Search - #79 - Food

ç	ú	a	h	c	p	i	o	g	u	r	t	e
p	z	r	z	ã	d	u	h	o	n	o	s	s
v	j	a	m	o	v	o	o	l	m	q	a	c
p	ã	o	ã	p	s	g	a	o	d	c	l	g
h	m	r	m	r	r	g	j	ú	l	q	a	z
v	p	ã	o	z	i	n	h	o	o	a	d	t
s	ã	ã	b	o	l	a	c	h	a	g	a	u
v	i	n	a	g	r	e	s	g	t	r	h	a
m	j	v	ú	ú	n	t	z	n	n	t	t	o
a	z	e	i	t	e	d	e	o	l	i	v	a
r	l	e	i	t	e	g	o	l	o	b	t	s
a	d	r	a	t	s	o	m	m	ç	u	ú	p
q	u	e	i	j	o	i	e	u	h	o	g	h

Portuguese	English
ovo [m]	egg
mostarda [f]	mustard
iogurte [m]	yoghurt
vinagre [m]	vinegar
pão [m]	bread
pãozinho [m]	roll
queijo [m]	cheese
leite [m]	milk
bolacha [f]	biscuit
azeite de oliva [m]	olive oil
bolo [m]	cake
salada [f]	salad

Find all the Portuguese words in the puzzle.

Portuguese - Word Search - #80 - Food

m	u	t	p	e	t	i	e	l	g	u	j	b
c	ú	i	o	j	s	o	r	v	e	t	e	ã
ã	p	a	s	t	e	l	a	r	i	a	b	i
d	q	n	r	m	c	s	m	a	z	n	q	p
i	o	g	u	r	t	e	p	r	u	j	j	s
ú	o	r	n	n	g	a	h	c	a	l	o	b
v	i	n	a	g	r	e	j	t	ú	j	e	v
b	n	z	l	c	r	n	g	g	ã	g	n	o
c	n	i	ç	o	ú	s	a	d	l	p	ã	o
t	u	h	l	m	l	e	s	a	l	a	d	a
ú	e	o	r	a	c	ú	ç	a	b	s	s	m
n	b	p	n	m	o	t	i	o	c	s	i	b
s	o	p	a	d	e	l	e	g	u	m	e	s

Portuguese	English
vinagre [m]	vinegar
salada [f]	salad
bolacha [f]	biscuit
biscoito [m]	cookie
iogurte [m]	yoghurt
sopa de legumes [f]	vegetable soup
bolo [m]	cake
sal [m]	salt
pastelaria [f]	pastry
leite [m]	milk
açúcar [m]	sugar
pão [m]	bread
sorvete [m]	ice-cream

Find all the Portuguese words in the puzzle.

Portuguese - Word Search - #81 - Food

m	a	n	t	e	i	g	a	g	p	ã	c	n
a	z	e	i	t	e	d	e	o	l	i	v	a
v	m	ã	p	a	s	n	z	m	i	b	m	s
s	o	p	a	d	e	l	e	g	u	m	e	s
s	t	c	h	i	r	e	g	i	n	l	p	h
n	t	ã	c	m	g	z	r	a	ú	ã	ã	a
e	s	p	a	o	a	d	l	ú	o	o	g	l
t	l	t	l	c	n	q	g	z	l	m	j	j
r	a	s	o	t	i	h	i	o	ã	g	d	p
u	s	s	b	b	v	n	b	c	e	o	ã	p
g	ú	z	ã	o	h	o	q	q	r	p	l	s
o	v	z	m	o	h	a	j	ã	r	l	v	u
i	o	t	i	o	c	s	i	b	i	m	h	r

Portuguese	English
pão [m]	bread
bolacha [f]	biscuit
iogurte [m]	yoghurt
pãozinho [m]	bun
vinagre [m]	vinegar
azeite de oliva [m]	olive oil
manteiga [f]	butter
comida [f]	food
biscoito [m]	cookie
bolo [m]	cake
sopa de legumes [f]	vegetable soup
sal [m]	salt

Find all the Portuguese words in the puzzle.

Portuguese - Word Search - #82 - Food

ú	s	ã	d	h	u	q	l	a	s	m	q	o
l	e	a	d	a	l	a	s	d	ç	v	i	h
ã	m	a	l	a	e	l	t	n	o	v	l	ã
ã	u	i	e	d	a	d	r	a	t	s	o	m
p	g	r	i	l	a	h	c	a	l	o	b	m
ã	e	a	t	s	j	d	ç	ç	s	m	ú	p
o	l	l	e	o	d	c	ã	ú	i	q	i	e
z	e	e	l	r	ú	j	r	c	o	n	z	t
i	d	t	u	v	d	g	o	a	c	r	z	r
n	a	s	n	e	p	q	v	r	n	v	h	u
h	p	a	b	t	h	a	o	d	p	j	ú	g
o	o	p	l	e	t	a	b	z	e	u	n	o
q	s	e	t	n	d	v	c	o	u	z	l	i

Portuguese	English
ovo [m]	egg
iogurte [m]	yoghurt
sorvete [m]	ice-cream
pãozinho [m]	bun
açúcar [m]	sugar
sal [m]	salt
salada [f]	salad
pastelaria [f]	pastry
sopa de legumes [f]	vegetable soup
leite [m]	milk
mostarda [f]	mustard
bolacha [f]	biscuit

Find all the Portuguese words in the puzzle.

Portuguese - Word Search - #83 - Food

q	s	a	l	a	d	a	h	g	q	v	j	m
d	g	t	p	r	q	u	e	i	j	o	t	a
q	a	t	ã	n	l	p	i	g	e	v	d	z
q	ç	b	o	l	a	c	h	a	r	b	v	ã
ã	ú	u	z	n	ç	n	ã	o	g	t	c	ú
v	c	p	i	d	c	ç	m	ã	a	a	l	e
z	a	l	n	q	j	i	n	p	n	g	t	e
v	r	a	h	i	o	c	v	v	i	e	p	m
t	a	s	o	g	r	j	i	l	v	o	v	m
s	e	o	u	b	n	t	i	r	m	d	ã	q
s	s	r	v	h	q	v	o	j	o	q	t	s
e	t	ã	g	o	h	s	q	i	u	r	e	ú
e	e	c	p	a	s	t	e	l	a	r	i	a

Portuguese	English
vinagre [m]	vinegar
sorvete [m]	ice-cream
iogurte [m]	yoghurt
açúcar [m]	sugar
queijo [m]	cheese
pastelaria [f]	pastry
pãozinho [m]	roll
bolacha [f]	biscuit
salada [f]	salad
ovo [m]	egg
pão [m]	bread
sal [m]	salt

Find all the Portuguese words in the puzzle.

Portuguese - Word Search - #84 - Food

a	m	z	h	o	ç	c	z	a	s	ã	n	h
b	z	n	a	ç	p	ã	o	z	i	n	h	o
o	ç	e	p	d	m	o	t	m	l	h	d	b
l	v	q	i	ã	r	v	p	h	e	i	b	i
a	i	p	i	t	o	a	t	n	i	z	o	s
c	n	v	d	g	e	o	t	a	t	ã	a	c
h	a	ú	d	c	j	d	n	s	e	o	d	o
a	g	ã	q	i	o	n	e	j	o	ú	a	i
a	r	o	e	b	o	m	o	o	n	m	l	t
n	e	u	b	h	v	e	i	t	l	c	a	o
e	q	ú	m	s	o	e	ç	d	b	i	s	ú
b	e	t	r	u	g	o	i	i	a	g	v	p
q	p	q	p	r	z	ç	g	p	g	v	u	a

Portuguese	English
mostarda [f]	mustard
ovo [m]	egg
azeite de oliva [m]	olive oil
queijo [m]	cheese
salada [f]	salad
pãozinho [m]	roll
biscoito [m]	cookie
comida [f]	food
iogurte [m]	yoghurt
bolacha [f]	cracker
leite [m]	milk
vinagre [m]	vinegar
pão [m]	bread

Find all the Portuguese words in the puzzle.

Portuguese - Word Search - #85 - Fruit

a	t	e	r	p	a	r	o	m	a	m	g	m
n	a	x	i	e	m	a	e	n	m	u	z	i
e	f	u	s	ã	a	l	p	â	m	c	r	o
z	d	â	g	s	m	o	i	l	z	p	â	d
o	a	r	f	a	ê	ã	x	a	r	b	r	n
ã	j	n	a	â	ç	s	u	p	g	f	e
m	n	o	f	g	d	e	r	ê	v	i	m	m
i	a	z	e	g	o	ç	s	j	g	a	i	a
l	r	m	s	b	a	s	t	o	r	x	t	c
ê	a	o	m	h	e	h	c	r	j	n	s	x
r	l	a	m	g	t	b	ô	ô	ô	ã	s	ç
l	r	s	o	j	o	s	u	t	c	ã	â	j
f	a	a	i	c	n	a	l	e	m	o	m	v

Portuguese	English
laranja [f]	orange
côco [m]	coconut
noz [f]	walnut
figo [m]	fig
uva [f]	grape
amendoim [m]	peanut
framboesa [f]	raspberry
amora preta [f]	blackberry
ameixa [f]	plum
amêndoa [f]	almond
pêssego [m]	peach
limão [m]	lemon
melancia [f]	watermelon

Find all the Portuguese words in the puzzle.

Portuguese - Word Search - #86 - Fruit

c	e	r	e	j	a	n	j	n	l	z	n	â
u	f	a	p	d	c	a	p	a	f	n	ç	t
ê	i	v	a	x	i	e	m	a	o	ç	a	s
f	v	â	c	ç	e	ç	a	z	u	n	ã	l
i	n	m	l	p	j	v	g	b	g	m	i	ô
g	i	i	ô	o	e	ã	a	e	f	m	a	o
o	g	d	r	l	o	n	r	ô	a	ê	m	ã
b	t	ê	ã	a	a	i	s	o	u	a	â	l
ô	l	j	r	n	n	u	h	i	ç	p	a	e
v	v	ê	a	a	h	ê	s	ã	e	e	v	m
ê	p	o	c	s	a	m	a	d	i	i	u	i
v	ã	m	s	t	â	m	a	r	a	i	a	ô
g	f	p	j	r	ç	e	f	c	ô	â	i	ã

Portuguese	English
avelã [f]	hazelnut
lima [f]	lime
figo [m]	fig
tangerina [f]	tangerine
noz [f]	walnut
damasco [m]	apricot
banana [f]	banana
ameixa [f]	prune
pêra [f]	pear
melão [m]	melon
maçã [f]	apple
uva [f]	grape
cereja [f]	cherry
tâmara [f]	date

Find all the Portuguese words in the puzzle.

Portuguese - Word Search - #87 - Fruit

z	a	o	u	v	j	m	o	ã	d	p	n	m
p	c	f	i	x	a	c	j	s	ê	ê	a	n
t	ç	b	g	t	ô	a	l	s	d	n	ç	ã
t	i	e	u	c	m	b	s	o	a	e	t	x
n	b	r	l	l	e	e	d	n	m	a	u	c
r	f	b	a	a	g	â	a	i	n	x	e	a
s	a	t	r	o	r	b	ô	g	b	r	s	s
x	m	o	a	â	t	a	e	f	e	ã	o	t
n	e	f	n	ê	â	r	m	j	i	ã	b	a
ê	i	f	j	v	i	l	a	â	m	g	e	n
a	x	t	a	n	t	l	s	i	t	ê	o	h
g	a	u	a	f	f	a	l	o	m	r	n	a
â	v	h	ê	u	d	a	m	a	s	c	o	z

Portuguese	English
banana [f]	banana
limão [m]	lemon
tâmara [f]	date
fruta [f]	fruit
tangerina [f]	tangerine
côco [m]	coconut
laranja [f]	orange
cereja [f]	cherry
damasco [m]	apricot
ameixa [f]	plum
figo [m]	fig
castanha [f]	chestnut
pêssego [m]	peach

Find all the Portuguese words in the puzzle.

Portuguese - Word Search - #88 - Fruit

t	z	n	t	v	o	ã	m	i	l	d	ô	p
b	j	u	o	r	c	ê	ã	u	a	s	ê	ê
v	t	â	z	z	m	ç	j	m	u	c	l	r
a	m	e	i	x	a	o	ê	h	o	x	b	a
f	v	i	t	m	c	n	t	ç	c	p	v	ê
m	x	p	i	e	d	o	b	f	s	c	a	j
o	v	t	ç	o	r	m	j	ô	a	a	b	p
r	b	j	a	a	i	e	l	f	m	t	a	ê
a	u	d	n	r	s	u	m	ô	a	â	c	s
n	t	j	t	ô	t	e	i	g	d	m	a	s
g	a	i	x	r	l	f	j	e	h	a	x	e
o	l	c	u	ã	r	m	ô	d	m	r	i	g
o	d	x	o	p	b	ê	d	u	t	a	o	o

Portuguese	English
ameixa [f]	plum
toranja [f]	grapefruit
morango [m]	strawberry
tâmara [f]	date
melão [m]	melon
damasco [m]	apricot
pêra [f]	pear
limão [m]	lemon
amêndoa [f]	almond
maçã [f]	apple
pêssego [m]	peach
noz [f]	walnut
mirtilo [m]	blueberry
abacaxi [m]	pineapple

Find all the Portuguese words in the puzzle.

Portuguese - Word Search - #89 - Fruit

g	e	b	a	g	a	x	i	e	m	a	a	p
r	ê	z	a	o	m	l	c	l	ã	n	a	j
s	v	o	j	ô	u	f	i	o	p	v	u	o
a	u	n	n	g	ê	d	o	m	u	ê	g	z
m	d	ã	a	m	a	h	o	s	ã	e	a	h
i	h	n	r	i	h	ô	a	u	s	o	ç	ê
l	â	a	a	o	n	a	b	s	d	ã	f	b
i	ã	h	l	d	a	a	ê	n	ç	r	e	x
c	ã	v	â	n	t	p	ê	a	u	z	a	x
f	l	l	n	e	s	m	m	t	â	e	s	g
n	e	a	ç	m	a	d	a	r	f	z	s	ã
ç	v	a	j	a	c	e	b	ô	ô	h	a	f
ê	a	f	d	e	s	s	m	x	x	ô	p	x

Portuguese	English
amendoim [m]	peanut
amêndoa [f]	almond
castanha [f]	chestnut
lima [f]	lime
limão [m]	lemon
laranja [f]	orange
pêssego [m]	peach
maçã [f]	apple
ameixa [f]	plum
avelã [f]	hazelnut
fruta [f]	fruit
noz [f]	walnut
passa [f]	raisin
uva [f]	grape

Find all the Portuguese words in the puzzle.

Portuguese - Word Search - #90 - Fruit

a	o	j	v	a	ê	x	p	a	ê	u	ê	ê
m	p	m	a	c	i	z	j	a	o	m	r	v
e	ê	e	m	ã	x	g	t	b	c	r	g	a
i	r	l	i	c	a	e	n	o	â	l	ô	a
x	a	ã	l	a	c	f	r	u	t	a	a	a
a	r	o	ç	s	a	o	c	ç	c	o	m	r
j	p	h	a	t	b	x	v	e	d	v	i	u
n	r	ô	m	a	a	a	r	n	d	a	r	i
c	s	e	p	n	p	e	ê	u	s	x	t	b
ô	ã	h	ç	h	j	m	v	h	j	ã	i	a
c	o	ê	b	a	a	ç	n	v	v	u	l	r
o	a	v	e	l	ã	ç	a	n	â	g	o	b
i	j	n	a	n	a	n	a	b	i	l	ã	o

Portuguese	English
mirtilo [m]	blueberry
ameixa [f]	plum
avelã [f]	hazelnut
fruta [f]	fruit
cereja [f]	cherry
lima [f]	lime
castanha [f]	chestnut
côco [m]	coconut
abacaxi [m]	pineapple
banana [f]	banana
melão [m]	melon
ruibarbo [m]	rhubarb
amêndoa [f]	almond
pêra [f]	pear

Find all the Portuguese words in the puzzle.

Portuguese - Word Search - #91 - Fruit

ê	ô	z	t	ç	c	o	ã	p	b	â	f	v
t	s	t	o	a	j	n	a	r	a	l	g	ê
x	x	p	f	n	i	r	b	a	n	a	n	a
n	a	v	c	r	d	a	m	a	s	c	o	z
o	t	v	a	a	a	i	m	e	l	ã	o	p
g	e	b	s	r	j	m	i	i	â	t	x	t
e	r	t	t	u	ô	s	b	v	x	z	l	ç
s	p	â	a	i	t	z	g	o	a	n	p	x
s	a	m	n	b	p	x	f	v	e	s	ç	a
ê	r	a	h	a	c	z	u	ç	n	s	o	t
p	o	r	a	r	l	i	m	ã	o	f	a	u
c	m	a	ô	b	v	l	p	o	i	x	s	r
l	a	u	l	o	ã	j	h	d	r	x	ã	f

Portuguese	English
uva [f]	grape
framboesa [f]	raspberry
damasco [m]	apricot
tâmara [f]	date
ruibarbo [m]	rhubarb
melão [m]	melon
castanha [f]	chestnut
pêssego [m]	peach
limão [m]	lemon
noz [f]	walnut
banana [f]	banana
amora preta [f]	blackberry
laranja [f]	orange
fruta [f]	fruit

Find all the Portuguese words in the puzzle.

Portuguese - Word Search - #92 - Fruit

â	c	i	c	e	m	ê	p	i	o	o	t	ô
ê	a	n	h	i	a	a	â	l	r	ã	d	ã
n	o	o	ç	i	ç	n	z	v	b	m	j	c
z	c	n	ô	b	ã	a	g	r	z	i	u	m
b	ã	c	d	â	g	n	o	s	e	l	m	d
o	ã	t	ç	o	f	a	f	r	u	t	a	â
v	c	l	o	p	ç	b	m	m	ç	c	r	n
m	m	ô	e	r	a	m	a	ã	o	l	n	â
l	ô	m	c	v	a	s	o	g	i	f	o	â
d	d	n	ç	g	a	n	s	g	s	c	j	g
m	i	r	t	i	l	o	j	a	n	j	z	ê
f	r	a	m	b	o	e	s	a	m	g	n	a
r	o	d	t	g	d	e	c	e	r	e	j	a

Portuguese	English
toranja [f]	grapefruit
fruta [f]	fruit
avelã [f]	hazelnut
limão [m]	lemon
figo [m]	fig
cereja [f]	cherry
banana [f]	banana
mirtilo [m]	blueberry
maçã [f]	apple
côco [m]	coconut
framboesa [f]	raspberry
noz [f]	walnut
passa [f]	raisin

Find all the Portuguese words in the puzzle.

Portuguese - Word Search - #93 - Fruit

ã	l	e	v	a	e	o	l	ã	â	ã	g	l
a	p	ç	e	ê	u	l	z	m	ã	f	p	b
x	n	d	v	b	b	ç	o	n	ê	z	g	m
m	o	r	a	n	g	o	n	v	o	m	a	i
a	j	n	a	r	o	t	i	ã	ã	p	m	o
d	ã	s	e	o	g	i	f	c	m	ê	o	d
o	r	u	i	b	a	r	b	o	i	s	r	n
a	c	g	n	l	v	x	d	ã	l	s	a	e
x	n	s	a	j	p	ê	r	a	j	e	p	m
i	r	a	a	v	i	m	m	t	u	g	r	a
e	p	u	n	m	ô	ô	â	ê	r	o	e	z
m	e	b	c	a	a	ê	x	o	r	ê	t	u
a	c	a	ê	p	b	d	u	l	h	l	a	j

Portuguese	English
figo [m]	fig
amora preta [f]	blackberry
damasco [m]	apricot
avelã [f]	hazelnut
ruibarbo [m]	rhubarb
ameixa [f]	plum
limão [m]	lemon
amendoim [m]	peanut
morango [m]	strawberry
pêssego [m]	peach
toranja [f]	grapefruit
noz [f]	walnut
pêra [f]	pear
banana [f]	banana

Find all the Portuguese words in the puzzle.

Portuguese - Word Search - #94 - Fruit

o	n	a	a	o	b	r	a	b	i	u	r	e
ô	b	j	j	m	c	â	g	u	c	l	r	s
t	a	h	ã	n	i	g	p	g	v	h	r	a
ô	f	o	c	ç	a	l	z	n	j	m	s	a
c	f	ô	a	u	a	r	ê	p	e	ô	a	j
c	d	s	s	d	p	m	o	b	m	o	v	n
d	t	l	t	s	o	n	h	t	a	c	e	a
r	o	t	a	e	u	â	o	ã	m	ô	l	r
a	o	d	n	ê	m	a	c	j	â	c	ã	a
x	m	a	h	m	e	l	a	n	c	i	a	l
j	o	x	a	n	i	r	e	g	n	a	t	ç
p	n	c	z	e	o	ã	m	i	l	e	x	ô
o	l	i	t	r	i	m	s	o	g	i	f	l

Portuguese	English
castanha [f]	chestnut
côco [m]	coconut
tangerina [f]	tangerine
toranja [f]	grapefruit
laranja [f]	orange
lima [f]	lime
limão [m]	lemon
figo [m]	fig
mirtilo [m]	blueberry
ruibarbo [m]	rhubarb
amêndoa [f]	almond
maçã [f]	apple
avelã [f]	hazelnut
melancia [f]	watermelon

Find all the Portuguese words in the puzzle.

Portuguese - Word Search - #95 - Fruit

e	â	n	o	c	s	a	m	a	d	â	s	o
x	f	p	p	a	f	x	ç	m	n	f	ã	b
h	m	b	a	i	ã	i	n	ê	â	j	m	r
u	e	c	g	s	o	e	ã	n	a	d	e	a
j	l	o	b	ã	s	m	l	d	s	ô	l	b
c	ã	l	m	ã	ô	a	ô	o	z	x	a	i
b	o	i	l	i	p	u	v	a	ô	ã	n	u
ê	l	e	o	g	e	s	s	ê	p	ç	c	r
r	v	ç	b	x	a	j	e	r	e	c	i	â
a	c	u	v	a	c	p	o	h	ç	m	a	ç
z	ô	z	l	ê	h	ê	a	d	ê	f	s	ê
i	f	ã	m	i	o	d	n	e	m	a	ê	p
e	â	t	a	o	ê	e	g	s	t	ô	o	j

Portuguese	English
ruibarbo [m]	rhubarb
limão [m]	lemon
pêssego [m]	peach
ameixa [f]	plum
melão [m]	melon
amendoim [m]	peanut
uva [f]	grape
avelã [f]	hazelnut
melancia [f]	watermelon
cereja [f]	cherry
damasco [m]	apricot
amêndoa [f]	almond
passa [f]	raisin
figo [m]	fig

Find all the Portuguese words in the puzzle.

Portuguese - Word Search - #96 - Fruit

m	h	a	f	ã	e	u	s	o	r	h	u	m
i	ê	a	s	a	o	b	v	e	o	a	i	a
o	d	j	h	s	h	ã	a	a	e	r	x	x
d	n	n	p	ô	a	x	t	t	i	p	p	
n	h	a	v	e	ã	p	o	i	e	f	s	s
e	p	r	f	ã	r	g	l	m	l	i	m	a
m	g	a	e	p	n	o	a	a	i	z	b	b
a	â	l	t	a	â	i	x	a	c	a	b	a
ç	j	r	r	o	g	i	f	m	n	r	b	ã
ã	u	o	f	â	x	b	p	a	l	b	l	j
f	m	p	â	h	m	a	n	p	o	e	h	e
a	c	m	n	o	z	a	a	j	v	ç	e	h
ê	t	r	h	g	g	c	z	a	u	z	t	d

Portuguese	English
abacaxi [m]	pineapple
figo [m]	fig
passa [f]	raisin
amendoim [m]	peanut
morango [m]	strawberry
uva [f]	grape
laranja [f]	orange
noz [f]	walnut
avelã [f]	hazelnut
ameixa [f]	prune
banana [f]	banana
mirtilo [m]	blueberry
maçã [f]	apple
lima [f]	lime

Find all the Portuguese words in the puzzle.

Portuguese - Word Search - #97 - Hotel

q	u	e	i	x	a	t	n	v	s	e	t	e
h	l	o	a	d	a	g	ã	k	g	q	q	m
r	v	h	n	á	r	r	á	s	i	e	í	f
n	s	e	i	p	e	a	i	á	j	d	é	s
é	q	á	c	i	s	t	g	e	b	t	u	é
é	l	q	s	s	e	a	n	a	d	q	ã	s
x	g	m	i	o	r	m	m	e	p	a	í	é
p	l	e	p	q	v	a	x	k	r	d	c	í
b	f	d	l	e	a	c	f	n	e	e	a	v
í	a	í	i	o	a	e	p	g	á	f	g	i
g	k	a	n	a	b	a	c	o	o	f	k	s
c	n	o	l	ã	o	r	s	a	n	v	t	t
t	o	ã	ç	p	e	c	e	r	h	r	k	a

Portuguese	English
gerente [m]	manager
piso [m]	floor
cama [f]	bed
gelo [m]	ice
cadeira [f]	chair
recepção [f]	reception desk
pagar [v]	to pay
queixa [f]	complaint
cabana [f]	cot
vista [f]	view
piscina [f]	swimming pool
reserva [f]	booking

Find all the Portuguese words in the puzzle.

Portuguese - Word Search - #98 - Hotel

s	c	a	b	a	n	a	s	b	p	x	a	s
g	n	q	á	í	á	a	r	q	f	á	c	n
i	a	i	a	d	a	r	t	n	e	s	v	l
n	t	t	u	o	k	c	e	h	c	k	u	g
t	c	c	m	e	g	a	g	a	b	o	s	e
e	o	s	f	í	t	i	u	t	ã	á	r	r
r	t	x	n	a	í	d	v	ç	s	ã	e	e
n	r	p	d	r	l	i	p	t	v	q	s	n
e	a	a	f	m	s	e	á	u	u	é	e	t
t	u	g	v	t	c	x	x	e	g	e	r	e
h	q	a	a	e	i	m	i	t	e	v	v	ç
l	h	r	r	p	r	x	q	p	l	x	a	t
l	a	ã	f	í	a	i	f	é	o	s	ã	c

Portuguese	English
gelo [m]	ice
bagagem [f]	luggage
recepção [f]	reception desk
cabana [f]	cot
quarto [m]	room
queixa [f]	complaint
táxi [m]	taxi
entrada [f]	entrance
reserva [f]	booking
internet [f]	internet
check-out [m]	check-out
gerente [m]	manager
pagar [v]	to pay
vista [f]	view

Find all the Portuguese words in the puzzle.

Portuguese - Word Search - #99 - Hotel

ã	a	n	i	c	s	i	p	s	s	e	a	í
é	p	l	l	f	i	f	h	s	r	m	h	o
e	h	r	e	h	r	c	ã	á	e	h	a	ã
p	v	o	t	i	i	s	q	e	c	i	k	ç
a	s	t	í	í	ç	k	t	í	r	l	x	p
q	c	r	u	é	q	e	r	a	e	m	x	e
u	j	e	s	c	p	a	d	g	a	p	á	c
e	l	b	k	a	g	a	c	é	ç	k	d	e
i	k	o	t	a	c	ç	s	l	ã	u	u	r
x	s	c	p	s	h	h	ç	á	o	l	í	q
a	ç	r	e	f	á	ã	ç	q	r	b	v	k
é	t	í	á	a	p	m	e	g	a	r	a	g
f	é	a	l	m	o	f	a	d	a	k	c	m

Portuguese	English
almofada [f]	pillow
escadaria [f]	staircase
pagar [v]	to pay
suíte [f]	suite
cobertor [m]	blanket
tapete [m]	carpet
garagem [f]	garage
recreação [f]	recreation
piscina [f]	swimming pool
queixa [f]	complaint
recepção [f]	reception desk

Find all the Portuguese words in the puzzle.

Portuguese - Word Search - #100 - Hotel

á	q	x	a	b	s	q	ç	j	b	x	o	r
é	v	l	v	a	ç	a	s	a	u	b	c	r
s	g	r	r	g	b	v	í	d	l	q	b	c
ã	e	m	e	a	b	r	a	d	a	c	a	s
r	r	ç	s	g	m	o	í	o	a	s	c	i
e	e	p	e	e	b	j	s	ç	í	g	é	r
c	n	t	r	m	á	u	ã	i	e	u	g	o
r	t	m	a	r	a	g	a	p	p	m	a	t
e	e	s	q	a	n	i	c	s	i	p	n	r
a	a	c	e	v	a	h	c	k	l	ç	í	e
ç	c	a	b	a	n	a	é	m	í	p	s	b
ã	o	x	d	i	h	h	b	n	a	e	o	o
o	j	a	b	t	o	á	e	q	ç	f	d	c

Portuguese	English
piscina [f]	swimming pool
pagar [v]	to pay
saída [f]	exit
cabana [f]	cot
bagagem [f]	luggage
sacada [f]	balcony
chave [f]	key
piso [m]	floor
cobertor [m]	blanket
gerente [m]	manager
reserva [f]	booking
recreação [f]	recreation

Find all the Portuguese words in the puzzle.

Portuguese - Word Search - #101 - Hotel

t	o	ç	e	r	p	á	ç	t	a	a	e	q
b	g	x	p	p	n	v	b	v	u	r	ç	á
f	x	ç	f	ã	a	u	r	f	ã	i	a	h
k	b	q	c	u	t	e	ã	f	k	e	j	p
h	s	v	m	m	s	u	í	t	e	d	v	o
n	v	v	ã	e	i	í	m	e	s	a	j	é
i	l	p	r	o	v	p	é	e	q	c	g	q
k	h	o	r	i	e	h	n	a	b	á	u	a
c	f	e	l	e	v	a	d	o	r	a	p	a
e	t	d	p	c	í	ã	ç	v	r	a	e	g
h	ã	ã	o	i	n	x	v	t	v	á	i	b
c	o	c	o	n	t	a	o	r	o	n	o	í
é	f	d	n	r	ç	n	a	n	a	b	a	c

Portuguese	English
elevador [m]	lift
vista [f]	view
mesa [f]	table
quarto [m]	room
check-in [m]	check-in
banheiro [m]	loo
preço [m]	price
cadeira [f]	chair
suíte [f]	suite
reserva [f]	booking
conta [f]	bill
cabana [f]	cot

Find all the Portuguese words in the puzzle.

Portuguese - Word Search - #102 - Hotel

a	t	i	s	i	v	e	d	a	l	a	s	g
x	d	m	i	k	a	l	m	o	f	a	d	a
s	a	c	a	d	a	s	d	a	h	c	é	n
t	í	p	b	c	i	á	á	m	o	p	l	b
d	s	u	í	t	e	j	e	n	r	e	n	q
r	p	n	e	u	á	g	t	t	j	m	u	
g	a	t	u	o	a	a	r	o	a	ç	r	e
n	g	a	á	g	ã	d	h	ã	h	b	r	i
m	a	j	a	o	l	e	g	t	e	í	á	x
g	r	b	í	a	n	i	c	s	i	p	r	a
a	r	r	u	m	a	d	e	i	r	a	t	v
f	j	l	m	s	r	e	c	i	b	o	n	m
s	ç	í	p	a	ç	ç	g	m	k	m	l	s

Portuguese	English
bagagem [f]	luggage
conta [f]	bill
sacada [f]	balcony
gelo [m]	ice
queixa [f]	complaint
suíte [f]	suite
sala de visita [f]	living room
arrumadeira [f]	maid
almofada [f]	pillow
pagar [v]	to pay
hotel [m]	hotel
recibo [m]	receipt
piscina [f]	swimming pool

Find all the Portuguese words in the puzzle.

Portuguese - Word Search - #103 - Hotel

d	t	a	p	e	t	e	k	p	k	e	o	l
ã	x	v	u	q	h	á	a	a	g	o	ã	v
a	í	e	k	n	p	é	r	s	s	a	t	u
t	a	n	a	b	a	c	i	s	a	d	é	v
f	a	í	t	b	c	í	e	a	a	a	r	e
c	d	j	u	q	t	q	d	p	x	r	r	p
o	a	n	o	s	ç	u	a	o	é	t	e	i
b	f	i	k	v	ã	a	m	r	ç	n	o	s
e	o	k	c	k	k	r	u	t	d	e	t	o
r	m	c	e	q	l	t	r	e	g	á	f	u
t	l	e	h	é	k	o	r	x	x	á	l	g
o	a	h	c	i	r	v	a	i	ã	c	é	o
r	p	c	m	l	e	t	n	e	r	e	g	é

Portuguese	English
térreo [m]	ground floor
táxi [m]	taxi
cabana [f]	cot
passaporte [m]	passport
check-out [m]	check-out
gerente [m]	manager
quarto [m]	room
check-in [m]	check-in
cobertor [m]	blanket
almofada [f]	pillow
arrumadeira [f]	maid
piso [m]	floor
entrada [f]	entrance
tapete [m]	carpet

Find all the Portuguese words in the puzzle.

Portuguese - Word Search - #104 - Hotel

m	m	t	n	h	q	t	t	u	a	h	b	o
b	c	ç	r	l	e	é	r	n	l	o	g	v
x	q	j	a	s	k	a	i	á	d	e	d	t
i	u	x	d	a	á	c	ç	g	r	n	m	m
n	e	c	m	v	s	j	p	e	e	l	a	c
g	i	u	p	i	c	o	n	a	n	u	s	o
r	x	k	p	n	r	t	d	c	t	c	e	n
l	a	j	c	t	e	a	c	s	r	b	m	t
u	á	u	e	e	f	b	c	u	a	m	d	a
q	a	i	u	o	h	h	f	í	d	a	o	j
k	r	í	m	v	a	c	g	t	a	s	t	i
o	e	l	n	v	q	í	ç	e	i	s	é	r
x	a	p	e	k	í	u	n	p	f	t	f	x

Portuguese	English
conta [f]	bill
porteiro [m]	doorman
chave [f]	key
check-in [m]	check-in
mesa [f]	table
almofada [f]	pillow
gerente [m]	manager
suíte [f]	suite
piso [m]	floor
piscina [f]	swimming pool
entrada [f]	entrance
queixa [f]	complaint

Find all the Portuguese words in the puzzle.

Portuguese - Word Search - #105 - Hotel

a	á	o	á	r	q	m	n	ç	m	ã	ã	f
c	m	t	e	b	u	b	i	m	r	g	m	e
h	b	r	n	á	e	o	k	t	ç	d	r	s
e	j	a	t	a	i	t	c	é	s	s	l	c
c	d	u	r	h	x	í	e	r	h	a	h	a
k	a	q	a	u	a	t	h	r	ã	í	l	d
o	l	j	d	x	á	é	c	e	p	d	t	a
u	m	b	a	x	p	o	é	o	x	a	t	r
t	o	é	i	m	l	l	r	l	q	s	s	i
f	f	s	d	á	q	e	u	á	i	s	d	a
x	a	f	q	á	l	g	f	v	r	o	t	ç
p	d	j	ç	o	f	í	s	r	b	c	u	a
t	a	o	c	x	ã	ç	ç	ç	r	m	c	o

Portuguese	English
escadaria [f]	staircase
queixa [f]	complaint
térreo [m]	ground floor
gelo [m]	ice
almofada [f]	pillow
quarto [m]	room
saída [f]	exit
táxi [m]	taxi
check-in [m]	check-in
vista [f]	view
check-out [m]	check-out
entrada [f]	entrance

Find all the Portuguese words in the puzzle.

Portuguese - Word Search - #106 - Hotel

s	f	v	n	f	á	g	q	l	é	r	a	j
a	ç	u	a	v	r	e	s	e	r	f	r	e
l	l	á	s	l	a	u	l	d	d	o	v	k
ã	p	c	a	r	n	ã	u	b	t	v	p	o
o	a	m	c	g	a	á	i	r	n	p	h	l
d	s	e	a	o	s	g	e	i	i	o	u	e
e	s	g	d	a	á	b	a	j	k	r	t	g
e	a	a	a	a	o	k	e	p	c	t	t	j
s	p	s	é	c	t	t	x	p	e	e	á	h
p	o	n	p	s	e	n	h	n	h	i	x	o
e	r	e	c	p	j	x	o	j	c	r	i	á
r	t	m	a	c	v	v	v	c	v	o	q	d
a	e	t	s	í	k	g	i	v	g	á	v	m

Portuguese	English
táxi [m]	taxi
cobertor [m]	blanket
salão de espera [m]	lobby
sacada [f]	balcony
check-in [m]	check-in
passaporte [m]	passport
mensagem [f]	message
gelo [m]	ice
pagar [v]	to pay
tapete [m]	carpet
porteiro [m]	doorman
reserva [f]	booking
conta [f]	bill

Find all the Portuguese words in the puzzle.

Portuguese - Word Search - #107 - Hotel

p	o	r	t	e	i	r	o	x	ç	m	ç	s
f	a	b	é	t	b	j	e	k	g	e	t	a
c	t	é	t	v	h	u	ã	a	r	n	ã	d
a	i	v	í	á	j	q	r	c	p	s	á	a
f	s	é	g	n	x	a	o	t	d	a	á	c
é	i	s	u	t	g	i	d	x	m	g	c	s
d	v	s	a	e	j	b	a	s	q	e	h	e
a	e	o	m	c	ã	d	v	e	u	m	e	u
m	d	é	e	o	i	k	e	h	a	é	c	é
a	a	c	r	r	r	v	l	h	r	n	k	i
n	l	a	é	r	r	o	e	e	t	é	o	s
h	a	m	m	s	r	é	i	b	o	i	u	n
ã	s	a	p	h	c	í	t	o	v	u	t	p

Portuguese	English
porteiro [m]	doorman
elevador [m]	lift
sala de visita [f]	living room
escadas [fp]	stairs
térreo [m]	ground floor
garagem [f]	garage
quarto [m]	room
café da manhã [m]	breakfast
mensagem [f]	message
cama [f]	bed
táxi [m]	taxi
check-out [m]	check-out

Find all the Portuguese words in the puzzle.

Portuguese - Word Search - #108 - Hotel

r	h	é	a	a	n	j	b	g	ã	x	j	c
v	í	i	t	r	a	n	i	c	s	i	p	m
l	r	p	i	r	v	p	a	h	f	c	g	e
o	e	o	s	u	é	o	d	b	g	r	f	g
p	s	r	i	m	a	ç	a	d	a	r	a	a
v	e	t	v	a	í	e	c	í	ç	e	x	r
h	r	e	e	d	d	r	a	e	a	c	i	a
v	v	i	d	e	h	p	s	t	d	i	e	g
h	a	r·	a	i	k	f	u	í	í	b	u	x
a	í	o	l	r	é	u	v	u	a	o	q	d
á	r	d	a	a	v	k	b	s	s	p	a	e
k	r	o	s	s	a	d	a	c	s	e	g	g
e	f	e	t	r	o	p	a	s	s	a	p	v

Portuguese	English
arrumadeira [f]	maid
sacada [f]	balcony
recibo [m]	receipt
preço [m]	price
passaporte [m]	passport
garagem [f]	garage
porteiro [m]	doorman
sala de visita [f]	living room
saída [f]	exit
suíte [f]	suite
piscina [f]	swimming pool
queixa [f]	complaint
reserva [f]	booking
escadas [fp]	stairs

Find all the Portuguese words in the puzzle.

Portuguese - Word Search - #109 - Parts of the Body

o	m	r	s	ê	ô	f	z	é	s	j	h	x
ê	ô	á	a	n	d	o	p	u	l	m	ã	o
ó	ú	e	t	ó	r	a	ç	e	b	a	c	x
m	t	j	s	d	ô	l	f	q	t	s	z	t
z	e	t	o	o	q	s	ú	b	o	i	q	o
h	n	ô	c	s	c	e	f	o	r	é	h	ç
c	d	c	é	d	a	t	n	a	n	a	e	d
ô	ã	ç	o	e	r	n	n	z	o	i	u	o
c	o	s	r	d	a	e	í	ê	z	r	g	h
ê	s	x	e	o	n	d	o	s	e	é	n	l
p	í	g	l	s	r	ç	n	h	l	t	a	e
r	f	g	h	p	ê	j	í	b	o	r	s	o
q	s	ó	a	f	í	g	a	d	o	a	j	j

Portuguese	English
tendão [m]	tendon
tornozelo [m]	ankle
nó dos dedos [m]	knuckle
cabeça [f]	head
sangue [m]	blood
dentes [mp]	teeth
pulmão [m]	lung
artéria [f]	artery
fígado [m]	liver
joelho [m]	knee
orelha [f]	ear
costas [fp]	back
cara [f]	face
nariz [m]	nose

Find all the Portuguese words in the puzzle.

Portuguese - Word Search - #110 - Parts of the Body

r	n	d	p	í	ó	ç	z	a	q	u	e	ô
ã	ó	d	v	b	m	g	i	e	r	z	s	f
ú	f	e	g	u	f	e	ã	t	é	j	p	o
q	i	d	j	s	v	ê	m	o	t	i	ã	
e	ç	o	â	a	í	ã	z	e	o	t	n	o
r	ô	d	e	r	a	c	l	x	o	a	h	l
i	â	o	t	d	v	h	i	r	r	h	a	e
a	n	p	n	a	o	e	n	ó	v	g	d	b
ê	b	é	e	s	u	o	ê	á	i	í	o	a
ú	x	r	d	q	z	e	p	e	l	e	r	c
s	m	c	a	e	o	v	r	e	n	m	s	l
m	c	í	l	b	ê	g	v	q	í	i	a	e
é	h	o	i	o	ã	m	l	u	p	j	l	t

Portuguese	English
veia [f]	vein
queixo [m]	chin
pele [f]	skin
barba [f]	beard
dente [m]	tooth
cabelo [m]	hair
dedo do pé [m]	toe
tornozelo [m]	ankle
espinha dorsal [f]	backbone
pulmão [m]	lung
sardas [np]	freckles
joelho [m]	knee
nervo [m]	nerve

Find all the Portuguese words in the puzzle.

64

Portuguese - Word Search - #111 - Parts of the Body

o	d	m	ç	o	a	s	z	e	u	ú	e	p
x	ã	l	h	p	u	ó	z	z	c	ú	ç	ú
o	l	q	ú	c	g	c	m	o	s	g	a	q
e	z	a	a	h	n	u	p	a	i	i	ú	c
f	ê	f	q	d	í	u	l	h	e	b	ô	ó
r	á	m	ç	f	l	a	o	v	f	j	á	l
i	d	ç	o	m	d	m	s	ó	ô	ú	t	l
í	e	é	ã	g	t	c	s	q	f	ê	h	o
c	v	o	í	d	o	a	o	x	a	ó	e	ã
r	a	m	c	h	r	a	o	r	e	l	h	a
â	a	i	l	d	v	b	v	f	u	l	ê	l
ê	t	i	a	a	l	u	b	í	d	n	a	m
í	c	s	a	u	ê	ê	g	f	r	â	r	ú

Portuguese	English
amígdalas [fp]	tonsils
língua [f]	tongue
pulmão [m]	lung
lábio [m]	lip
orelha [f]	ear
mão [f]	hand
veia [f]	vein
unha [f]	fingernail
sardas [np]	freckles
cilho [f]	eyelash
mandíbula [f]	jaw
osso [m]	bone

Find all the Portuguese words in the puzzle.

Portuguese - Word Search - #112 - Parts of the Body

x	r	q	ê	n	í	d	s	e	t	n	e	d
s	x	é	s	a	l	a	d	g	í	m	a	j
r	a	g	e	l	o	p	o	d	e	d	ê	é
e	g	m	i	r	n	í	h	m	v	j	a	ô
u	p	í	o	q	á	u	a	í	l	i	i	o
g	c	f	l	r	t	a	s	b	d	f	e	h
n	o	t	e	r	l	ú	s	a	r	á	v	l
a	s	á	z	v	a	ê	h	m	d	a	d	o
s	t	í	o	á	á	n	c	é	í	r	b	g
m	e	d	n	v	u	t	v	j	s	ô	a	x
í	l	d	r	o	o	ã	ç	a	r	o	c	s
h	a	b	o	ê	d	ê	t	p	u	z	ô	o
ê	é	n	t	n	m	v	r	q	g	q	ô	ê

Portuguese	English
barba [f]	beard
costela [f]	rib
unha [f]	fingernail
sardas [np]	freckles
rim [m]	kidney
tornozelo [m]	ankle
olho [m]	eye
coração [m]	heart
dentes [mp]	teeth
amígdalas [fp]	tonsils
veia [f]	vein
dedo polegar [m]	thumb
sangue [m]	blood

Find all the Portuguese words in the puzzle.

Portuguese - Word Search - #113 - Parts of the Body

ç	p	c	é	ê	s	a	r	d	a	s	p	t
i	a	ó	ã	ê	s	d	ú	d	p	t	u	i
o	r	x	ô	o	l	e	b	a	c	e	m	r
s	t	a	t	t	i	a	p	s	m	n	f	e
a	e	r	á	j	ã	x	n	t	é	d	n	m
t	s	ó	é	é	q	ú	b	r	c	ã	é	é
c	d	t	ç	n	b	í	b	q	e	o	a	ã
s	o	a	é	o	h	l	e	o	j	p	â	x
e	c	a	i	é	í	a	b	r	a	b	ç	í
t	o	o	b	e	h	m	ú	s	c	u	l	o
n	r	h	r	ó	v	a	u	g	n	í	l	m
e	p	o	ú	p	v	b	g	u	a	i	ã	a
d	o	a	f	h	o	ú	ã	c	ú	o	t	á

Portuguese	English
sardas [np]	freckles
corpo [m]	body
veia [f]	vein
tendão [m]	tendon
joelho [m]	knee
perna [f]	leg
tórax [m]	thorax
língua [f]	tongue
músculo [m]	muscle
dentes [mp]	teeth
cabelo [m]	hair
barba [f]	beard
mão [f]	hand
partes do corpo [fp]	parts of the body

Find all the Portuguese words in the puzzle.

Portuguese - Word Search - #114 - Parts of the Body

ô	a	i	r	é	t	r	a	v	a	ê	b	e
á	o	r	v	b	q	é	q	â	g	í	ô	s
g	ô	z	t	c	e	r	e	b	r	o	l	t
ç	í	í	o	ç	a	r	b	é	o	p	n	ô
x	ô	n	u	â	j	x	q	m	z	o	ç	m
c	i	é	p	o	d	o	d	e	d	l	f	a
ê	í	r	i	s	n	ó	o	h	n	u	p	g
â	a	c	b	t	q	s	r	á	ó	c	ã	o
b	b	n	v	i	l	m	ê	n	á	s	s	ô
ô	r	h	n	a	r	i	z	n	o	ú	l	o
ó	a	n	r	u	â	ç	m	ç	r	m	x	m
m	b	j	ô	ó	v	e	i	a	i	m	z	ã
ú	g	q	á	d	â	c	a	b	e	ç	a	o

Portuguese	English
mão [f]	hand
músculo [m]	muscle
dedo do pé [m]	toe
artéria [f]	artery
punho [m]	wrist
estômago [m]	stomach
barba [f]	beard
nariz [m]	nose
braço [m]	arm
cerebro [m]	brain
cabeça [f]	head
veia [f]	vein
íris [m]	iris

Find all the Portuguese words in the puzzle.

Portuguese - Word Search - #115 - Parts of the Body

a	r	a	g	e	l	o	p	o	d	e	d	a
z	j	ê	e	r	ú	u	p	r	i	z	i	s
l	t	c	â	j	u	n	t	a	a	e	o	g
l	p	u	n	h	o	f	o	ô	v	t	e	é
ó	b	a	ô	o	t	á	h	q	ç	ã	c	t
s	e	d	o	g	i	b	l	í	m	t	i	z
í	ã	g	b	p	ã	q	i	ô	e	o	d	i
â	q	u	c	é	ã	í	c	n	s	p	n	r
ó	s	ê	e	s	l	c	d	s	p	í	ê	a
â	o	s	ê	b	e	ã	o	r	i	é	p	n
ó	f	v	h	í	o	v	x	j	f	f	a	b
á	o	h	l	e	o	j	a	e	f	j	é	ç
ô	d	e	n	t	e	s	ç	i	z	n	é	e

Portuguese	English
veia [f]	vein
osso [m]	bone
bigode [m]	moustache
dedo polegar [m]	thumb
pés [mp]	feet
cilho [f]	eyelash
nariz [m]	nose
tendão [m]	tendon
joelho [m]	knee
apêndice [m]	appendix
junta [f]	joint
punho [m]	wrist
dentes [mp]	teeth

Find all the Portuguese words in the puzzle.

Portuguese - Word Search - #116 - Parts of the Body

o	q	a	l	u	d	n	â	l	g	ô	a	f
d	p	u	n	h	o	a	o	a	q	ê	ú	ã
a	a	l	d	e	â	é	d	r	ô	l	u	d
g	ã	t	i	ô	i	e	n	u	í	i	é	e
í	ã	ê	t	ç	d	n	á	t	f	r	p	d
f	í	m	p	o	ó	b	ç	n	q	d	o	o
c	o	t	o	v	ê	l	o	i	f	a	d	p
m	é	n	z	j	d	m	ê	c	s	u	o	o
m	v	i	g	a	e	f	ã	e	q	q	d	l
t	m	ç	t	a	n	x	i	x	o	a	e	e
c	h	s	r	l	t	o	u	z	í	f	d	g
p	e	é	ú	v	e	n	j	t	f	ó	ô	a
t	p	ô	d	p	s	d	ó	g	s	ç	b	r

Portuguese	English
cotovêlo [m]	elbow
cintura [f]	waist
glândula [f]	gland
dentes [mp]	teeth
seio [m]	breast
dedo polegar [m]	thumb
fígado [m]	liver
dedo [m]	finger
punho [m]	wrist
quadril [m]	hip
dedo do pé [m]	toe
testa [m]	forehead

Find all the Portuguese words in the puzzle.

Portuguese - Word Search - #117 - Parts of the Body

é	f	s	h	c	o	s	l	u	p	é	h	m
u	ó	r	q	é	h	ô	é	t	v	á	a	i
h	j	d	e	v	l	r	a	q	z	s	h	q
s	e	i	o	j	o	a	v	i	i	ç	l	g
p	q	i	o	p	â	s	e	v	r	o	e	e
g	ó	á	â	g	ê	c	a	j	a	x	r	d
q	u	a	d	r	i	l	m	n	n	i	o	o
p	ê	n	m	d	â	s	í	v	g	e	l	g
g	n	h	n	z	t	á	é	f	b	u	s	i
â	v	ê	t	a	t	ó	m	r	a	q	e	b
q	p	f	ê	l	o	s	r	c	ã	ã	ô	q
a	o	n	h	e	ó	h	o	a	ã	m	g	m
v	p	u	m	i	v	b	a	r	x	ú	n	z

Portuguese	English
apêndice [m]	appendix
boca [f]	mouth
quadril [m]	hip
pulso [m]	fist
sangue [m]	blood
nariz [m]	nose
seio [m]	breast
tórax [m]	thorax
bigode [m]	moustache
queixo [m]	chin
orelha [f]	ear
olho [m]	eye

Find all the Portuguese words in the puzzle.

Portuguese - Word Search - #118 - Parts of the Body

m	b	p	a	a	ã	o	s	t	r	f	t	z
á	i	h	t	r	ú	â	a	v	b	v	b	b
x	n	r	h	a	z	f	b	t	ã	h	e	p
u	a	t	á	c	t	i	í	í	í	x	é	a
c	l	r	h	b	g	n	n	g	i	m	a	c
m	u	o	ê	o	p	h	a	g	a	h	e	o
ê	b	i	d	o	m	z	a	g	c	d	c	b
ã	í	e	ã	ç	d	í	q	e	r	e	o	x
t	d	i	ú	a	s	g	h	ó	â	a	x	ã
i	n	ú	v	r	d	c	í	p	a	r	g	ç
g	a	â	z	b	o	g	j	e	z	ô	i	l
r	m	ú	ú	b	b	z	z	v	t	â	á	j
g	e	c	i	d	n	ê	p	a	d	i	á	í

Portuguese	English
apêndice [m]	appendix
bochecha [f]	cheek
bigode [m]	moustache
braço [m]	arm
rim [m]	kidney
boca [f]	mouth
fígado [m]	liver
unha [f]	fingernail
garganta [f]	throat
mandíbula [f]	jaw
bexiga [f]	bladder
pé [m]	foot
cara [f]	face

Find all the Portuguese words in the puzzle.

Portuguese - Word Search - #119 - Parts of the Body

a	h	l	e	c	n	a	r	b	o	s	i	q
r	o	d	á	ó	a	l	e	t	s	o	c	b
z	ã	u	v	ã	p	ê	j	ó	d	g	c	m
í	ç	s	p	b	v	u	á	x	l	r	í	h
ú	a	e	r	í	n	b	l	a	b	r	a	b
o	r	t	r	j	â	e	a	s	n	o	g	i
ó	o	n	m	ê	p	r	r	u	o	c	o	g
ó	c	e	t	ú	t	z	ó	v	r	i	b	g
v	u	d	ú	é	s	n	ú	é	o	l	e	a
s	a	j	r	â	a	c	ã	s	ã	h	x	n
ú	é	i	ã	h	o	c	u	b	ô	o	i	n
z	a	u	x	ã	g	ã	o	l	m	x	g	â
ê	c	x	g	v	e	i	a	j	o	q	a	q

Portuguese	English
artéria [f]	artery
nervo [m]	nerve
barba [f]	beard
costela [f]	rib
coração [m]	heart
sobrancelha [f]	eyebrow
pulso [m]	fist
músculo [m]	muscle
dentes [mp]	teeth
veia [f]	vein
bexiga [f]	bladder
cilho [f]	eyelash

Find all the Portuguese words in the puzzle.

Portuguese - Word Search - #120 - Parts of the Body

e	r	ê	z	p	x	ó	r	d	l	j	p	ê
ú	i	a	o	a	á	p	ê	b	o	x	j	t
á	m	t	a	r	t	u	b	e	c	â	n	e
ô	ó	n	b	t	ú	n	l	ç	é	g	b	ú
l	b	a	é	e	v	h	u	b	r	a	ç	o
f	é	g	o	s	o	o	p	j	ê	ó	a	ç
a	c	r	g	d	t	e	n	d	ã	o	l	s
g	s	a	a	o	a	ú	ã	q	a	ó	e	ú
i	z	g	m	c	o	r	p	o	ó	z	ó	f
r	ê	e	ô	o	n	o	x	i	e	u	q	ã
r	h	j	t	r	q	o	p	u	l	s	o	l
a	ã	x	s	p	c	ã	u	q	ã	f	á	ã
b	c	d	e	o	n	m	ç	a	j	r	g	u

Portuguese	English
joelho [m]	knee
partes do corpo [fp]	parts of the body
tendão [m]	tendon
queixo [m]	chin
rim [m]	kidney
junta [f]	joint
estômago [m]	stomach
barriga [f]	belly
mão [f]	hand
braço [m]	arm
corpo [m]	body
garganta [f]	throat
pulso [m]	fist
punho [m]	wrist

Find all the Portuguese words in the puzzle.

Portuguese - Word Search - #121 - Restaurant

í	n	p	e	t	e	n	o	ç	r	a	g	b
a	p	ã	j	r	e	s	e	r	v	a	x	f
a	m	d	r	d	r	á	t	á	o	í	t	i
í	p	ã	t	e	e	i	e	c	c	n	c	m
h	t	z	h	s	t	í	f	a	o	a	o	a
o	b	l	h	i	d	g	r	e	d	p	g	s
p	o	j	g	g	ã	a	r	e	e	n	o	e
c	r	e	i	o	ã	e	i	r	ç	o	a	m
í	l	a	v	r	m	r	f	i	l	ç	x	e
a	o	m	t	o	a	o	á	í	v	o	r	r
o	f	z	c	o	r	m	v	o	é	m	j	b
i	f	u	m	a	n	t	e	s	é	l	u	o
í	g	a	c	h	l	s	u	z	h	a	t	s

Portuguese	English
tigela [f]	bowl
caro [adj]	expensive
copo [m]	glass
xícara [f]	cup
prato [m]	dish
garçonete [f]	waitress
colher [f]	spoon
fumantes [adj]	smoking
reserva [f]	booking
almoço [m]	lunch
sobremesa [f]	dessert
cadeira [f]	chair
comer [v]	to eat

Find all the Portuguese words in the puzzle.

Portuguese - Word Search - #122 - Restaurant

b	m	e	r	s	f	e	r	i	o	n	t	d
t	o	d	ç	s	a	a	t	s	f	n	o	a
o	ç	u	é	é	v	m	á	í	r	r	a	s
r	r	p	n	r	x	t	s	o	a	e	l	e
á	a	i	e	e	í	i	f	í	g	s	h	m
t	g	s	j	t	i	g	e	l	a	t	a	e
r	e	f	e	i	ç	ã	o	n	v	a	d	r
r	c	o	m	s	e	d	e	f	r	u	e	b
é	o	r	a	c	n	í	í	n	e	r	m	o
g	o	i	p	á	d	r	a	c	s	a	e	s
d	v	j	l	u	a	e	n	z	e	n	s	u
v	z	j	b	l	i	p	u	n	r	t	a	t
c	j	z	z	o	v	t	t	i	x	e	u	é

Portuguese	English
reserva [f]	booking
restaurante [m]	restaurant
reservar [v]	to reserve
cardápio [mp]	menu
toalha de mesa [f]	tablecloth
caro [adj]	expensive
sobremesa [f]	dessert
refeição [f]	meal
tigela [f]	bowl
garçom [m]	waiter
garfo [m]	fork
com sede [adj]	thirsty

Find all the Portuguese words in the puzzle.

Portuguese - Word Search - #123 - Restaurant

n	é	m	s	e	t	n	a	m	u	f	b	c
c	ã	h	n	d	o	s	d	m	s	s	b	a
e	o	o	r	e	s	r	v	s	ç	v	f	r
a	t	l	f	r	e	ç	a	ç	m	z	o	d
c	l	n	h	u	a	d	o	c	u	s	n	á
j	g	e	a	e	m	v	e	t	z	e	z	p
ã	á	f	g	r	r	a	r	s	a	l	p	i
z	v	á	é	i	u	d	n	e	m	r	u	o
c	o	n	t	a	t	a	e	t	s	o	a	g
l	f	i	ç	j	r	í	t	s	e	e	c	b
r	ã	n	r	s	é	x	z	s	o	s	r	v
u	á	v	v	m	n	m	é	í	e	p	s	v
d	ã	t	i	u	p	d	f	b	x	r	a	e

Portuguese	English
restaurante [m]	restaurant
fumantes [adj]	smoking
cardápio [mp]	menu
não-fumantes [adj]	non-smoking
caro [adj]	expensive
reservar [v]	to reserve
barato [adj]	cheap
colher de sopa [f]	soup spoon
com sede [adj]	thirsty
tigela [f]	bowl
conta [f]	bill

Find all the Portuguese words in the puzzle.

Portuguese - Word Search - #124 - Restaurant

i	a	c	e	u	t	b	e	b	i	d	a	p
l	d	a	p	e	r	i	t	i	v	o	r	í
a	a	r	e	s	e	r	v	a	ã	a	b	s
e	l	d	t	n	ç	n	á	u	t	e	ç	e
c	a	r	p	n	c	v	ã	o	c	t	ç	t
l	s	g	r	r	t	ç	d	u	o	e	í	n
p	e	a	a	i	a	e	ç	ã	m	n	i	a
u	d	v	x	l	s	t	x	x	s	o	r	m
m	o	i	x	o	m	o	o	ã	e	ç	ã	u
f	f	s	p	ç	f	o	ç	m	d	r	g	f
v	r	a	ç	n	ç	d	ç	e	e	a	n	o
c	a	r	d	á	p	i	o	o	r	g	o	ã
í	g	ç	n	o	d	ã	é	e	a	p	b	n

Portuguese	English
com sede [adj]	thirsty
reserva [f]	booking
prato de sopa [m]	soup bowl
garçonete [f]	waitress
não-fumantes [adj]	non-smoking
garfo de salada [m]	salad fork
almoço [m]	lunch
prato [m]	dish
bebida [f]	beverage
cardápio [mp]	menu
aperitivo [m]	main course
preço [m]	price

Find all the Portuguese words in the puzzle.

Portuguese - Word Search - #125 - Restaurant

h	o	r	a	c	s	z	i	u	s	á	t	p
b	n	v	o	i	j	e	v	h	e	f	x	r
e	x	í	c	a	r	a	f	a	c	a	z	e
b	g	u	p	e	d	i	r	l	ã	h	a	ç
e	c	o	p	o	á	v	m	í	á	u	h	o
r	z	n	í	e	á	c	a	d	e	i	r	a
p	r	a	t	o	d	e	s	a	l	a	d	a
j	é	l	p	r	a	t	o	g	e	r	f	á
e	h	e	s	r	p	a	r	a	t	n	a	j
r	h	g	z	u	f	í	z	á	é	l	o	g
i	r	i	j	o	i	p	á	d	r	a	c	c
é	d	t	o	v	i	t	i	r	e	p	a	m
ç	ã	c	c	j	s	á	v	m	x	z	n	a

Portuguese	English
prato de salada [m]	salad bowl
beber [v]	to drink
copo [m]	glass
prato [m]	dish
cardápio [mp]	menu
pedir [v]	to order
preço [m]	price
caro [adj]	expensive
cadeira [f]	chair
faca [f]	knife
tigela [f]	bowl
xícara [f]	cup
jantar [m]	dinner
aperitivo [m]	main course

Find all the Portuguese words in the puzzle.

Portuguese - Word Search - #126 - Restaurant

d	t	c	i	s	v	a	x	é	é	d	z	z
e	á	d	ã	c	l	v	r	a	t	n	a	j
í	á	u	b	m	a	d	g	i	b	u	r	ç
x	p	c	o	m	f	r	g	a	o	h	a	ç
j	á	ç	i	í	p	e	d	ã	a	s	s	c
b	o	ã	s	n	l	e	ç	á	e	v	j	á
á	e	í	a	a	z	i	d	m	p	f	z	e
á	a	b	ç	x	e	e	e	i	m	i	b	d
b	e	z	e	f	c	r	i	ç	r	á	o	e
c	o	m	e	r	b	g	ç	r	c	s	m	s
s	o	r	ç	o	b	v	v	a	o	j	j	m
ã	o	z	s	f	l	f	g	i	ç	n	c	o
ã	h	n	a	m	a	d	é	f	a	c	j	c

Portuguese	English
tigela [f]	bowl
almoço [m]	lunch
beber [v]	to drink
jantar [m]	dinner
refeição [f]	meal
pedir [v]	to order
cardápio [mp]	menu
com sede [adj]	thirsty
café da manhã [m]	breakfast
cinzeiro [m]	ashtray
sobremesa [f]	dessert
comer [v]	to eat

Find all the Portuguese words in the puzzle.

Portuguese - Word Search - #127 - Restaurant

á	o	é	é	b	h	z	e	ç	p	é	c	r
m	o	é	x	a	l	n	n	p	u	s	l	a
r	p	p	c	r	d	á	í	ç	a	p	z	t
f	a	n	b	a	n	u	s	v	e	c	p	n
ã	n	x	a	t	h	z	r	d	i	t	a	o
h	a	ã	a	o	a	e	i	n	b	f	t	c
x	d	p	l	l	s	r	z	á	f	í	i	ç
í	r	p	f	e	m	e	r	f	b	f	g	v
c	a	x	r	d	i	o	x	d	í	j	e	r
a	u	x	í	r	p	ç	ã	o	l	l	e	
r	g	á	o	g	n	ã	d	o	d	h	a	m
a	r	a	v	r	e	s	e	r	j	v	c	o
n	ã	h	n	a	m	a	d	é	f	a	c	c

Portuguese	English
conta [f]	bill
reserva [f]	booking
tigela [f]	bowl
xícara [f]	cup
pedir [v]	to order
cinzeiro [m]	ashtray
reservar [v]	to reserve
café da manhã [m]	breakfast
almoço [m]	lunch
guardanapo [m]	napkin
barato [adj]	cheap
comer [v]	to eat

Find all the Portuguese words in the puzzle.

Portuguese - Word Search - #128 - Restaurant

x	m	x	g	a	í	j	x	c	n	ã	z	o
g	a	r	f	o	d	e	s	a	l	a	d	a
o	i	p	á	d	r	a	c	c	u	p	v	i
o	s	u	o	ã	ç	g	h	f	g	r	l	c
p	o	é	o	e	a	a	v	p	c	a	o	l
a	b	e	r	n	l	r	b	a	a	t	í	é
n	r	c	i	t	m	ç	b	p	d	o	r	ã
a	e	o	e	e	o	o	v	c	e	d	i	x
d	m	í	z	z	ç	m	a	a	i	e	d	é
r	e	p	n	b	o	n	g	í	r	s	e	v
a	s	x	i	ã	f	g	l	b	a	o	p	o
u	a	h	c	x	í	c	a	r	a	p	b	ç
g	a	p	e	r	i	t	i	v	o	a	é	l

Portuguese	English
prato de sopa [m]	soup bowl
xícara [f]	cup
garfo de salada [m]	salad fork
cinzeiro [m]	ashtray
pedir [v]	to order
garçom [m]	waiter
almoço [m]	lunch
sobremesa [f]	dessert
guardanapo [m]	napkin
aperitivo [m]	main course
cardápio [mp]	menu
cadeira [f]	chair

Find all the Portuguese words in the puzzle.

Portuguese - Word Search - #129 - Restaurant

o	v	i	t	i	r	e	p	a	n	r	o	m
é	ç	m	o	r	e	s	e	r	v	a	i	n
r	t	l	o	ç	o	m	l	a	j	f	p	ã
t	o	p	a	n	a	d	r	a	u	g	á	o
i	o	f	r	a	g	b	ã	i	s	g	d	f
ç	s	c	o	l	h	e	r	ç	d	a	r	u
i	t	r	b	e	b	i	d	a	u	r	a	m
l	n	i	a	c	a	f	u	p	x	ç	c	a
ã	c	a	o	e	r	j	u	o	t	o	v	n
v	f	m	j	ç	ç	g	e	e	t	n	m	t
h	e	h	l	x	i	r	o	e	j	e	h	e
r	p	t	r	v	o	í	l	u	r	t	p	s
c	i	n	z	e	i	r	o	o	n	e	z	a

Portuguese	English
comer [v]	to eat
colher [f]	spoon
reserva [f]	booking
cinzeiro [m]	ashtray
garçonete [f]	waitress
cardápio [mp]	menu
guardanapo [m]	napkin
bebida [f]	beverage
aperitivo [m]	main course
almoço [m]	lunch
faca [f]	knife
garfo [m]	fork
não-fumantes [adj]	non-smoking

Find all the Portuguese words in the puzzle.

Portuguese - Word Search - #130 - Restaurant

a	d	a	l	a	s	e	d	o	t	a	r	p
c	j	o	á	o	c	h	é	o	f	r	a	g
n	o	z	p	a	f	á	b	a	o	e	x	e
ã	i	l	r	a	b	r	l	l	t	c	t	i
o	p	o	h	t	n	m	z	e	r	r	f	á
f	á	o	f	e	o	a	n	o	a	e	f	r
u	d	g	v	ç	r	o	d	t	j	b	s	e
m	r	é	o	a	ç	d	n	r	á	ã	l	f
a	a	m	s	r	u	a	e	r	a	p	t	e
n	c	e	a	á	j	í	i	s	b	u	v	i
t	m	g	é	ç	s	d	ç	a	o	o	g	ç
e	s	n	a	a	e	m	ç	g	p	p	á	ã
s	í	a	m	p	ã	u	a	s	j	d	a	o

Portuguese	English
guardanapo [m]	napkin
colher de sopa [f]	soup spoon
garçonete [f]	waitress
não-fumantes [adj]	non-smoking
almoço [m]	lunch
garfo [m]	fork
prato de salada [m]	salad bowl
mesa [f]	table
pedir [v]	to order
refeição [f]	meal
cardápio [mp]	menu
jantar [m]	dinner
caro [adj]	expensive

Find all the Portuguese words in the puzzle.

Portuguese - Word Search - #131 - Restaurant

g	p	x	e	a	t	d	r	b	r	é	l	e
h	a	i	e	g	n	n	e	e	a	n	i	x
o	n	r	o	é	s	x	h	b	ã	j	f	s
ç	m	d	f	b	l	ç	l	i	r	r	x	t
e	c	b	x	o	g	x	o	d	l	j	a	x
r	t	s	i	j	d	é	c	a	c	d	l	í
p	c	i	o	h	f	e	g	c	f	x	p	c
u	i	b	g	p	é	c	s	a	z	n	u	a
b	x	d	í	e	o	t	j	a	r	í	ã	r
n	p	v	m	g	l	c	á	á	l	ç	c	a
r	e	s	e	r	v	a	r	t	a	a	o	o
e	á	é	a	t	n	o	c	e	r	l	d	m
r	e	f	e	i	ç	ã	o	o	p	v	r	a

Portuguese	English
garfo de salada [m]	salad fork
colher [f]	spoon
tigela [f]	bowl
preço [m]	price
refeição [f]	meal
xícara [f]	cup
reservar [v]	to reserve
copo [m]	glass
garçom [m]	waiter
bebida [f]	beverage
caro [adj]	expensive
conta [f]	bill

Find all the Portuguese words in the puzzle.

Portuguese - Word Search - #132 - Restaurant

f	ã	a	z	m	c	a	x	j	í	ã	r	f
c	p	d	t	c	a	p	d	v	c	j	í	p
r	ç	a	x	o	r	e	h	j	ç	s	r	ã
e	s	l	j	l	d	r	s	ç	n	e	r	h
u	o	a	d	h	á	i	g	i	ç	l	e	n
t	b	s	z	e	p	t	f	o	c	z	h	a
a	r	e	ã	r	i	i	á	i	g	z	l	m
v	e	d	l	d	o	v	p	a	f	d	o	a
r	m	o	c	e	p	o	r	c	z	b	c	d
e	e	t	a	s	m	f	j	n	u	o	b	é
s	s	a	r	o	o	a	p	ç	b	l	p	f
e	a	r	o	p	j	c	r	i	r	f	á	a
r	c	p	a	a	ã	a	p	e	d	i	r	c

Portuguese	English
prato de salada [m]	salad bowl
preço [m]	price
colher [f]	spoon
aperitivo [m]	main course
pedir [v]	to order
colher de sopa [f]	soup spoon
caro [adj]	expensive
faca [f]	knife
sobremesa [f]	dessert
cardápio [mp]	menu
garfo [m]	fork
café da manhã [m]	breakfast
reserva [f]	booking

Find all the Portuguese words in the puzzle.

Portuguese - Word Search - #133 - Vegetables

e	t	e	n	a	b	a	r	ó	j	o	g	s
a	o	g	g	u	j	o	c	h	i	n	n	e
o	ã	r	ã	v	ã	h	ã	h	t	i	a	l
s	j	r	a	r	o	b	ó	b	a	p	l	c
o	i	o	r	a	ó	v	t	c	r	e	f	i
g	e	l	f	d	u	a	o	ã	s	p	a	p
r	f	f	o	f	j	f	m	l	r	g	c	c
a	o	e	h	m	e	u	v	d	n	c	e	j
p	h	r	c	i	i	o	h	l	o	p	e	r
s	l	v	a	l	t	i	g	p	ó	p	r	t
e	a	u	c	h	e	r	v	a	d	o	c	e
o	e	o	l	o	n	a	r	u	o	n	e	c
g	d	c	a	o	ã	ó	o	m	o	b	n	o

Portuguese	English
milho [m]	corn
feijão [fp]	beans
abóbora [f]	pumpkin
alho [m]	garlic
pepino [m]	cucumber
rabanete [m]	radish
picles [mp]	gherkins
espargos [m]	asparagus
alcachofra [f]	artichoke
repolho [m]	cabbage
erva doce [f]	fennel
alface [f]	lettuce
cenoura [f]	carrot
couvre-flor [f]	cauliflower

Find all the Portuguese words in the puzzle.

Portuguese - Word Search - #134 - Vegetables

u	p	i	c	l	e	s	e	s	a	l	r	ó
b	o	m	t	n	g	p	ó	g	l	u	j	u
m	h	e	g	ó	b	a	g	ã	f	u	u	f
s	l	p	d	b	l	l	i	t	a	n	s	d
b	o	h	h	r	ó	r	o	t	c	a	u	o
r	p	l	a	s	d	r	g	a	e	v	j	b
ó	e	a	r	f	o	h	c	a	c	l	a	r
c	r	e	s	p	i	n	a	f	r	e	i	a
o	b	e	t	e	r	r	a	b	a	v	m	b
l	h	s	ã	a	r	u	o	n	e	c	r	i
i	c	l	c	o	g	u	m	e	l	o	b	u
s	r	p	i	n	s	a	l	s	a	g	t	r
ã	v	l	p	m	p	g	o	j	j	v	n	ó

Portuguese	English
alcachofra [f]	artichoke
cenoura [f]	carrot
salsa [f]	parsley
cogumelo [m]	mushroom
espinafre [m]	spinach
milho [m]	corn
repolho [m]	cabbage
alface [f]	lettuce
brócolis [mp]	broccoli
ruibarbo [m]	rhubarb
picles [mp]	gherkins
beterraba [f]	beet

Find all the Portuguese words in the puzzle.

Portuguese - Word Search - #135 - Vegetables

s	b	a	ó	ã	b	p	f	o	c	v	s	m
e	e	r	s	i	l	o	c	ó	r	b	j	d
l	r	f	ó	h	m	u	t	e	n	ó	h	d
c	i	o	a	j	o	l	e	m	u	g	o	c
i	n	h	ó	b	ã	i	s	e	c	m	f	ó
p	j	c	g	n	o	ã	j	i	e	f	g	c
g	e	a	ã	e	r	v	i	l	h	a	s	e
v	l	c	l	r	a	j	o	h	l	a	g	n
t	a	l	s	o	h	l	o	p	e	r	j	o
u	ó	a	m	e	c	o	d	a	v	r	e	u
c	o	u	v	r	e	f	l	o	r	d	t	r
l	e	g	u	m	e	e	a	m	d	p	h	a
f	p	s	l	r	a	b	a	n	e	t	e	e

Portuguese	English
brócolis [mp]	broccoli
berinjela [f]	aubergine
alcachofra [f]	artichoke
repolho [m]	cabbage
rabanete [m]	radish
cenoura [f]	carrot
cogumelo [m]	mushroom
feijão [fp]	beans
picles [mp]	gherkins
couvre-flor [f]	cauliflower
erva doce [f]	fennel
legume [m]	vegetable
alho [m]	garlic
ervilhas [fp]	peas

Find all the Portuguese words in the puzzle.

Portuguese - Word Search - #136 - Vegetables

r	c	s	i	l	o	c	ó	r	b	ã	d	p
o	r	e	n	v	p	g	ã	l	e	ã	o	i
b	m	e	r	a	e	c	s	b	t	a	l	c
r	b	t	t	v	p	e	v	a	a	l	e	l
a	e	s	g	e	i	g	i	t	m	c	m	e
b	f	s	o	t	n	l	j	a	o	a	u	s
i	d	a	p	g	o	a	h	t	t	c	g	d
u	r	r	f	i	r	b	b	a	v	h	o	t
r	j	u	u	b	n	a	o	a	s	o	c	l
p	g	o	u	u	u	a	p	ó	r	f	d	c
e	f	n	j	a	v	b	f	s	g	r	r	n
v	d	e	e	c	s	m	t	r	e	a	u	u
i	h	c	g	m	j	u	t	v	e	a	n	l

Portuguese	English
pepino [m]	cucumber
espinafre [m]	spinach
ervilhas [fp]	peas
batata [f]	potato
rabanete [m]	radish
picles [mp]	gherkins
alcachofra [f]	artichoke
brócolis [mp]	broccoli
tomate [m]	tomato
cenoura [f]	carrot
ruibarbo [m]	rhubarb
cogumelo [m]	mushroom
espargos [m]	asparagus

Find all the Portuguese words in the puzzle.

Portuguese - Word Search - #137 - Vegetables

h	p	p	b	ã	p	f	e	i	j	ã	o	p
d	o	d	h	n	c	e	b	o	l	a	c	f
a	d	f	n	p	c	o	g	u	m	e	l	o
e	p	t	i	j	ã	o	f	h	l	g	n	f
c	v	m	i	u	h	h	n	b	a	n	l	r
o	h	l	i	m	s	l	v	e	t	d	r	h
d	a	i	p	o	c	a	d	i	o	b	a	o
a	l	a	s	o	g	r	a	p	s	e	b	n
v	g	c	a	v	c	p	ó	e	g	l	a	i
r	i	d	s	a	h	l	i	v	r	e	n	p
e	r	f	a	n	i	p	s	e	o	v	e	e
o	o	j	e	t	a	m	o	t	d	h	t	p
v	o	b	r	a	b	i	u	r	o	b	e	o

Portuguese	English
cogumelo [m]	mushroom
ruibarbo [m]	rhubarb
erva doce [f]	fennel
alho [m]	garlic
espargos [m]	asparagus
ervilhas [fp]	peas
aipo [m]	celery
tomate [m]	tomato
pepino [m]	cucumber
feijão [fp]	beans
espinafre [m]	spinach
milho [m]	corn
rabanete [m]	radish
cebola [f]	onion

Find all the Portuguese words in the puzzle.

Portuguese - Word Search - #138 - Vegetables

a	o	ó	r	p	o	a	l	o	b	e	c	a
p	g	l	v	a	h	m	p	u	ó	b	n	c
u	n	e	i	e	l	d	v	i	c	ó	s	l
c	ó	p	e	o	a	r	f	ó	c	a	g	m
o	o	e	s	l	r	u	d	a	l	l	i	ó
u	h	b	p	e	s	i	ã	s	n	l	j	g
v	v	a	i	m	v	b	a	n	h	n	t	c
r	r	t	n	u	ã	a	h	o	a	v	s	ã
e	f	a	a	g	e	r	v	i	l	h	a	s
f	t	t	f	o	g	b	p	o	n	u	j	s
l	v	a	r	c	g	o	t	ã	h	g	s	l
o	i	a	e	v	g	d	o	n	i	p	e	p
r	e	p	n	i	t	o	m	a	t	e	n	s

Portuguese	English
couvre-flor [f]	cauliflower
espinafre [m]	spinach
tomate [m]	tomato
cogumelo [m]	mushroom
salsa [f]	parsley
aipo [m]	celery
ruibarbo [m]	rhubarb
cebola [f]	onion
pepino [m]	cucumber
alho [m]	garlic
milho [m]	corn
batata [f]	potato
ervilhas [fp]	peas

Find all the Portuguese words in the puzzle.

Portuguese - Word Search - #139 - Vegetables

i	c	ó	r	e	p	o	l	h	o	f	u	a
a	r	e	r	s	p	o	a	t	a	t	a	b
f	t	h	a	p	j	f	j	a	p	g	ó	l
d	a	c	b	i	ó	e	n	r	i	p	u	c
b	l	o	a	n	u	i	g	o	m	ã	p	d
e	h	g	n	a	t	j	ã	b	e	s	p	d
r	o	u	e	f	r	ã	d	ó	n	u	o	g
i	i	m	t	r	ó	o	ó	b	t	o	d	r
n	u	e	e	e	o	l	s	a	a	h	i	l
j	v	l	b	ã	o	b	r	a	b	i	u	r
e	e	o	i	a	b	b	l	ó	n	c	g	a
l	e	c	ó	f	a	m	u	a	a	i	p	o
a	ã	m	b	r	ó	c	o	l	i	s	u	h

Portuguese	English
abóbora [f]	pumpkin
feijão [fp]	beans
batata [f]	potato
berinjela [f]	aubergine
alho [m]	garlic
espinafre [m]	spinach
pimenta [f]	pepper
ruibarbo [m]	rhubarb
brócolis [mp]	broccoli
cogumelo [m]	mushroom
repolho [m]	cabbage
aipo [m]	celery
rabanete [m]	radish

Find all the Portuguese words in the puzzle.

Portuguese - Word Search - #140 - Vegetables

e	e	ó	r	o	p	v	o	ã	j	i	e	f
e	r	v	i	l	h	a	s	t	ó	a	r	h
e	d	s	g	m	a	l	t	r	u	j	o	r
a	n	o	v	e	c	l	i	ã	g	i	b	a
t	i	l	f	c	a	v	f	m	b	ó	o	b
n	t	o	m	a	t	e	f	a	i	c	t	a
e	c	o	g	u	m	e	l	o	c	l	s	n
m	l	l	d	i	i	o	b	l	g	e	ó	e
i	b	v	c	i	e	l	e	g	u	m	e	t
p	j	m	d	f	o	p	i	a	l	s	p	e
o	h	c	e	n	o	u	r	a	p	ó	h	g
p	a	l	e	j	n	i	r	e	b	h	c	o
g	h	h	a	j	o	h	l	a	h	t	a	r

Portuguese	English
cenoura [f]	carrot
ervilhas [fp]	peas
cogumelo [m]	mushroom
alface [f]	lettuce
aipo [m]	celery
legume [m]	vegetable
pimenta [f]	pepper
alho [m]	garlic
feijão [fp]	beans
berinjela [f]	aubergine
milho [m]	corn
tomate [m]	tomato
rabanete [m]	radish

Find all the Portuguese words in the puzzle.

Portuguese - Word Search - #141 - Vegetables

h	ã	c	f	d	s	i	l	o	c	ó	r	b
o	l	e	u	a	t	n	e	m	i	p	j	t
l	v	b	r	b	f	e	o	a	c	r	s	s
e	c	o	a	l	p	r	o	ã	j	b	g	t
m	d	l	b	v	a	v	n	h	j	t	b	g
u	g	a	a	d	s	a	p	e	p	i	n	o
g	m	c	n	o	l	d	h	a	o	j	e	l
o	v	b	e	e	a	o	h	l	a	b	o	f
c	ó	u	t	n	s	c	r	o	f	s	f	ó
u	m	j	e	h	h	e	e	j	h	ã	u	o
n	g	a	l	c	a	c	h	o	f	r	a	h
d	h	g	r	o	l	f	e	r	v	u	o	c
h	l	c	r	u	i	b	a	r	b	o	v	g

Portuguese	English
rabanete [m]	radish
alcachofra [f]	artichoke
cebola [f]	onion
erva doce [f]	fennel
pepino [m]	cucumber
salsa [f]	parsley
couvre-flor [f]	cauliflower
brócolis [mp]	broccoli
cogumelo [m]	mushroom
pimenta [f]	pepper
feijão [fp]	beans
ruibarbo [m]	rhubarb
alho [m]	garlic

Find all the Portuguese words in the puzzle.

Portuguese - Word Search - #142 - Vegetables

l	c	a	d	e	r	v	a	d	o	c	e	b
e	v	o	t	a	g	i	o	h	l	i	m	d
g	b	m	o	o	t	c	h	r	v	c	p	e
u	ã	e	m	b	b	a	l	h	o	d	h	r
m	p	s	a	r	n	r	t	j	s	h	h	f
e	o	p	t	m	a	m	a	a	a	ó	b	a
r	l	a	e	a	r	t	m	b	b	l	j	n
v	e	r	r	u	e	p	n	d	i	a	ó	i
i	m	g	s	f	p	e	h	e	j	u	o	p
l	u	o	r	r	o	v	r	s	m	h	r	s
h	g	s	f	o	l	g	b	n	l	i	s	e
a	o	ã	b	c	h	c	t	a	j	d	p	b
s	c	v	s	c	o	c	v	g	u	h	f	f

Portuguese	English
pimenta [f]	pepper
cogumelo [m]	mushroom
tomate [m]	tomato
batata [f]	potato
ervilhas [fp]	peas
espargos [m]	asparagus
alho [m]	garlic
espinafre [m]	spinach
erva doce [f]	fennel
milho [m]	corn
legume [m]	vegetable
repolho [m]	cabbage
ruibarbo [m]	rhubarb

Find all the Portuguese words in the puzzle.

Portuguese - Word Search - #143 - Vegetables

b	a	n	b	i	p	o	o	v	v	g	f	h
ã	l	c	o	m	ó	p	i	m	n	p	c	f
v	c	e	b	h	i	o	c	e	b	o	l	a
b	a	e	j	a	ã	t	m	f	g	n	s	m
p	c	j	r	f	t	b	ó	u	v	ã	o	o
i	h	t	g	f	h	a	m	e	p	f	n	h
ó	o	h	o	l	a	e	t	m	g	i	m	l
t	f	r	d	h	l	n	b	a	p	p	o	a
v	r	t	t	o	l	ó	i	e	c	l	l	f
f	a	r	ó	c	ã	i	p	p	l	u	o	i
a	r	u	o	n	e	c	m	m	s	i	m	f
s	ó	d	j	f	e	i	j	ã	o	e	t	o
s	b	u	ã	ó	l	a	b	ó	b	o	r	a

Portuguese	English
espinafre [m]	spinach
alho [m]	garlic
cogumelo [m]	mushroom
cenoura [f]	carrot
pepino [m]	cucumber
batata [f]	potato
aipo [m]	celery
cebola [f]	onion
abóbora [f]	pumpkin
alcachofra [f]	artichoke
feijão [fp]	beans
milho [m]	corn

Find all the Portuguese words in the puzzle.

Portuguese - Word Search - #144 - Vegetables

e	s	u	g	p	a	r	u	o	n	e	c	i
d	f	m	i	f	d	ó	h	m	p	c	ã	i
e	s	a	l	f	a	c	e	o	e	h	d	ó
s	b	e	r	a	r	o	b	ó	b	a	d	s
p	r	t	o	e	r	v	i	l	h	a	s	u
i	a	a	l	f	e	r	v	a	d	o	c	e
n	b	m	f	u	r	u	i	b	a	r	b	o
a	a	o	e	b	e	r	i	n	j	e	l	a
f	n	t	r	h	a	v	e	ó	ó	n	d	c
r	e	g	v	f	t	n	m	v	u	ã	t	ó
e	t	b	u	ã	c	o	g	u	m	e	l	o
a	e	ó	o	ó	d	s	s	a	l	s	a	m
j	o	b	c	c	j	f	ã	m	s	l	v	r

Portuguese	English
erva doce [f]	fennel
tomate [m]	tomato
rabanete [m]	radish
espinafre [m]	spinach
ervilhas [fp]	peas
berinjela [f]	aubergine
cogumelo [m]	mushroom
salsa [f]	parsley
couvre-flor [f]	cauliflower
abóbora [f]	pumpkin
cenoura [f]	carrot
ruibarbo [m]	rhubarb
alface [f]	lettuce

Find all the Portuguese words in the puzzle.

Welcome to this Word Scramble section!

This section is divided into three parts:

Puzzles. This part contains the puzzles themselves. For each category, there are 6 puzzles, and each puzzle has 10 word scrambles. You must rearrange the letters of each scramble to get the correct word. There is a place under each scramble to write your answer. Spaces and hyphens are in their proper places already.

Hints. If you are stuck on a word scramble, you may look in this part by the puzzle and word numbers to get a hint in the form of the English word.

Solutions. If you are stumped or want to see if you got the correct answers, this part contains the words in their unscrambled form.

Notes

Here are some of the common letter combinations you might use in Portuguese.

Diminutives are used to describe something as cute or small

  -(z)inho / -(z)inha / -(z)ito / -isco / -ino

Augmentatives are used to describe something as large or strong

  -ão / -zarrão / -oso / -ona

These suffixes show something is part of a collection

  -al / -ada / -ado / -agem / -eiro

These endings relate something to a place

  -ário / -ério / -douro / -tório

These change adjectives into nouns

  -ez(a) / -ura / -dade / -dão / -ância / -ência

This is a common ending for adverbs, like -ly in English

  -mente

This suffix is the same as -tion in English, showing an act or process

  -cion

Portuguese - Word Scramble -#1 - Airport

1) a s a o p i e r g s

_____

2) a e m   a s r a d p

_____

3) e i c ô m a c o n

_____

4) d b a o d e l   i l   i h v   t   e t e e a

_____

5) u o e a r m   c t   e q r d a ã b e

_____

6) i r m o s d a e   t e   e t e t d c

_____

7) a g d c e h a

_____

8) a a l m

_____

9) o n f e s   o d   i v o e d u

_____

10) a i ã t l u r o p ç

_____

Portuguese - Word Scramble -#2 - Airport

1) r n g a h a

_____

2) i o d s u o d e o f v e n

_____

3) a l r t i c e o a n n i n

_____

4) i o é o m t d s c

_____

5) a a e a p s r m d

_____

6) r p s p t a e a o s

_____

7) e g n d e e i g a n s e t a v

_____

8) s o a t s e n

_____

9) c a r n l a e c

_____

10) n i o ê o x i g

_____

Portuguese - Word Scramble -#3 - Airport

1) s p t i a

_____

2) a ê t n r i l b c u u

_____

3) o r r r e d o c

_____

4) e b j d a n a

_____

5) v o a r

_____

6) s a s e a g p r o i

_____

7) r r a g e a r c

_____

8) e c b r e a   h a c s a g n g

_____

9) r e r t a

_____

10) o l t ô i p

_____

Portuguese - Word Scramble -#4 - Airport

1) `a` `p` `i` `t` `s`

_____

2) `h` `t` `e` `e` `d` `i` `l` `o` `e` `d` `b` `l` `t` `a` `v` `i` `e` `a`

_____

3) `a` `d` `e` `t` `r`

_____

4) `n` `a` `l` `e` `a` `j`

_____

5) `t` `o` `p` `o` `r` `ã`

_____

6) `o` `ô` `v`

_____

7) `é` `d` `c` `t` `o` `i` `s` `o` `m`

_____

8) `e` `p` `s` `o`

_____

9) `n` `a` `r` `e` `t` `e` `-` `s` `s`

_____

10) `i` `c` `e` `b` `a` `n`

_____

Portuguese - Word Scramble -#5 - Airport

1) o e r r a t p o o

_____

2) m o e i a ô c n c

_____

3) o p - l o ô t i c

_____

4) s r a e r v e r

_____

5) a a d n e j b

_____

6) r d o a

_____

7) a e d g h c a

_____

8) a e a n i n o c i n t r l

_____

9) c l r a c n a e

_____

10) s a g a n r u e ç

_____

Portuguese - Word Scramble -#6 - Airport

1) g n a ê e r e i c m

_____

2) s r a o s i g a p e

_____

3) c h i m a l o

_____

4) e o s p

_____

5) m i c e n c o a ô

_____

6) g a a n h r

_____

7) o a ã i v

_____

8) h a d g c a e

_____

9) d í s a a

_____

10) a r r e g c r a

_____

Portuguese - Word Scramble -#7 - Animals

1) o c r r t n e e o n i

_____

2) p a s o

_____

3) s n a o

_____

4) a a n p d

_____

5) r o e o i r c d

_____

6) g a o t

_____

7) o ú f b l a

_____

8) g o i l r a

_____

9) o t u o r

_____

10) m n á t d a a u

_____

Portuguese - Word Scramble -#8 - Animals

1) i l g a o r

_____

2) s r a a p o

_____

3) o d o r l o c i c

_____

4) e o t o c l e

_____

5) h i c o b

_____

6) l a z g e a

_____

7) i t g e r

_____

8) ç a o n

_____

9) t o o u r

_____

10) n b u o b í a

_____

Portuguese - Word Scramble -#9 - Animals

1) e i o c r o d r

_____

2) o o r p c

_____

3) i n l e c

_____

4) h o n h c i a r c o r

_____

5) a p n a d

_____

6) o g a t

_____

7) a a c v

_____

8) a c r b a

_____

9) e o t e c l o

_____

10) g a a e l z

_____

1) f a a g i r

_____

2) a g z e a l

_____

3) a j é c r a

_____

4) u n o a c d n m o g

_____

5) a o a p r s

_____

6) u a m l

_____

7) l o o e c h

_____

8) u t t a

_____

9) a g i o r l

_____

10) e a l o v h

_____

Portuguese - Word Scramble -#11 - Animals

1) r u g t r a a a t

_____

2) m e a o c l

_____

3) c a a b r

_____

4) a c o o r c r n i h h

_____

5) p a n a e t r

_____

6) a f e e t n l e

_____

7) t o u o r

_____

8) a a l o c

_____

9) e t o u x g

_____

10) c b i h o

_____

Portuguese - Word Scramble -#12 - Animals

1)
e l i u o q s

_____

2)
a o g t

_____

3)
o o c d r r i e

_____

4)
n a e t a p r

_____

5)
h o p c o - i n e p s o r

_____

6)
a o l a c

_____

7)
a e c o m l

_____

8)
o l o b

_____

9)
r a t o

_____

10)
n i n e r r t c o o e

_____

Portuguese - Word Scramble -#13 - Around the House

1) r l e g i e a a d

_____

2) o f s á

_____

3) a a v g t e

_____

4) e v s l s o e t n a d t i e r

_____

5) l o e e t e n f

_____

6) t o é t

_____

7) a o s h l o

_____

8) a i a b r e n h

_____

9) p d a r e e

_____

10) e s t r u l

_____

Portuguese - Word Scramble -#14 - Around the House

1) | h | e | a | v | c |

_____

2) | a | r | p | a | t | - | o | e | m | s | d | o |

_____

3) | z | n | i | c | o | h | o |

_____

4) | o | a | s | a | l | c |

_____

5) | e | r | t | o | p | u | n | t | r | r | i |

_____

6) | t | t | a | p | e | e |

_____

7) | h | n | i | e | b | a | a | r |

_____

8) | l | a | e | e | r | i | g | d | a |

_____

9) | d | p | z | a | n | i | a | o | h | a | c | i |

_____

10) | n | u | a | i | r | t | p |

_____

Portuguese - Word Scramble -#15 - Around the House

1) d i a r a c e l

_____

2) a s o l a c

_____

3) t d h a o l e

_____

4) a v i e á a l   q r   d a u n m

_____

5) i d t e   l l   o x a a

_____

6) m c d a o ô

_____

7) l e u s r t

_____

8) ã a o b s

_____

9) c f a a

_____

10) a a c a r d e i s

_____

Portuguese - Word Scramble -#16 - Around the House

1) | o | r | á | i | d |

_____

2) | r | a | a | x | c | í |

_____

3) | t | u | e | r | l | s |

_____

4) | r | i | t | n | a | o | c |

_____

5) | á | n | a | a | l | a | ç | | d | i | | a | u | q | r | o | | e | v | l | u | m |

_____

6) | r | a | m | i | á | l | a | | q | u | | e | a | n | v | d |

_____

7) | p | o | c | o |

_____

8) | a | a | s | c |

_____

9) | a | e | a | d | i | r | c |

_____

10) | a | n | a | | o | p | | a | h | i | i | z | c | d |

_____

100

Portuguese - Word Scramble -#17 - Around the House

1) d e s p r a a   e r   c o u o d

_____

2) c a u b

_____

3) a o h s o l

_____

4) o l c a a s

_____

5) e s l r u t

_____

6) d o r e   a s   o r i c d m

_____

7) i r e p o t n r u r t

_____

8) c l e o r h

_____

9) a r e t a l i r e p

_____

10) a i i q u l i f d i o d r c

_____

Portuguese - Word Scramble -#18 - Around the House

1) x l o d   a e   t l i a

_____

2) c a u b̂

_____

3) l o e r h c

_____

4) m a i r r á o

_____

5) i e a r s a a c d

_____

6) o m c a ô d

_____

7) a c a i x

_____

8) r d m u i a n   v e   l a a q á

_____

9) r d o i á

_____

10) i r t a c a r e

_____

Portuguese - Word Scramble -#19 - Birds

1) r j o u a c

_____

2) o l a g

_____

3) s a o p á s r

_____

4) a n o g s

_____

5) a t o a i v g

_____

6) a l p r a d

_____

7) a t o p

_____

8) e t r u v s z a

_____

9) i e l c n p a o

_____

10) i u x o l o n r

_____

Portuguese - Word Scramble -#20 - Birds

1) i o f s ã a

_____

2) f i l g n o m a

_____

3) c r o v o

_____

4) a r g ç a

_____

5) f a c o l ã

_____

6) r u i n o l x o

_____

7) s o n a g

_____

8) a p o á s s r

_____

9) p t a o

_____

10) g l o a

_____

Portuguese - Word Scramble -#21 - Birds

1) | á | s | s | r | o | p | a |

_____

2) | p | o | a | i | p | a | a | g |

_____

3) | i | f | o | ã | a | s |

_____

4) | h | a | l | g | n | a | i |

_____

5) | t | o | a | v | g | i | a |

_____

6) | x | u | n | o | i | l | o | r |

_____

7) | i | c | e | l | p | n | a | o |

_____

8) | u | r | e | p |

_____

9) | o | r | u | j | c | a |

_____

10) | o | l | g | a |

_____

Portuguese - Word Scramble -#22 - Birds

1) o p b m o

_____

2) a o e h g c n

_____

3) m a n o f l g i

_____

4) v s r z a u e t

_____

5) o i u l x o r n

_____

6) o a a a p i p g

_____

7) r t b u a e

_____

8) n s g a o

_____

9) a o b m p

_____

10) r c o o v

_____

Portuguese - Word Scramble -#23 - Birds

1) u s a z t v r e

_____

2) s a á p s o r

_____

3) g o s n a

_____

4) m b p o o

_____

5) p u e r

_____

6) a r p d l a

_____

7) c v r o o

_____

8) g a a r ç

_____

9) i o m l a n f g

_____

10) e c o g a h n

_____

Portuguese - Word Scramble -#24 - Birds

1) | n | g | o | s | a |

_____

2) | o | r | o | c | v |

_____

3) | a | r | a | ç | g |

_____

4) | s | p | r | o | a | á | s |

_____

5) | e | g | o | a | n | h | c |

_____

6) | n | a | i | o | p | l | e | c |

_____

7) | i | a | p | g | a | o | p | a |

_____

8) | l | g | a | i | f | m | n | o |

_____

9) | a | a | l | d | r | p |

_____

10) | a | l | a | n | i | g | h |

_____

Portuguese - Word Scramble -#25 - Clothing

1) r b e a u o | o o | p d n ã h

_____

2) a u v l

_____

3) ã t s i u

_____

4) u a p r o s

_____

5) p s r n o s s u i e ó

_____

6) s a i m a c

_____

7) u v a d | p c | e a a h c

_____

8) e a a t t g o | l a a r r b b v o

_____

9) e r t o n

_____

10) t r b a s | c a n a | a a o h d p a i m

_____

Portuguese - Word Scramble -#26 - Clothing

1) a a e t s c i m

_____

2) d t e v o s i

_____

3) v a u l

_____

4) e n h i c s o l

_____

5) a n j e s

_____

6) s e i ó p s u o r s n s

_____

7) a g h r d v - u a a u c

_____

8) c p h u a é

_____

9) é n b o

_____

10) u ã t s i

_____

Portuguese - Word Scramble -#27 - Clothing

1) p ó t e l a

_____

2) é n o b

_____

3) u v a l s

_____

4) n e o r t

_____

5) h v a u   c c   d a p a e

_____

6) a a s ç j s   c l s u a t

_____

7) s l h o i c e n

_____

8) n s j a e

_____

9) t e l e o c

_____

10) b t r a b v t   o e o l a a r a g

_____

Portuguese - Word Scramble -#28 - Clothing

1) t a u l s a   j a c s ç s

_____

2) t n a h a o m

_____

3) o r ó s u n i s s s p e

_____

4) i l é c c   f h a o r e

_____

5) p h a a b   i a a a   o s d t a r m c n

_____

6) p o r a s u

_____

7) s m a c i a

_____

8) c d a c e o   s e   l p a e

_____

9) c s a l a ç

_____

10) t a r a a v g

_____

Portuguese - Word Scramble -#29 - Clothing

1) c a e l o c c h

_____

2) c e a c u s

_____

3) ã d g a r c i

_____

4) é n o b

_____

5) v a u l

_____

6) a r p o s u

_____

7) e l o h s i n c

_____

8) i p m a j a

_____

9) n a c h c s a i l

_____

10) t c m e i a a s

_____

Portuguese - Word Scramble -#30 - Clothing

1) a b u s l

_____

2) n j s e a

_____

3) t c a n i

_____

4) ã c c m a a o

_____

5) a l o v t g a   r t a b r o e a b

_____

6) c e l o t e

_____

7) n b m a c   a d t a   a a r o h p a s i

_____

8) m s a e i

_____

9) i b i n u í q

_____

10) ê n s t i

_____

Portuguese - Word Scramble -#31 - Family

1) d m r a i o

_____

2) l i h o f

_____

3) v a ô

_____

4) a m ẽ

_____

5) o n a i v

_____

6) b n h o o s r i

_____

7) p i a p a

_____

8) e e a n a d t

_____

9) a e o d t e n

_____

10) t e a e r n p

_____

Portuguese - Word Scramble -#32 - Family

1) n d e a a e t

_____

2) r o i s o h n b

_____

3) n e a e r p t

_____

4) e m m a ã

_____

5) ã i r m

_____

6) t a s r a d m a

_____

7) m o i r ã

_____

8) r p i o m

_____

9) a v ô

_____

10) m a ẽ

_____

Portuguese - Word Scramble -#33 - Family

1) ẽ a m

_____

2) ó v a

_____

3) n b s o r i h o

_____

4) s b i h n a r o

_____

5) o o m m - i e ã i r

_____

6) i t o

_____

7) t i a

_____

8) ô s p e a s

_____

9) f l i h o

_____

10) a e ã m m

_____

1) p a i p a

_____

2) o m p r i

_____

3) r i m ã

_____

4) d o a m r i

_____

5) í m i l a a f

_____

6) a e n r e t p

_____

7) a p s ô e s

_____

8) o d n e e t a

_____

9) n e s r t a p e

_____

10) i m o r ã

_____

Portuguese - Word Scramble -#35 - Family

1) a a s m r t d a

_____

2) m d r a i o

_____

3) o r p m i

_____

4) o n t e

_____

5) t i a

_____

6) t e e r p a n

_____

7) b o o h i s n r

_____

8) a v ô

_____

9) p p i a a

_____

10) n d a o e t e

_____

Portuguese - Word Scramble -#36 - Family

1) s p e a s ô

_____

2) r o m i - e i ã o m

_____

3) m r ã i

_____

4) t d n a a e e

_____

5) h o i l f

_____

6) a i p

_____

7) ã i m r o

_____

8) m m a e ã

_____

9) r e t e s a p n

_____

10) a v ô

_____

Portuguese - Word Scramble -#37 - Food

1) r v i g a n e

_____

2) i u j e o q

_____

3) g o u i t e r

_____

4) b c l o h a a

_____

5) n t i a g e m a

_____

6) a r s a m o d t

_____

7) e i t l e

_____

8) r b a o c   o a   d e r a c h t e l

_____

9) o o v

_____

10) c r a ç ú a

_____

Portuguese - Word Scramble -#38 - Food

1) c a a l b h o

_____

2) p o ã

_____

3) o b l o

_____

4) s e e l   a g   p m s u d o e

_____

5) o o v

_____

6) l t e i e

_____

7) n e a g t a m i

_____

8) ã o o i z n p h

_____

9) a s d a l a

_____

10) d a e t i a   e i   v e o z l

_____

1) t m e n g i a a

_____

2) b o l o

_____

3) q i e u j o

_____

4) e g a r i n v

_____

5) a s l

_____

6) o z ã i p h o n

_____

7) r a ç ú c a

_____

8) a a c h l b o

_____

9) o ã p

_____

10) i o t b c s o i

_____

1) s e o r v e t

_____

2) ã o p

_____

3) p e e a s s o l d g e m u

_____

4) o z o i p h n ã

_____

5) d s a m o a t r

_____

6) i a t d a e o z i l e e v

_____

7) a l s

_____

8) m e n t g i a a

_____

9) e t i e l

_____

10) i r a g v n e

_____

Portuguese - Word Scramble -#41 - Food

1) o t s b o i c i

_____

2) s l a

_____

3) l t e e i

_____

4) t o m s a d r a

_____

5) r s o v e e t

_____

6) m c a i d õ

_____

7) a t d o o e c h e r c a l r a b

_____

8) o b o l

_____

9) a a g n t i e m

_____

10) o i h z o p ã n

_____

Portuguese - Word Scramble -#42 - Food

1) u t r i g o e

_____

2) d a i o m c

_____

3) d e a o t l r o b c e a c h r a

_____

4) o o b l

_____

5) s o i i o b t c

_____

6) t a m s r d o a

_____

7) v e s r o e t

_____

8) l s a

_____

9) r a ú a c ç

_____

10) u q o e i j

_____

Portuguese - Word Scramble -#43 - Fruit

1) d m a a c s o

_____

2) n e a i c m a l

_____

3) b n a a a n

_____

4) c a t a n h s a

_____

5) s m f e b a r a o

_____

6) e r j a c e

_____

7) x i c a a b a

_____

8) o g a m o r n

_____

9) n a m a o ê d

_____

10) u i o b r a b r

_____

Portuguese - Word Scramble -#44 - Fruit

1) ô c o c

_____

2) o b u i r a b r

_____

3) a a n l j r a

_____

4) r a m n g o o

_____

5) c e r a e j

_____

6) d m a n e i m o

_____

7) a i e x m a

_____

8) a i c a b a x

_____

9) m p a t e   a o r r a

_____

10) e a ã l v

_____

Portuguese - Word Scramble -#45 - Fruit

1) a l j a r a n

_____

2) r e t a a   o a p r m

_____

3) o a s d c a m

_____

4) c o c ô

_____

5) o s r e a m b f a

_____

6) n a a a t s h c

_____

7) c j r e e a

_____

8) o r m t i l i

_____

9) a p s s a

_____

10) d o ê n a a m

_____

Portuguese - Word Scramble -#46 - Fruit

1)
r | a | ê | p

_____

2)
ê | s | e | s | p | o | g

_____

3)
c | o | c | ô

_____

4)
n | t | a | c | a | s | a | h

_____

5)
g | m | n | r | o | a | o

_____

6)
a | c | m | i | l | e | n | a

_____

7)
v | u | a

_____

8)
a | j | a | l | a | n | r

_____

9)
r | a | e | j | c | e

_____

10)
i | a | l | m

_____

1) a m n c i l e a

_____

2) ê p a r

_____

3) a r t a m â

_____

4) c c o ô

_____

5) a i l m

_____

6) a r b i r o b u

_____

7) v ã l a e

_____

8) a i a a x c b

_____

9) r l i t o m i

_____

10) a n a n a b

_____

Portuguese - Word Scramble -#48 - Fruit

1) l o ã e m

_____

2) o m i r t i l

_____

3) ê o e p s s g

_____

4) s a a s p

_____

5) a f r t u

_____

6) i r e a t n n g a

_____

7) a e v ã l

_____

8) x i e a a m

_____

9) b r i u r a b o

_____

10) v a u

_____

Portuguese - Word Scramble -#49 - Hotel

1) m a r d i r e u r a a

_____

2) r r é o e t

_____

3) o e d r s l e p s a ã a e

_____

4) s n i p c a i

_____

5) i n d o c n o i a d a o r c

_____

6) r ç e e o a ã r c

_____

7) s o p i

_____

8) h o c k c - e u t

_____

9) i t r r o e o p

_____

10) l e o g

_____

Portuguese - Word Scramble -#50 - Hotel

1) u s í e t

_____

2) n t t i n r e e

_____

3) r e t r o é

_____

4) n d m a é c h a ã f a

_____

5) n r a a d t e

_____

6) i r o b e c

_____

7) g a a p r

_____

8) v r a e r e s

_____

9) m e n e s a m g

_____

10) a d c e s a s

_____

1) e s u t í

_____

2) u i v r r ç a e t o s q e d o

_____

3) i s n c i a p

_____

4) r a a m e g g

_____

5) r r o p e o i t

_____

6) o u t c k - c e h

_____

7) p e ç c e o ã r

_____

8) o e t h l

_____

9) u o a t q r

_____

10) ã r a e ç c r e o

_____

Portuguese - Word Scramble -#52 - Hotel

1) o r é e r t

_____

2) c n a o t

_____

3) s o p i

_____

4) j a a e d r l a a n t s

_____

5) s p i a c i n

_____

6) i a d r r e a m r u a

_____

7) q x u a e i

_____

8) v s a i t

_____

9) s d a a c a

_____

10) u t c k h - c e o

_____

1) g o e l

_____

2) i r a c c e s e i n o p t

_____

3) p a n i c i s

_____

4) l r r c d g a r e s   a a   e d m o a

_____

5) ç p e c ã e r o

_____

6) i o p s

_____

7) c s e s a d a

_____

8) p o ã s a   r s   e e e l a d

_____

9) c h ã a   f n   d a a m é

_____

10) i a d t   i l   v a e s s a

_____

Portuguese - Word Scramble -#54 - Hotel

1) t n a c o

_____

2) a r p a g

_____

3) u q a r t o

_____

4) i e n t n r e t

_____

5) o r e e a d l v

_____

6) e o g l

_____

7) r e o ç p ã e c

_____

8) s n a c i i p

_____

9) s i t v a

_____

10) e e r a d u o   r o   ç i q v t s

_____

Portuguese - Word Scramble -#55 - Parts of the Body

1) g a i b a r r

_____

2) n u t j a

_____

3) u l r a d q i

_____

4) e i o s

_____

5) s d r a s a

_____

6) o c l h i

_____

7) n ê a d p i e c

_____

8) p m o u l ã

_____

9) l o ú s c u m

_____

10) v i e a

_____

Portuguese - Word Scramble -#56 - Parts of the Body

1) p e d g   o e a d r o l

_____

2) s p u o l

_____

3) r a n e p

_____

4) b e a h c o c h

_____

5) ã o o a r c ç

_____

6) o r o c p

_____

7) q o e u i x

_____

8) o l m ã u p

_____

9) a g í l u n

_____

10) u a h n

_____

Portuguese - Word Scramble -#57 - Parts of the Body

1) | i | o | c | l | h |

_____

2) | r | e | t | o | l | o | z | o | n |

_____

3) | u | h | p | o | n |

_____

4) | h | l | r | o | a | e |

_____

5) | d | a | f | í | g | o |

_____

6) | l | r | i | s | a | e | d | | h | o | p | s | n | a |

_____

7) | e | p | d | l | | r | o | d | e | g | o | a |

_____

8) | e | n | e | d | t |

_____

9) | d | r | a | l | u | i | q |

_____

10) | í | r | s | i |

_____

Portuguese - Word Scramble -#58 - Parts of the Body

1) l u o p s

_____

2) m r i

_____

3) g b a e i x

_____

4) b a c r o s h n a e l

_____

5) l o m p u ã

_____

6) c o a e h h b c

_____

7) ó a t r x

_____

8) e p l e

_____

9) á b e a l p p r

_____

10) g m t ô a s o e

_____

Portuguese - Word Scramble -#59 - Parts of the Body

1) g r t a a g a n

_____

2) e o l c t s a

_____

3) e r h o a l

_____

4) o e u i x q

_____

5) f d í g o a

_____

6) l o m u p ã

_____

7) s o s o

_____

8) r i h l o s a   p n a e s d

_____

9) a z i r n

_____

10) a l u n g í

_____

Portuguese - Word Scramble -#60 - Parts of the Body

1) u q r a i l d

_____

2) d e é d o o d p

_____

3) i r m

_____

4) l â n l a u d g

_____

5) g b e x i a

_____

6) e o p s ç c o

_____

7) s e l a c t o

_____

8) b r o o m

_____

9) i r í s

_____

10) o c o a r ç ã

_____

Portuguese - Word Scramble -#61 - Restaurant

1) r t j a n a

_____

2) d a o o t s e p r p a

_____

3) h d a o p o c e l s r e

_____

4) o g r m a ç

_____

5) b o e e s a m r s

_____

6) á p d a r o c i

_____

7) s l g a d e a a o f r d a

_____

8) i r e p d

_____

9) i e a b d b

_____

10) r o c a

_____

Portuguese - Word Scramble -#62 - Restaurant

1) c e o r m

_____

2) e a s o r m b s e

_____

3) a o d s r o e p t a p

_____

4) a a t r n j

_____

5) i a e b d b

_____

6) m n f i o t a

_____

7) e p d i r

_____

8) e s e m o d c

_____

9) i ç ã e o f e r

_____

10) o c h d o r s e a p e l

_____

Portuguese - Word Scramble -#63 - Restaurant

1) t a b r a o

_____

2) a i e b d b

_____

3) o c h e o p   e d   r s l a

_____

4) o a r ç g m

_____

5) r p v e o i t a i

_____

6) o c á a d p r i

_____

7) s a o e b s e m r

_____

8) r a o c

_____

9) a a p d r   d e   o s a l t a

_____

10) o i ã f e ç r e

_____

Portuguese - Word Scramble -#64 - Restaurant

1) e e r b b

_____

2) s o a a e   a d   g l a r f d

_____

3) t i r a i o e p v

_____

4) s c d   o m e e

_____

5) a o r b a t

_____

6) l m o ç a o

_____

7) a m t a d h   a l   s e e o

_____

8) o c i p d á a r

_____

9) a e a t p   o d   a s l a d r

_____

10) m o r e c

_____

Portuguese - Word Scramble -#65 - Restaurant

1) a m e s a d   a o   h l t e

_____

2) o f a a g   l a   s a d d e r

_____

3) a o t a r b

_____

4) r i c d a á o p

_____

5) ç o a m r g

_____

6) o p e d a c   l r   e s o h

_____

7) a n a u t e r e t r s

_____

8) p o s e a   o r   p d t a

_____

9) a b e i b d

_____

10) j a n r t a

_____

Portuguese - Word Scramble -#66 - Restaurant

1) t a d n i   a c   v h e r s o

_____

2) d e p r i

_____

3) r f o ã i e ç e

_____

4) e b s o s m r e a

_____

5) i d b a b e

_____

6) e o c   s e d m

_____

7) ç a o e r g n e t

_____

8) e h a l d e   a o   m s a t

_____

9) a a o s d   l e   f a d r a g

_____

10) l a o m o ç

_____

Portuguese - Word Scramble -#67 - Vegetables

1) o l s r b ó i c

_____

2) a s s a l

_____

3) m l u e e g

_____

4) l o h a

_____

5) s e i c p l

_____

6) e h o l r o p

_____

7) i e ã f j o

_____

8) u r o r l c - o e f v

_____

9) a c o b e l

_____

10) r n e a e a b t

_____

Portuguese - Word Scramble -#68 - Vegetables

1) `j o e ã i f`

_____

2) `l a s a s`

_____

3) `j n e r a i e b l`

_____

4) `a l f c e a`

_____

5) `o m o e c l g u`

_____

6) `o t e t a m`

_____

7) `s c i r o ó b l`

_____

8) `a a t b a t`

_____

9) `p n i e p o`

_____

10) `h o a l`

_____

Portuguese - Word Scramble -#69 - Vegetables

1) c l r a f h a o a c

_____

2) o c e d v e r a

_____

3) e a b t b e r a r

_____

4) s i ó o c r b l

_____

5) o l h a

_____

6) l m e g e u

_____

7) l a s s a

_____

8) o m h l i

_____

9) p s c e l i

_____

10) a i p e r s f e n

_____

Portuguese - Word Scramble -#70 - Vegetables

1) l o e o r f - u c v r

_____

2) o h m i l

_____

3) u o e o c m g l

_____

4) e u o c n a r

_____

5) l e s c p i

_____

6) i o p a

_____

7) a s r h l e v i

_____

8) r a a f c a c l o h

_____

9) n a r a t e b e

_____

10) i r e n a e s p f

_____

Portuguese - Word Scramble -#71 - Vegetables

1) h s l i e a v r

_____

2) c h r a f o a a c l

_____

3) ó a a b b r o

_____

4) a a e l f c

_____

5) r n e a e b t a

_____

6) b a t t a a

_____

7) m t e a t o

_____

8) m h i l o

_____

9) r e a n b e i l j

_____

10) n p a f e e i r s

_____

Portuguese - Word Scramble -#72 - Vegetables

1)   p a i o

_____

2)   c a r o a c l f h a

_____

3)   r e i a j b l n e

_____

4)   o m l g c u o e

_____

5)   a e o r   e c v d

_____

6)   p s l e i c

_____

7)   e o c a l b

_____

8)   o c ó b i s l r

_____

9)   h l a o

_____

10)   o m t e a t

_____

Scramble Hints

#1 - 1) passenger   2) nonstop   3) economy class   4) round trip ticket   5) boarding pass   6) metal detector   7) arrival   8) suitcase   9) headphones   10) crew

#2 - 1) hangar   2) headphones   3) international   4) domestic   5) nonstop   6) passport   7) ticket agent   8) seat   9) to cancel   10) oxygen

#3 - 1) runway   2) turbulence   3) gangway   4) tray   5) to fly   6) passenger   7) to carry   8) to check bags   9) land   10) pilot

#4 - 1) runway   2) round trip ticket   3) late   4) window   5) gate   6) flight   7) domestic   8) weight   9) to sit down   10) cabin

#5 - 1) airport   2) economy class   3) copilot   4) to book   5) tray   6) wheel   7) arrival   8) international   9) to cancel   10) security

#6 - 1) emergency   2) passenger   3) rucksack   4) weight   5) economy class   6) hangar   7) airplane   8) arrival   9) exit   10) to carry

#7 - 1) rhinoceros   2) frog   3) donkey   4) panda   5) lamb   6) cat   7) buffalo   8) gorilla   9) bull   10) anteater

#8 - 1) gorilla   2) fox   3) crocodile   4) ocelot   5) animal   6) gazelle   7) tiger   8) jaguar   9) bull   10) baboon

#9 - 1) lamb   2) pig   3) bobcat   4) little dog   5) panda   6) cat   7) cow   8) goat   9) ocelot   10) gazelle

#10 - 1) giraffe   2) gazelle   3) alligator   4) mouse   5) fox   6) mule   7) rabbit   8) armadillo   9) gorilla   10) sheep

#11 - 1) tortoise   2) camel   3) goat   4) little dog   5) panther   6) elephant   7) bull   8) koala   9) badger   10) animal

#12 - 1) chipmunk   2) cat   3) lamb   4) panther   5) porcupine   6) koala   7) camel   8) wolf   9) rat   10) rhinoceros

#13 - 1) refrigerator   2) couch   3) drawer   4) bookcase   5) telephone   6) ceiling   7) floor   8) bath (tub)   9) wall   10) lamp

#14 - 1) key   2) purse   3) kitchen   4) bag   5) switch   6) carpet   7) bath (tub)   8) refrigerator   9) kitchen sink   10) painting

#15 - 1) kettle   2) bag   3) roof   4) washing machine   5) rubbish can   6) dresser   7) lamp   8) soap   9) knife   10) staircase

Scramble Hints

#16 - 1) radio   2) cup   3) lamp   4) curtain   5) dishwasher   6) washing machine   7) glass   8) house   9) chair   10) kitchen sink

#17 - 1) drier   2) pail   3) floor   4) bag   5) lamp   6) sleeping bag   7) switch   8) spoon   9) shelf   10) blender

#18 - 1) rubbish can   2) pail   3) spoon   4) cabinet   5) staircase   6) dresser   7) box   8) washing machine   9) radio   10) wallet

#19 - 1) owl   2) rooster   3) bird   4) goose   5) seagull   6) sparrow   7) duck   8) ostrich   9) pelican   10) nightingale

#20 - 1) pheasant   2) flamingo   3) crow   4) heron   5) hawk   6) nightingale   7) goose   8) bird   9) duck   10) rooster

#21 - 1) bird   2) parrot   3) pheasant   4) hen   5) seagull   6) nightingale   7) pelican   8) turkey   9) owl   10) rooster

#22 - 1) pigeon   2) stork   3) flamingo   4) ostrich   5) nightingale   6) parrot   7) vulture   8) goose   9) dove   10) crow

#23 - 1) ostrich   2) bird   3) goose   4) pigeon   5) turkey   6) sparrow   7) crow   8) heron   9) flamingo   10) stork

#24 - 1) goose   2) crow   3) heron   4) bird   5) stork   6) pelican   7) parrot   8) flamingo   9) sparrow   10) hen

#25 - 1) dressing gown   2) glove   3) bra   4) clothes   5) braces/suspenders   6) shirt   7) mackintosh   8) bow tie   9) suit   10) hiking boots

#26 - 1) T-shirt   2) dress   3) glove   4) slippers   5) jeans   6) braces/suspenders   7) umbrella   8) hat   9) cap   10) bra

#27 - 1) coat   2) cap   3) gloves   4) suit   5) mackintosh   6) tights   7) slippers   8) jeans   9) waistcoat   10) bow tie

#28 - 1) tights   2) size   3) braces/suspenders   4) zip   5) hiking boots   6) clothes   7) shirt   8) anorak   9) trousers   10) necktie

#29 - 1) scarf   2) briefs   3) cardigan   4) cap   5) glove   6) clothes   7) slippers   8) pyjamas   9) knickers   10) T-shirt

#30 - 1) blouse   2) jeans   3) corset   4) overalls   5) bow tie   6) waistcoat   7) hiking boots   8) socks   9) bikini   10) running shoes

Scramble Hints

#31 - 1) husband 2) son 3) grandfather 4) mother 5) bride 6) nephew 7) dad 8) stepdaughter 9) stepson 10) relative

#32 - 1) stepdaughter 2) nephew 3) relative 4) mum 5) sister 6) stepmother 7) brother 8) cousin 9) grandfather 10) mother

#33 - 1) mother 2) grandmother 3) nephew 4) niece 5) stepbrother 6) uncle 7) aunt 8) wife 9) son 10) mum

#34 - 1) dad 2) cousin 3) sister 4) husband 5) family 6) relative 7) wife 8) stepson 9) relatives 10) brother

#35 - 1) stepmother 2) husband 3) cousin 4) grandchild 5) aunt 6) relative 7) nephew 8) grandfather 9) dad 10) stepson

#36 - 1) wife 2) stepbrother 3) sister 4) stepdaughter 5) son 6) father 7) brother 8) mum 9) relatives 10) grandfather

#37 - 1) vinegar 2) cheese 3) yoghurt 4) biscuit 5) butter 6) mustard 7) milk 8) chocolate bar 9) egg 10) sugar

#38 - 1) biscuit 2) bread 3) cake 4) vegetable soup 5) egg 6) milk 7) butter 8) bun 9) salad 10) olive oil

#39 - 1) butter 2) cake 3) cheese 4) vinegar 5) salt 6) bun 7) sugar 8) biscuit 9) bread 10) cookie

#40 - 1) ice-cream 2) bread 3) vegetable soup 4) bun 5) mustard 6) olive oil 7) salt 8) butter 9) milk 10) vinegar

#41 - 1) cookie 2) salt 3) milk 4) mustard 5) ice-cream 6) food 7) chocolate bar 8) cake 9) butter 10) bun

#42 - 1) yoghurt 2) food 3) chocolate bar 4) cake 5) cookie 6) mustard 7) ice-cream 8) salt 9) sugar 10) cheese

#43 - 1) apricot 2) watermelon 3) banana 4) chestnut 5) raspberry 6) cherry 7) pineapple 8) strawberry 9) almond 10) rhubarb

#44 - 1) coconut 2) rhubarb 3) orange 4) strawberry 5) cherry 6) peanut 7) plum 8) pineapple 9) blackberry 10) hazelnut

#45 - 1) orange 2) blackberry 3) apricot 4) coconut 5) raspberry 6) chestnut 7) cherry 8) blueberry 9) raisin 10) almond

Scramble Hints

#46 - 1) pear 2) peach 3) coconut 4) chestnut 5) strawberry 6) watermelon 7) grape 8) orange 9) cherry 10) lime

#47 - 1) watermelon 2) pear 3) date 4) coconut 5) lime 6) rhubarb 7) hazelnut 8) pineapple 9) blueberry 10) banana

#48 - 1) melon 2) blueberry 3) peach 4) raisin 5) fruit 6) tangerine 7) hazelnut 8) plum 9) rhubarb 10) grape

#49 - 1) maid 2) ground floor 3) lobby 4) swimming pool 5) air conditioning 6) recreation 7) floor 8) check-out 9) doorman 10) ice

#50 - 1) suite 2) internet 3) ground floor 4) breakfast 5) entrance 6) receipt 7) to pay 8) booking 9) message 10) stairs

#51 - 1) suite 2) room service 3) swimming pool 4) garage 5) doorman 6) check-out 7) reception desk 8) hotel 9) room 10) recreation

#52 - 1) ground floor 2) bill 3) floor 4) dining room 5) swimming pool 6) maid 7) complaint 8) view 9) balcony 10) check-out

#53 - 1) ice 2) receptionist 3) swimming pool 4) bellboy 5) reception desk 6) floor 7) stairs 8) lobby 9) breakfast 10) living room

#54 - 1) bill 2) to pay 3) room 4) internet 5) lift 6) ice 7) reception desk 8) swimming pool 9) view 10) room service

#55 - 1) belly 2) joint 3) hip 4) breast 5) freckles 6) eyelash 7) appendix 8) lung 9) muscle 10) vein

#56 - 1) thumb 2) fist 3) leg 4) cheek 5) heart 6) body 7) chin 8) lung 9) tongue 10) fingernail

#57 - 1) eyelash 2) ankle 3) wrist 4) ear 5) liver 6) backbone 7) thumb 8) tooth 9) hip 10) iris

#58 - 1) fist 2) kidney 3) bladder 4) eyebrow 5) lung 6) cheek 7) thorax 8) skin 9) eyelid 10) stomach

#59 - 1) throat 2) rib 3) ear 4) chin 5) liver 6) lung 7) bone 8) backbone 9) nose 10) tongue

#60 - 1) hip 2) toe 3) kidney 4) gland 5) bladder 6) neck 7) rib 8) shoulder 9) iris 10) heart

Scramble Hints

#61 - 1) dinner   2) soup bowl   3) soup spoon   4) waiter   5) dessert   6) menu   7) salad fork   8) to order   9) beverage   10) expensive

#62 - 1) to eat   2) dessert   3) soup bowl   4) dinner   5) beverage   6) hungry   7) to order   8) thirsty   9) meal   10) soup spoon

#63 - 1) cheap   2) beverage   3) soup spoon   4) waiter   5) main course   6) menu   7) dessert   8) expensive   9) salad bowl   10) meal

#64 - 1) to drink   2) salad fork   3) main course   4) thirsty   5) cheap   6) lunch   7) tablecloth   8) menu   9) salad bowl   10) to eat

#65 - 1) tablecloth   2) salad fork   3) cheap   4) menu   5) waiter   6) soup spoon   7) restaurant   8) soup bowl   9) beverage   10) dinner

#66 - 1) wine list   2) to order   3) meal   4) dessert   5) beverage   6) thirsty   7) waitress   8) tablecloth   9) salad fork   10) lunch

#67 - 1) broccoli   2) parsley   3) vegetable   4) garlic   5) gherkins   6) cabbage   7) beans   8) cauliflower   9) onion   10) radish

#68 - 1) beans   2) parsley   3) aubergine   4) lettuce   5) mushroom   6) tomato   7) broccoli   8) potato   9) cucumber   10) garlic

#69 - 1) artichoke   2) fennel   3) beet   4) broccoli   5) garlic   6) vegetable   7) parsley   8) corn   9) gherkins   10) spinach

#70 - 1) cauliflower   2) corn   3) mushroom   4) carrot   5) gherkins   6) celery   7) peas   8) artichoke   9) radish   10) spinach

#71 - 1) peas   2) artichoke   3) pumpkin   4) lettuce   5) radish   6) potato   7) tomato   8) corn   9) aubergine   10) spinach

#72 - 1) celery   2) artichoke   3) aubergine   4) mushroom   5) fennel   6) gherkins   7) onion   8) broccoli   9) garlic   10) tomato

Scramble Solutions

#1 - 1) passageiro 2) sem parada 3) econômica 4) bilhete de ida e volta 5) cartão de embarque 6) detector de metais 7) chegada 8) mala 9) fones de ouvido 10) tripulação

#2 - 1) hangar 2) fones de ouvido 3) internacional 4) doméstico 5) sem parada 6) passaporte 7) agente de viagens 8) assento 9) cancelar 10) oxigênio

#3 - 1) pista 2) turbulência 3) corredor 4) bandeja 5) voar 6) passageiro 7) carregar 8) checar bagagens 9) terra 10) pilôto

#4 - 1) pista 2) bilhete de ida e volta 3) tarde 4) janela 5) portão 6) vôo 7) doméstico 8) peso 9) sentar-se 10) cabine

#5 - 1) aeroporto 2) econômica 3) co-pilôto 4) reservar 5) bandeja 6) roda 7) chegada 8) internacional 9) cancelar 10) segurança

#6 - 1) emergência 2) passageiro 3) mochila 4) peso 5) econômica 6) hangar 7) avião 8) chegada 9) saída 10) carregar

#7 - 1) rinoceronte 2) sapo 3) asno 4) panda 5) cordeiro 6) gato 7) búfalo 8) gorila 9) touro 10) tamanduá

#8 - 1) gorila 2) raposa 3) crocodilo 4) ocelote 5) bicho 6) gazela 7) tigre 8) onça 9) touro 10) babuíno

#9 - 1) cordeiro 2) porco 3) lince 4) cachorrinho 5) panda 6) gato 7) vaca 8) cabra 9) ocelote 10) gazela

#10 - 1) girafa 2) gazela 3) jacaré 4) camundongo 5) raposa 6) mula 7) coelho 8) tatu 9) gorila 10) ovelha

#11 - 1) tartaruga 2) camelo 3) cabra 4) cachorrinho 5) pantera 6) elefante 7) touro 8) coala 9) texugo 10) bicho

#12 - 1) esquilo 2) gato 3) cordeiro 4) pantera 5) porco-espinho 6) coala 7) camelo 8) lobo 9) rato 10) rinoceronte

#13 - 1) geladeira 2) sofá 3) gaveta 4) estante de livros 5) telefone 6) této 7) soalho 8) banheira 9) parede 10) lustre

#14 - 1) chave 2) porta-moedas 3) cozinho 4) sacola 5) interruptor 6) tapete 7) banheira 8) geladeira 9) pia da cozinha 10) pintura

#15 - 1) caldeira 2) sacola 3) telhado 4) máquina de lavar 5) lata de lixo 6) cômoda 7) lustre 8) sabão 9) faca 10) escadaria

Scramble Solutions

#16 - 1) rádio   2) xícara   3) lustre   4) cortina   5) máquina de lavar louça   6) máquina de lavar   7) copo   8) casa   9) cadeira   10) pia da cozinha

#17 - 1) secador de roupa   2) cuba   3) soalho   4) sacola   5) lustre   6) saco de dormir   7) interruptor   8) colher   9) prateleira   10) liquidificador

#18 - 1) lata de lixo   2) cuba   3) colher   4) armário   5) escadaria   6) cômoda   7) caixa   8) máquina de lavar   9) rádio   10) carteira

#19 - 1) coruja   2) galo   3) pássaro   4) ganso   5) gaivota   6) pardal   7) pato   8) avestruz   9) pelicano   10) rouxinol

#20 - 1) faisão   2) flamingo   3) corvo   4) garça   5) falcão   6) rouxinol   7) ganso   8) pássaro   9) pato   10) galo

#21 - 1) pássaro   2) papagaio   3) faisão   4) galinha   5) gaivota   6) rouxinol   7) pelicano   8) peru   9) coruja   10) galo

#22 - 1) pombo   2) cegonha   3) flamingo   4) avestruz   5) rouxinol   6) papagaio   7) abutre   8) ganso   9) pomba   10) corvo

#23 - 1) avestruz   2) pássaro   3) ganso   4) pombo   5) peru   6) pardal   7) corvo   8) garça   9) flamingo   10) cegonha

#24 - 1) ganso   2) corvo   3) garça   4) pássaro   5) cegonha   6) pelicano   7) papagaio   8) flamingo   9) pardal   10) galinha

#25 - 1) roupão de banho   2) luva   3) sutiã   4) roupas   5) suspensórios   6) camisa   7) capa de chuva   8) gravata borboleta   9) terno   10) botas para caminhada

#26 - 1) camiseta   2) vestido   3) luva   4) chinelos   5) jeans   6) suspensórios   7) guarda-chuva   8) chapéu   9) boné   10) sutiã

#27 - 1) paletó   2) boné   3) luvas   4) terno   5) capa de chuva   6) calças justas   7) chinelos   8) jeans   9) colete   10) gravata borboleta

#28 - 1) calças justas   2) tamanho   3) suspensórios   4) fecho éclair   5) botas para caminhada   6) roupas   7) camisa   8) casaco de pele   9) calças   10) gravata

#29 - 1) cachecol   2) cuecas   3) cardigã   4) boné   5) luva   6) roupas   7) chinelos   8) pijama   9) calcinhas   10) camiseta

#30 - 1) blusa   2) jeans   3) cinta   4) macacão   5) gravata borboleta   6) colete   7) botas para caminhada   8) meias   9) biquíni   10) tênis

Scramble Solutions

#31 - 1) marido   2) filho   3) avô   4) maẽ   5) noiva   6) sobrinho   7) papai   8) enteada   9) enteado   10) parente

#32 - 1) enteada   2) sobrinho   3) parente   4) mamãe   5) irmã   6) madrasta   7) irmão   8) primo   9) avô   10) maẽ

#33 - 1) maẽ   2) avó   3) sobrinho   4) sobrinha   5) meio-irmão   6) tio   7) tia   8) espôsa   9) filho   10) mamãe

#34 - 1) papai   2) primo   3) irmã   4) marido   5) família   6) parente   7) espôsa   8) enteado   9) parentes   10) irmão

#35 - 1) madrasta   2) marido   3) primo   4) neto   5) tia   6) parente   7) sobrinho   8) avô   9) papai   10) enteado

#36 - 1) espôsa   2) meio-irmão   3) irmã   4) enteada   5) filho   6) pai   7) irmão   8) mamãe   9) parentes   10) avô

#37 - 1) vinagre   2) queijo   3) iogurte   4) bolacha   5) manteiga   6) mostarda   7) leite   8) barra de chocolate   9) ovo   10) açúcar

#38 - 1) bolacha   2) pão   3) bolo   4) sopa de legumes   5) ovo   6) leite   7) manteiga   8) pãozinho   9) salada   10) azeite de oliva

#39 - 1) manteiga   2) bolo   3) queijo   4) vinagre   5) sal   6) pãozinho   7) açúcar   8) bolacha   9) pão   10) biscoito

#40 - 1) sorvete   2) pão   3) sopa de legumes   4) pãozinho   5) mostarda   6) azeite de oliva   7) sal   8) manteiga   9) leite   10) vinagre

#41 - 1) biscoito   2) sal   3) leite   4) mostarda   5) sorvete   6) comida   7) barra de chocolate   8) bolo   9) manteiga   10) pãozinho

#42 - 1) iogurte   2) comida   3) barra de chocolate   4) bolo   5) biscoito   6) mostarda   7) sorvete   8) sal   9) açúcar   10) queijo

#43 - 1) damasco   2) melancia   3) banana   4) castanha   5) framboesa   6) cereja   7) abacaxi   8) morango   9) amêndoa   10) ruibarbo

#44 - 1) côco   2) ruibarbo   3) laranja   4) morango   5) cereja   6) amendoim   7) ameixa   8) abacaxi   9) amora preta   10) avelã

#45 - 1) laranja   2) amora preta   3) damasco   4) côco   5) framboesa   6) castanha   7) cereja   8) mirtilo   9) passa   10) amêndoa

Scramble Solutions

#46 - 1) pêra 2) pêssego 3) côco 4) castanha 5) morango 6) melancia 7) uva 8) laranja 9) cereja 10) lima

#47 - 1) melancia 2) pêra 3) tâmara 4) côco 5) lima 6) ruibarbo 7) avelã 8) abacaxi 9) mirtilo 10) banana

#48 - 1) melão 2) mirtilo 3) pêssego 4) passa 5) fruta 6) tangerina 7) avelã 8) ameixa 9) ruibarbo 10) uva

#49 - 1) arrumadeira 2) térreo 3) salão de espera 4) piscina 5) ar condicionado 6) recreação 7) piso 8) check-out 9) porteiro 10) gelo

#50 - 1) suíte 2) internet 3) térreo 4) café da manhã 5) entrada 6) recibo 7) pagar 8) reserva 9) mensagem 10) escadas

#51 - 1) suíte 2) serviço de quarto 3) piscina 4) garagem 5) porteiro 6) check-out 7) recepção 8) hotel 9) quarto 10) recreação

#52 - 1) térreo 2) conta 3) piso 4) sala de jantar 5) piscina 6) arrumadeira 7) queixa 8) vista 9) sacada 10) check-out

#53 - 1) gelo 2) recepcionista 3) piscina 4) carregador de malas 5) recepção 6) piso 7) escadas 8) salão de espera 9) café da manhã 10) sala de visita

#54 - 1) conta 2) pagar 3) quarto 4) internet 5) elevador 6) gelo 7) recepção 8) piscina 9) vista 10) serviço de quarto

#55 - 1) barriga 2) junta 3) quadril 4) seio 5) sardas 6) cilho 7) apêndice 8) pulmão 9) músculo 10) veia

#56 - 1) dedo polegar 2) pulso 3) perna 4) bochecha 5) coração 6) corpo 7) queixo 8) pulmão 9) língua 10) unha

#57 - 1) cilho 2) tornozelo 3) punho 4) orelha 5) fígado 6) espinha dorsal 7) dedo polegar 8) dente 9) quadril 10) íris

#58 - 1) pulso 2) rim 3) bexiga 4) sobrancelha 5) pulmão 6) bochecha 7) tórax 8) pele 9) pálpebra 10) estômago

#59 - 1) garganta 2) costela 3) orelha 4) queixo 5) fígado 6) pulmão 7) osso 8) espinha dorsal 9) nariz 10) língua

#60 - 1) quadril 2) dedo do pé 3) rim 4) glândula 5) bexiga 6) pescoço 7) costela 8) ombro 9) íris 10) coração

Scramble Solutions

#61 - 1) jantar   2) prato de sopa   3) colher de sopa   4) garçom   5) sobremesa   6) cardápio   7) garfo de salada   8) pedir   9) bebida   10) caro

#62 - 1) comer   2) sobremesa   3) prato de sopa   4) jantar   5) bebida   6) faminto   7) pedir   8) com sede   9) refeição   10) colher de sopa

#63 - 1) barato   2) bebida   3) colher de sopa   4) garçom   5) aperitivo   6) cardápio   7) sobremesa   8) caro   9) prato de salada   10) refeição

#64 - 1) beber   2) garfo de salada   3) aperitivo   4) com sede   5) barato   6) almoço   7) toalha de mesa   8) cardápio   9) prato de salada   10) comer

#65 - 1) toalha de mesa   2) garfo de salada   3) barato   4) cardápio   5) garçom   6) colher de sopa   7) restaurante   8) prato de sopa   9) bebida   10) jantar

#66 - 1) carta de vinhos   2) pedir   3) refeição   4) sobremesa   5) bebida   6) com sede   7) garçonete   8) toalha de mesa   9) garfo de salada   10) almoço

#67 - 1) brócolis   2) salsa   3) legume   4) alho   5) picles   6) repolho   7) feijão   8) couvre-flor   9) cebola   10) rabanete

#68 - 1) feijão   2) salsa   3) berinjela   4) alface   5) cogumelo   6) tomate   7) brócolis   8) batata   9) pepino   10) alho

#69 - 1) alcachofra   2) erva doce   3) beterraba   4) brócolis   5) alho   6) legume   7) salsa   8) milho   9) picles   10) espinafre

#70 - 1) couvre-flor   2) milho   3) cogumelo   4) cenoura   5) picles   6) aipo   7) ervilhas   8) alcachofra   9) rabanete   10) espinafre

#71 - 1) ervilhas   2) alcachofra   3) abóbora   4) alface   5) rabanete   6) batata   7) tomate   8) milho   9) berinjela   10) espinafre

#72 - 1) aipo   2) alcachofra   3) berinjela   4) cogumelo   5) erva doce   6) picles   7) cebola   8) brócolis   9) alho   10) tomate

Welcome to this Word Quizzes section!

This section is divided into two parts:

Quizzes. This part contains the quizzes themselves. For each category, there are 6 quizzes, and each quiz has 24 questions. You must choose the best match for the word given.

Solutions. If you are stumped or want to see if you got the correct answers, this part contains the answers for each quiz.

Portuguese - Word Quiz - #1 - Airport
Select the closest English word to match the Portuguese word.

1) assento
a) flying
b) direct
c) seat
d) security

2) emergência
a) duty-free
b) nonstop
c) headphones
d) emergency

3) cabine
a) non-smoking
b) crew
c) departure
d) cabin

4) peso
a) life preserver
b) to check bags
c) wing
d) weight

5) check-in
a) arrival
b) wing
c) to land
d) check-in

6) passageiro
a) luggage
b) passenger
c) window
d) duty-free

7) pousar
a) to land
b) to fly
c) duty-free
d) life preserver

8) terra
a) early
b) smoking
c) information
d) land

9) asa
a) life preserver
b) wing
c) suitcase
d) to take off

10) declarar
a) copilot
b) to check bags
c) destination
d) to declare

11) portão
a) seat
b) gate
c) to carry
d) passenger

12) checar bagagens
a) altitude
b) runway
c) suitcase
d) to check bags

13) colete salva-vidas
a) life preserver
b) international
c) land
d) nonstop

14) pista
a) window
b) seat
c) suitcase
d) runway

15) agência de viagem
a) travel agency
b) to book
c) airport
d) gangway

16) corredor
a) gangway
b) flying
c) no smoking
d) ticket

17) tarde
a) to board
b) luggage
c) runway
d) late

18) bilhete
a) flying
b) destination
c) liftoff
d) ticket

19) pilôto
a) toilet
b) pilot
c) crew
d) runway

20) altitude
a) departure
b) connection
c) cabin
d) altitude

21) helicóptero
a) to book
b) window
c) land
d) helicopter

22) doméstico
a) domestic
b) early
c) seat
d) metal detector

23) não-fumantes
a) to carry
b) non-smoking
c) emergency
d) international

24) partida
a) first class
b) officer
c) departure
d) tray

Portuguese - Word Quiz - #2 - Airport
Select the closest English word to match the Portuguese word.

1) turbulência
a) suitcase
b) toilet
c) turbulence
d) to cancel

2) asa
a) international
b) seat
c) to check bags
d) wing

3) tripulação
a) to sit down
b) weight
c) crew
d) early

4) passaporte
a) altitude
b) ticket agent
c) boarding pass
d) passport

5) não-fumantes
a) economy class
b) non-smoking
c) air hostess
d) to carry

6) agente de viagens
a) to book
b) oxygen
c) ticket agent
d) runway

7) avião
a) airplane
b) suitcase
c) arrival
d) travel agency

8) bilhete de ida e volta
a) gate
b) round trip ticket
c) metal detector
d) airport

9) agência de viagem
a) altitude
b) cabin
c) travel agency
d) check-in

10) fones de ouvido
a) headphones
b) flying
c) single ticket
d) pilot

11) assento
a) passenger
b) suitcase
c) turbulence
d) seat

12) de primeira classe
a) passenger
b) hangar
c) first class
d) check-in

13) embarcar
a) luggage
b) officer
c) information
d) to board

14) pousar
a) rucksack
b) flight
c) to land
d) toilet

15) decolar
a) exit
b) to take off
c) to cancel
d) to book

16) emergência
a) emergency
b) headphones
c) connection
d) window

17) tarde
a) life preserver
b) check-in
c) late
d) information

18) isento de impostos
a) duty-free
b) seat
c) life preserver
d) passport

19) pilôto
a) headphones
b) gangway
c) pilot
d) to carry

20) doméstico
a) to sit down
b) gangway
c) domestic
d) seat

21) saída
a) to board
b) departure
c) early
d) exit

22) checar bagagens
a) crew
b) window
c) to check bags
d) cabin

23) aeroporto
a) to declare
b) life preserver
c) nonstop
d) airport

24) voar
a) duty-free
b) to fly
c) crew
d) to land

Portuguese - Word Quiz - #3 - Airport
Select the closest English word to match the Portuguese word.

1) destino
a) destination
b) to land
c) oxygen
d) cabin

2) saída
a) exit
b) nonstop
c) to carry
d) hangar

3) bilhete
a) liftoff
b) ticket
c) window
d) to declare

4) oficial
a) officer
b) to check bags
c) airplane
d) to carry

5) segurança
a) land
b) nonstop
c) early
d) security

6) cabine
a) turbulence
b) cabin
c) wing
d) early

7) assento
a) seat
b) turbulence
c) no smoking
d) international

8) econômica
a) emergency
b) duty-free
c) economy class
d) exit

9) bagagem
a) to cancel
b) gate
c) luggage
d) gangway

10) hangar
a) to check bags
b) hangar
c) passport
d) destination

11) informações
a) to fly
b) single ticket
c) information
d) flight

12) vôo
a) no smoking
b) connection
c) non-smoking
d) flight

13) mala
a) suitcase
b) pilot
c) gangway
d) exit

14) aeromoça
a) ticket
b) to carry
c) air hostess
d) officer

15) co-pilôto
a) destination
b) security
c) ticket agent
d) copilot

16) janela
a) to book
b) international
c) window
d) information

17) partida
a) nonstop
b) departure
c) information
d) passenger

18) cartão de embarque
a) to declare
b) boarding pass
c) single ticket
d) to land

19) oxigênio
a) air hostess
b) oxygen
c) travel agency
d) to board

20) doméstico
a) domestic
b) runway
c) emergency
d) information

21) bilhete de ida e volta
a) destination
b) to carry
c) round trip ticket
d) flying

22) helicóptero
a) exit
b) to take off
c) toilet
d) helicopter

23) isento de impostos
a) emergency
b) early
c) duty-free
d) arrival

24) fones de ouvido
a) headphones
b) gangway
c) international
d) pilot

Portuguese - Word Quiz - #4 - Airport
Select the closest Portuguese word to match the English word.

1) pilot
a) pilôto
b) direto
c) vôo
d) emergência

2) gangway
a) peso
b) corredor
c) fones de ouvido
d) cabine

3) to sit down
a) aeromoça
b) de primeira classe
c) tarde
d) sentar-se

4) to fly
a) pousar
b) aeroporto
c) voar
d) chegada

5) to cancel
a) cancelar
b) oxigênio
c) cedo
d) pousar

6) travel agency
a) oxigênio
b) agência de viagem
c) cartão de embarque
d) bilhete de ida e volta

7) late
a) aeroporto
b) tarde
c) sentar-se
d) carregar

8) flight
a) vôo
b) sem parada
c) co-pilôto
d) aeroporto

9) suitcase
a) mala
b) detector de metais
c) cabine
d) avião

10) nonstop
a) pista
b) vôo
c) sem parada
d) mala

11) airport
a) aeroporto
b) direto
c) oxigênio
d) cabine

12) helicopter
a) cancelar
b) helicóptero
c) voar
d) detector de metais

13) duty-free
a) mochila
b) isento de impostos
c) não-fumantes
d) sem parada

14) no smoking
a) colete salva-vidas
b) voador
c) proibido fumar
d) destino

15) connection
a) cabine
b) passageiro
c) direto
d) conexão

16) passport
a) passagem de ida
b) declarar
c) passaporte
d) sentar-se

17) direct
a) direto
b) hangar
c) oxigênio
d) fumantes

18) exit
a) bilhete
b) saída
c) oxigênio
d) proibido fumar

19) gate
a) portão
b) pousar
c) direto
d) segurança

20) flying
a) embarcar
b) decolar
c) saída
d) voador

21) crew
a) roda
b) terra
c) tripulação
d) econômica

22) oxygen
a) bilhete
b) oxigênio
c) banheiro
d) reservar

23) destination
a) destino
b) isento de impostos
c) saída
d) helicóptero

24) turbulence
a) partida
b) banheiro
c) turbulência
d) informações

Portuguese - Word Quiz - #5 - Airport
Select the closest Portuguese word to match the English word.

1) weight
a) peso
b) segurança
c) econômica
d) check-in

2) security
a) passaporte
b) fones de ouvido
c) cancelar
d) segurança

3) helicopter
a) bandeja
b) conexão
c) helicóptero
d) passagem de ida

4) air hostess
a) colete salva-vidas
b) reservar
c) cartão de embarque
d) aeromoça

5) smoking
a) fumantes
b) não-fumantes
c) doméstico
d) informações

6) arrival
a) aeromoça
b) embarcar
c) chegada
d) check-in

7) duty-free
a) aeromoça
b) carregar
c) tripulação
d) isento de impostos

8) luggage
a) conexão
b) direto
c) cedo
d) bagagem

9) non-smoking
a) de primeira classe
b) heliporto
c) aeroporto
d) não-fumantes

10) to land
a) oxigênio
b) pousar
c) carregar
d) checar bagagens

11) domestic
a) checar bagagens
b) pousar
c) bilhete
d) doméstico

12) to check bags
a) checar bagagens
b) peso
c) roda
d) co-pilôto

13) check-in
a) check-in
b) bilhete
c) doméstico
d) avião

14) officer
a) oficial
b) direto
c) checar bagagens
d) turbulência

15) boarding pass
a) cartão de embarque
b) cedo
c) sem parada
d) informações

16) metal detector
a) detector de metais
b) saída
c) não-fumantes
d) sentar-se

17) early
a) não-fumantes
b) isento de impostos
c) cedo
d) decolar

18) exit
a) econômica
b) saída
c) bagagem
d) heliporto

19) connection
a) aeromoça
b) pousar
c) conexão
d) voador

20) round trip ticket
a) isento de impostos
b) helicóptero
c) bilhete de ida e volta
d) embarcar

21) gate
a) portão
b) emergência
c) destino
d) cedo

22) ticket
a) detector de metais
b) agente de viagens
c) bilhete
d) sem parada

23) no smoking
a) proibido fumar
b) informações
c) oficial
d) doméstico

24) airport
a) aeroporto
b) passaporte
c) janela
d) detector de metais

Portuguese - Word Quiz - #6 - Airport
Select the closest Portuguese word to match the English word.

1) arrival
a) voador
b) portão
c) chegada
d) pilôto

2) passport
a) aeromoça
b) informações
c) passaporte
d) vôo

3) to fly
a) segurança
b) voar
c) passaporte
d) decolar

4) airplane
a) asa
b) de primeira classe
c) avião
d) proibido fumar

5) first class
a) de primeira classe
b) janela
c) pilôto
d) segurança

6) rucksack
a) segurança
b) cartão de embarque
c) portão
d) mochila

7) security
a) bandeja
b) segurança
c) corredor
d) cabine

8) pilot
a) roda
b) reservar
c) pilôto
d) informações

9) tray
a) sem parada
b) co-pilôto
c) bandeja
d) fumantes

10) boarding pass
a) banheiro
b) cartão de embarque
c) cabine
d) sentar-se

11) seat
a) tarde
b) colete salva-vidas
c) assento
d) partida

12) departure
a) embarcar
b) vôo
c) partida
d) proibido fumar

13) no smoking
a) avião
b) aeroporto
c) proibido fumar
d) partida

14) non-smoking
a) não-fumantes
b) embarcar
c) tripulação
d) doméstico

15) crew
a) tripulação
b) bandeja
c) janela
d) cabine

16) to carry
a) mala
b) terra
c) declarar
d) carregar

17) nonstop
a) sem parada
b) cartão de embarque
c) heliporto
d) tarde

18) late
a) tarde
b) detector de metais
c) informações
d) passageiro

19) connection
a) conexão
b) embarcar
c) bilhete
d) hangar

20) wing
a) helicóptero
b) internacional
c) reservar
d) asa

21) weight
a) de primeira classe
b) peso
c) checar bagagens
d) mochila

22) single ticket
a) passagem de ida
b) check-in
c) passageiro
d) bagagem

23) suitcase
a) checar bagagens
b) cabine
c) mala
d) reservar

24) turbulence
a) agência de viagem
b) turbulência
c) voar
d) carregar

Portuguese - Word Quiz - #7 - Animals
Select the closest English word to match the Portuguese word.

1) canguru pequeno
a) alligator
b) wallaby
c) giraffe
d) monkey

2) onça
a) alligator
b) jaguar
c) wolf
d) little dog

3) touro
a) bobcat
b) little dog
c) bull
d) goat

4) camundongo
a) buffalo
b) animal
c) beaver
d) mouse

5) puma
a) dog
b) chipmunk
c) cougar
d) rhinoceros

6) asno
a) giraffe
b) aardvark
c) rabbit
d) donkey

7) sapo
a) porcupine
b) frog
c) anteater
d) sheep

8) leopardo
a) leopard
b) horse
c) alligator
d) elephant

9) tigre
a) cow
b) tiger
c) buffalo
d) wallaby

10) porco
a) cow
b) badger
c) pig
d) mouse

11) tatu
a) sheep
b) mouse
c) armadillo
d) bull

12) elefante
a) gorilla
b) snake
c) lion
d) elephant

13) cobra
a) hyena
b) snake
c) deer
d) anteater

14) zebra
a) alligator
b) cat
c) tortoise
d) zebra

15) leão
a) hyena
b) hippopotamus
c) lion
d) horse

16) raposa
a) monkey
b) goat
c) fox
d) mouse

17) rato
a) gazelle
b) lamb
c) rat
d) jaguar

18) gato
a) little dog
b) cat
c) tiger
d) bear

19) lince
a) monkey
b) alligator
c) mouse
d) bobcat

20) búfalo
a) buffalo
b) crocodile
c) giraffe
d) animal

21) cavalo
a) horse
b) lion
c) elephant
d) cougar

22) pantera
a) kangaroo
b) bobcat
c) armadillo
d) panther

23) urso
a) bear
b) leopard
c) frog
d) bobcat

24) castor
a) beaver
b) mouse
c) deer
d) llama

Portuguese - Word Quiz - #8 - Animals
Select the closest English word to match the Portuguese word.

1) tigre
a) dog
b) tiger
c) armadillo
d) panda

2) guepardo
a) cheetah
b) gazelle
c) tortoise
d) monkey

3) porco
a) leopard
b) lion
c) badger
d) pig

4) cabra
a) alligator
b) goat
c) beaver
d) rabbit

5) canguru
a) deer
b) kangaroo
c) wallaby
d) goat

6) porco-espinho
a) porcupine
b) panda
c) beaver
d) cheetah

7) leão
a) lion
b) badger
c) zebra
d) gorilla

8) vaca
a) cow
b) rat
c) camel
d) mule

9) camundongo
a) sheep
b) mouse
c) gazelle
d) rabbit

10) tartaruga
a) jaguar
b) tortoise
c) alligator
d) cheetah

11) puma
a) kangaroo
b) giraffe
c) cougar
d) beaver

12) lobo
a) wolf
b) hippopotamus
c) mouse
d) cat

13) canguru pequeno
a) wallaby
b) sheep
c) mouse
d) rhinoceros

14) cordeiro
a) wallaby
b) lamb
c) panda
d) cougar

15) cachorrinho
a) leopard
b) donkey
c) rat
d) little dog

16) lhama
a) llama
b) dog
c) mouse
d) jaguar

17) jacaré
a) camel
b) wallaby
c) alligator
d) rat

18) camelo
a) wolf
b) armadillo
c) camel
d) giraffe

19) texugo
a) gorilla
b) badger
c) cougar
d) mouse

20) panda
a) panda
b) little dog
c) rabbit
d) anteater

21) touro
a) donkey
b) animal
c) bull
d) aardvark

22) babuíno
a) fox
b) snake
c) mouse
d) baboon

23) cobra
a) wallaby
b) snake
c) porcupine
d) bobcat

24) castor
a) cow
b) beaver
c) horse
d) camel

Portuguese - Word Quiz - #9 - Animals
Select the closest English word to match the Portuguese word.

1) hipopótamo
a) cow
b) hippopotamus
c) frog
d) tiger

2) camundongo
a) wallaby
b) anteater
c) tortoise
d) mouse

3) canguru pequeno
a) camel
b) wallaby
c) tortoise
d) mouse

4) tartaruga
a) bobcat
b) bull
c) tortoise
d) cheetah

5) ocelote
a) ocelot
b) jaguar
c) baboon
d) monkey

6) cordeiro
a) lamb
b) llama
c) elephant
d) fox

7) leopardo
a) jaguar
b) beaver
c) leopard
d) alligator

8) canguru
a) rat
b) bobcat
c) hippopotamus
d) kangaroo

9) panda
a) panda
b) rat
c) bull
d) hippopotamus

10) lince
a) bobcat
b) cat
c) aardvark
d) pig

11) cachorrinho
a) lamb
b) anteater
c) little dog
d) zebra

12) coala
a) wallaby
b) little dog
c) koala
d) rhinoceros

13) rato
a) rat
b) goat
c) gorilla
d) bear

14) ovelha
a) jaguar
b) cow
c) panda
d) sheep

15) babuíno
a) gazelle
b) panther
c) llama
d) baboon

16) pantera
a) porcupine
b) panda
c) rat
d) panther

17) sapo
a) deer
b) rat
c) armadillo
d) frog

18) touro
a) cow
b) tortoise
c) baboon
d) bull

19) vaca
a) fox
b) lion
c) buffalo
d) cow

20) lobo
a) camel
b) wolf
c) monkey
d) bull

21) girafa
a) porcupine
b) chipmunk
c) giraffe
d) pig

22) asno
a) lion
b) camel
c) bobcat
d) donkey

23) cão
a) cheetah
b) elephant
c) bull
d) dog

24) lhama
a) crocodile
b) cat
c) zebra
d) llama

176

Select the closest Portuguese word to match the English word.

1) tiger
   a) tigre
   b) porco
   c) raposa
   d) cão

2) gorilla
   a) gorila
   b) leão
   c) bicho
   d) raposa

3) animal
   a) tigre
   b) rato
   c) hiena
   d) bicho

4) bull
   a) touro
   b) rato
   c) lhama
   d) pantera

5) hippopotamus
   a) hipopótamo
   b) castor
   c) coala
   d) bicho

6) camel
   a) camelo
   b) coala
   c) zebra
   d) cachorrinho

7) cougar
   a) leopardo
   b) puma
   c) ovelha
   d) lince

8) buffalo
   a) porco
   b) hipopótamo
   c) cachorrinho
   d) búfalo

9) bobcat
   a) camundongo
   b) guepardo
   c) lince
   d) oricteropo

10) wolf
   a) puma
   b) lobo
   c) raposa
   d) zebra

11) crocodile
   a) cervo
   b) crocodilo
   c) leopardo
   d) lhama

12) wallaby
   a) búfalo
   b) canguru pequeno
   c) mula
   d) touro

13) cheetah
   a) girafa
   b) lince
   c) gorila
   d) guepardo

14) fox
   a) tamanduá
   b) elefante
   c) raposa
   d) hiena

15) snake
   a) cachorrinho
   b) crocodilo
   c) cobra
   d) porco

16) mouse
   a) cordeiro
   b) ovelha
   c) tatu
   d) camundongo

17) porcupine
   a) urso
   b) babuíno
   c) porco-espinho
   d) cão

18) tortoise
   a) tamanduá
   b) zebra
   c) tartaruga
   d) pantera

19) lion
   a) cão
   b) zebra
   c) leão
   d) lince

20) jaguar
   a) cachorrinho
   b) girafa
   c) onça
   d) camundongo

21) panda
   a) rinoceronte
   b) bicho
   c) tatu
   d) panda

22) anteater
   a) tamanduá
   b) crocodilo
   c) elefante
   d) rinoceronte

23) deer
   a) rinoceronte
   b) porco
   c) cervo
   d) oricteropo

24) giraffe
   a) vaca
   b) mula
   c) girafa
   d) lhama

Portuguese - Word Quiz - #11 - Animals
Select the closest Portuguese word to match the English word.

1) sheep
a) jacaré
b) ovelha
c) cavalo
d) gorila

2) hippopotamus
a) coala
b) hipopótamo
c) camelo
d) canguru

3) anteater
a) tamanduá
b) jacaré
c) lhama
d) castor

4) armadillo
a) cabra
b) tatu
c) hiena
d) lobo

5) monkey
a) puma
b) leão
c) cordeiro
d) macoco

6) rhinoceros
a) canguru pequeno
b) rinoceronte
c) urso
d) lobo

7) frog
a) rinoceronte
b) gorila
c) hipopótamo
d) sapo

8) horse
a) jacaré
b) zebra
c) hiena
d) cavalo

9) deer
a) coala
b) cobra
c) cervo
d) panda

10) aardvark
a) oricteropo
b) macoco
c) babuíno
d) elefante

11) zebra
a) cachorrinho
b) zebra
c) hiena
d) búfalo

12) tiger
a) gorila
b) sapo
c) tatu
d) tigre

13) dog
a) crocodilo
b) gato
c) cão
d) lhama

14) hyena
a) raposa
b) hiena
c) coelho
d) mula

15) little dog
a) cavalo
b) esquilo
c) oricteropo
d) cachorrinho

16) rat
a) rato
b) sapo
c) rinoceronte
d) tigre

17) chipmunk
a) porco-espinho
b) castor
c) camundongo
d) esquilo

18) fox
a) tigre
b) cavalo
c) raposa
d) hiena

19) elephant
a) cobra
b) elefante
c) asno
d) tartaruga

20) alligator
a) cabra
b) tatu
c) asno
d) jacaré

21) beaver
a) hiena
b) cachorrinho
c) macoco
d) castor

22) gazelle
a) camelo
b) lince
c) gazela
d) oricteropo

23) cheetah
a) bicho
b) guepardo
c) panda
d) leopardo

24) panther
a) porco-espinho
b) ovelha
c) hiena
d) pantera

Portuguese - Word Quiz - #12 - Animals
Select the closest Portuguese word to match the English word.

1) alligator
a) esquilo
b) jacaré
c) tigre
d) panda

2) gorilla
a) gorila
b) porco
c) tartaruga
d) pantera

3) anteater
a) urso
b) tatu
c) porco
d) tamanduá

4) tortoise
a) gazela
b) cavalo
c) tartaruga
d) cachorrinho

5) gazelle
a) urso
b) gazela
c) esquilo
d) cabra

6) aardvark
a) zebra
b) castor
c) oricteropo
d) gazela

7) cheetah
a) crocodilo
b) sapo
c) guepardo
d) canguru pequeno

8) rabbit
a) coala
b) leopardo
c) mula
d) coelho

9) badger
a) oricteropo
b) mula
c) texugo
d) porco-espinho

10) wolf
a) panda
b) lobo
c) bicho
d) puma

11) beaver
a) porco-espinho
b) castor
c) canguru
d) panda

12) hippopotamus
a) leão
b) cachorrinho
c) ocelote
d) hipopótamo

13) snake
a) lobo
b) girafa
c) cobra
d) sapo

14) camel
a) jacaré
b) girafa
c) camelo
d) coala

15) buffalo
a) tigre
b) camelo
c) mula
d) búfalo

16) tiger
a) tigre
b) camelo
c) macoco
d) rinoceronte

17) cougar
a) elefante
b) tartaruga
c) puma
d) girafa

18) rhinoceros
a) vaca
b) rinoceronte
c) esquilo
d) tartaruga

19) cow
a) coelho
b) vaca
c) lhama
d) hiena

20) llama
a) lobo
b) cervo
c) lhama
d) cachorrinho

21) donkey
a) cervo
b) asno
c) babuíno
d) cabra

22) bobcat
a) touro
b) urso
c) puma
d) lince

23) dog
a) ovelha
b) sapo
c) lince
d) cão

24) bear
a) rinoceronte
b) touro
c) girafa
d) urso

Portuguese - Word Quiz - #13 - Around the House
Select the closest English word to match the Portuguese word.

1) relógio
a) cup
b) clock
c) rubbish can
d) dish

2) espelho
a) frying pan
b) bookcase
c) staircase
d) mirror

3) geladeira
a) refrigerator
b) furniture
c) handbag
d) clock

4) sabão
a) handbag
b) soap
c) table
d) hoover

5) prato
a) floor
b) bookcase
c) rubbish bag
d) dish

6) saco de mão
a) kettle
b) shower curtain
c) handbag
d) drier

7) faca
a) ashtray
b) rubbish can
c) telephone
d) knife

8) chuveiro
a) cabinet
b) furniture
c) kitchen sink
d) shower

9) této
a) soap
b) ceiling
c) blanket
d) staircase

10) rádio
a) radio
b) water
c) torch
d) bed

11) caldeira
a) kettle
b) stove
c) sheet
d) cot

12) curtina do banheiro
a) kitchen
b) cot
c) shower curtain
d) shelf

13) cafeteira
a) coffee pot
b) wardrobe
c) stove
d) alarm clock

14) armário
a) cabinet
b) lamp
c) wardrobe
d) dresser

15) lanterna elétrica
a) dresser
b) pot
c) painting
d) torch

16) móveis
a) furniture
b) bath (tub)
c) refrigerator
d) soap

17) torneira
a) door
b) tap
c) clock
d) picture

18) porta
a) bottle
b) purse
c) drier
d) door

19) vassoura
a) blender
b) washing machine
c) broom
d) couch

20) xícara
a) cup
b) box
c) ashtray
d) washing machine

21) soalho
a) floor
b) carpet
c) sheet
d) cabinet

22) parede
a) cot
b) kettle
c) wall
d) rubbish bag

23) telhado
a) spoon
b) roof
c) bottle
d) hoover

24) máquina de lavar
a) water
b) freezer
c) washing machine
d) frying pan

Portuguese - Word Quiz - #14 - Around the House
Select the closest English word to match the Portuguese word.

1) cômoda
 a) dresser
 b) soap
 c) furniture
 d) kitchen sink

2) saco de lixo
 a) sheet
 b) pail
 c) rubbish bag
 d) radio

3) mesa
 a) door
 b) table
 c) key
 d) mirror

4) chuveiro
 a) shower
 b) sheet
 c) spoon
 d) fork

5) faca
 a) soap
 b) blender
 c) sleeping bag
 d) knife

6) banheira
 a) switch
 b) torch
 c) purse
 d) bath (tub)

7) lenço
 a) wallet
 b) sheet
 c) house
 d) couch

8) cadeira
 a) chair
 b) mirror
 c) shelf
 d) bottle

9) estante de livros
 a) shower curtain
 b) bookcase
 c) mirror
 d) purse

10) guardanapo
 a) wardrobe
 b) torch
 c) house
 d) napkin

11) torneira
 a) tap
 b) sleeping bag
 c) pillow
 d) spoon

12) sofá
 a) roof
 b) drier
 c) couch
 d) dresser

13) lata
 a) fork
 b) tin
 c) freezer
 d) bag

14) água
 a) water
 b) dish
 c) painting
 d) rubbish bag

15) cama
 a) freezer
 b) bed
 c) blanket
 d) purse

16) tapete
 a) pot
 b) drier
 c) carpet
 d) wall

17) telhado
 a) bag
 b) ceiling
 c) roof
 d) drier

18) lata de lixo
 a) bookcase
 b) kitchen sink
 c) bath (tub)
 d) rubbish can

19) aspirador de pó
 a) roof
 b) blender
 c) hoover
 d) staircase

20) vaso
 a) vase
 b) bookcase
 c) drier
 d) freezer

21) geladeira
 a) floor
 b) roof
 c) shower
 d) refrigerator

22) lanterna elétrica
 a) torch
 b) television
 c) napkin
 d) chair

23) porta-moedas
 a) refrigerator
 b) handbag
 c) wallet
 d) purse

24) cuba
 a) bowl
 b) rubbish bag
 c) pail
 d) napkin

Portuguese - Word Quiz - #15 - Around the House
Select the closest English word to match the Portuguese word.

1) cinzeiro
a) stove
b) chair
c) ashtray
d) bath (tub)

2) cuba
a) napkin
b) toaster
c) wall
d) pail

3) panela
a) vase
b) pot
c) curtain
d) cot

4) caldeira
a) mirror
b) telephone
c) torch
d) kettle

5) porta
a) coffee pot
b) roof
c) door
d) switch

6) saco de lixo
a) bath (tub)
b) rubbish bag
c) painting
d) rubbish can

7) garrafa
a) bottle
b) sheet
c) dresser
d) purse

8) pintura
a) painting
b) ashtray
c) dishwasher
d) clock

9) sacola
a) bag
b) dishwasher
c) box
d) table

10) água
a) torch
b) alarm clock
c) water
d) kitchen

11) lenço
a) couch
b) blender
c) sheet
d) tin

12) escadaria
a) telephone
b) staircase
c) ashtray
d) shower

13) curtina do banheiro
a) curtain
b) glass
c) pot
d) shower curtain

14) interruptor
a) chair
b) switch
c) image
d) ashtray

15) lata
a) freezer
b) coffee pot
c) tin
d) wallet

16) guardanapo
a) freezer
b) fork
c) napkin
d) clock

17) cômoda
a) dresser
b) key
c) sleeping bag
d) bookcase

18) imagem
a) washing machine
b) freezer
c) telephone
d) image

19) cozinho
a) table
b) kitchen
c) wallet
d) shower

20) saco de dormir
a) sleeping bag
b) dresser
c) tin
d) kitchen sink

21) garfo
a) telephone
b) lamp
c) fork
d) washing machine

22) tigela
a) shower
b) bowl
c) door
d) ceiling

23) frigideira
a) broom
b) tin
c) frying pan
d) couch

24) faca
a) handbag
b) knife
c) bed
d) ceiling

Portuguese - Word Quiz - #16 - Around the House
Select the closest Portuguese word to match the English word.

1) cup
a) xícara
b) guarda-roupa
c) této
d) cômoda

2) sleeping bag
a) armário
b) chuveiro
c) saco de dormir
d) gaveta

3) broom
a) vassoura
b) cabana
c) panela
d) gaveta

4) picture
a) torradeira
b) caixa
c) vaso
d) retrato

5) bottle
a) escadaria
b) garrafa
c) faca
d) retrato

6) kitchen sink
a) chuveiro
b) porta-moedas
c) saco de dormir
d) pia da cozinha

7) dishwasher
a) máquina de lavar louça
b) telhado
c) escadaria
d) porta-moedas

8) pot
a) rádio
b) panela
c) lanterna elétrica
d) cama

9) washing machine
a) máquina de lavar
b) telefone
c) frigideira
d) almofada

10) image
a) estante de livros
b) imagem
c) lenço
d) cabana

11) dish
a) prato
b) saco de dormir
c) liquidificador
d) telhado

12) kettle
a) saco de mão
b) televisão
c) tigela
d) caldeira

13) rubbish can
a) cogelador
b) panela
c) guardanapo
d) lata de lixo

14) ceiling
a) máquina de lavar louça
b) cortina
c) móveis
d) této

15) ashtray
a) cabana
b) cinzeiro
c) armário
d) gaveta

16) key
a) guardanapo
b) relógio
c) secador de roupa
d) chave

17) mirror
a) carteira
b) chave
c) espelho
d) móveis

18) fork
a) secador de roupa
b) relógio
c) chave
d) garfo

19) vase
a) faca
b) vaso
c) fogão
d) soalho

20) box
a) telhado
b) relógio
c) caixa
d) escadaria

21) rubbish bag
a) saco de dormir
b) saco de lixo
c) guardanapo
d) caldeira

22) freezer
a) cortina
b) sofá
c) cogelador
d) tapete

23) hoover
a) porta-moedas
b) porta
c) torneira
d) aspirador de pó

24) blender
a) liquidificador
b) cama
c) cuba
d) água

Portuguese - Word Quiz - #17 - Around the House
Select the closest Portuguese word to match the English word.

1) box
a) escadaria
b) televisão
c) torradeira
d) caixa

2) floor
a) rádio
b) soalho
c) telhado
d) vaso

3) drawer
a) gaveta
b) imagem
c) caixa
d) garfo

4) dresser
a) frigideira
b) água
c) interruptor
d) cômoda

5) roof
a) telhado
b) máquina de lavar louça
c) vassoura
d) faca

6) napkin
a) guardanapo
b) cobertor
c) chave
d) soalho

7) carpet
a) máquina de lavar
b) tapete
c) alarme de relógio
d) liquidificador

8) table
a) saco de lixo
b) colher
c) mesa
d) chuveiro

9) drier
a) saco de dormir
b) cadeira
c) secador de roupa
d) tapete

10) torch
a) guarda-roupa
b) televisão
c) mesa
d) lanterna elétrica

11) blender
a) liquidificador
b) garrafa
c) xícara
d) cômoda

12) vase
a) telhado
b) vaso
c) cafeteira
d) geladeira

13) ceiling
a) cogelador
b) casa
c) tigela
d) této

14) shelf
a) prateleira
b) móveis
c) lustre
d) mesa

15) knife
a) alarme de relógio
b) imagem
c) faca
d) sacola

16) frying pan
a) cuba
b) cabana
c) frigideira
d) máquina de lavar louça

17) bag
a) sacola
b) chuveiro
c) prateleira
d) torneira

18) pillow
a) carteira
b) cozinho
c) almofada
d) liquidificador

19) television
a) lata de lixo
b) torneira
c) chuveiro
d) televisão

20) key
a) colher
b) chave
c) vaso
d) curtina do banheiro

21) refrigerator
a) máquina de lavar
b) vassoura
c) geladeira
d) chuveiro

22) wall
a) cinzeiro
b) cômoda
c) parede
d) curtina do banheiro

23) rubbish bag
a) mesa
b) lata
c) cuba
d) saco de lixo

24) bookcase
a) estante de livros
b) cozinho
c) telefone
d) chave

Portuguese - Word Quiz - #18 - Around the House
Select the closest Portuguese word to match the English word.

1) water
a) carteira
b) saco de dormir
c) água
d) saco de lixo

2) box
a) máquina de lavar
b) caixa
c) torradeira
d) cômoda

3) television
a) cobertor
b) televisão
c) estante de livros
d) colher

4) mirror
a) vassoura
b) espelho
c) aspirador de pó
d) cozinho

5) broom
a) chave
b) vassoura
c) cozinho
d) almofada

6) rubbish can
a) casa
b) lata de lixo
c) tapete
d) této

7) couch
a) lata de lixo
b) vassoura
c) sofá
d) secador de roupa

8) carpet
a) tapete
b) cortina
c) cadeira
d) parede

9) chair
a) armário
b) guardanapo
c) cadeira
d) almofada

10) furniture
a) móveis
b) almofada
c) torradeira
d) cuba

11) bath (tub)
a) guarda-roupa
b) escadaria
c) frigideira
d) banheira

12) spoon
a) torradeira
b) água
c) colher
d) mesa

13) dresser
a) secador de roupa
b) alarme de relógio
c) cômoda
d) colher

14) glass
a) relógio
b) lata
c) copo
d) frigideira

15) alarm clock
a) escadaria
b) banheira
c) alarme de relógio
d) lata de lixo

16) fork
a) máquina de lavar
b) televisão
c) garfo
d) carteira

17) picture
a) cama
b) lata
c) caixa
d) retrato

18) soap
a) porta-moedas
b) copo
c) fogão
d) sabão

19) bottle
a) máquina de lavar louça
b) cobertor
c) garrafa
d) caldeira

20) door
a) tigela
b) cinzeiro
c) porta
d) geladeira

21) purse
a) almofada
b) máquina de lavar
c) cozinho
d) porta-moedas

22) washing machine
a) cuba
b) telefone
c) torradeira
d) máquina de lavar

23) cup
a) soalho
b) xícara
c) cogelador
d) retrato

24) coffee pot
a) armário
b) guarda-roupa
c) cafeteira
d) máquina de lavar

Portuguese - Word Quiz - #19 - Birds
Select the closest English word to match the Portuguese word.

1) galinha
a) hawk
b) hen
c) crow
d) ostrich

2) papagaio
a) sparrow
b) eagle
c) parrot
d) crow

3) avestruz
a) hen
b) hawk
c) pelican
d) ostrich

4) pato
a) duck
b) heron
c) goose
d) parrot

5) falcão
a) flamingo
b) hawk
c) stork
d) bird

6) coruja
a) owl
b) sparrow
c) goose
d) stork

7) pomba
a) ostrich
b) flamingo
c) dove
d) goose

8) pombo
a) crow
b) eagle
c) turkey
d) pigeon

9) garça
a) hen
b) goose
c) seagull
d) heron

10) ganso
a) rooster
b) dove
c) goose
d) nightingale

11) flamingo
a) flamingo
b) turkey
c) pigeon
d) bird

12) cisne
a) hawk
b) swan
c) vulture
d) owl

13) corvo
a) crow
b) turkey
c) ostrich
d) hawk

14) galo
a) eagle
b) owl
c) rooster
d) dove

15) faisão
a) ostrich
b) parrot
c) pheasant
d) dove

16) rouxinol
a) pelican
b) flamingo
c) swan
d) nightingale

17) pelicano
a) duck
b) pheasant
c) eagle
d) pelican

18) abutre
a) crow
b) parrot
c) vulture
d) heron

19) águia
a) crow
b) pigeon
c) eagle
d) stork

20) pardal
a) rooster
b) sparrow
c) swan
d) owl

21) gaivota
a) hawk
b) bird
c) swan
d) seagull

22) pássaro
a) pheasant
b) crow
c) pelican
d) bird

23) cegonha
a) ostrich
b) pigeon
c) swan
d) stork

24) peru
a) owl
b) flamingo
c) hawk
d) turkey

Portuguese - Word Quiz - #20 - Birds
Select the closest English word to match the Portuguese word.

1) águia
a) eagle
b) rooster
c) swan
d) hawk

2) pomba
a) rooster
b) dove
c) flamingo
d) heron

3) papagaio
a) swan
b) pheasant
c) parrot
d) crow

4) cisne
a) dove
b) swan
c) goose
d) turkey

5) peru
a) turkey
b) bird
c) swan
d) duck

6) cegonha
a) dove
b) bird
c) stork
d) ostrich

7) pássaro
a) seagull
b) nightingale
c) rooster
d) bird

8) corvo
a) owl
b) flamingo
c) vulture
d) crow

9) pato
a) ostrich
b) parrot
c) duck
d) vulture

10) pelicano
a) pelican
b) stork
c) pheasant
d) crow

11) gaivota
a) heron
b) duck
c) pheasant
d) seagull

12) ganso
a) pigeon
b) parrot
c) goose
d) ostrich

13) flamingo
a) stork
b) seagull
c) owl
d) flamingo

14) avestruz
a) pelican
b) nightingale
c) ostrich
d) bird

15) pardal
a) pheasant
b) bird
c) seagull
d) sparrow

16) faisão
a) pheasant
b) vulture
c) hen
d) goose

17) coruja
a) owl
b) nightingale
c) sparrow
d) vulture

18) garça
a) heron
b) bird
c) ostrich
d) stork

19) rouxinol
a) parrot
b) nightingale
c) ostrich
d) seagull

20) pombo
a) pheasant
b) pigeon
c) pelican
d) seagull

21) falcão
a) hawk
b) swan
c) eagle
d) pheasant

22) galinha
a) crow
b) hen
c) pelican
d) dove

23) galo
a) bird
b) parrot
c) eagle
d) rooster

24) abutre
a) vulture
b) sparrow
c) pheasant
d) pigeon

Portuguese - Word Quiz - #21 - Birds
Select the closest English word to match the Portuguese word.

1) ganso
a) pigeon
b) eagle
c) dove
d) goose

2) águia
a) eagle
b) goose
c) heron
d) seagull

3) gaivota
a) hawk
b) seagull
c) bird
d) pheasant

4) falcão
a) turkey
b) pelican
c) hawk
d) sparrow

5) garça
a) bird
b) vulture
c) heron
d) turkey

6) cisne
a) swan
b) goose
c) owl
d) seagull

7) pássaro
a) bird
b) goose
c) pigeon
d) sparrow

8) abutre
a) goose
b) rooster
c) owl
d) vulture

9) galo
a) parrot
b) owl
c) dove
d) rooster

10) flamingo
a) flamingo
b) hawk
c) goose
d) hen

11) faisão
a) sparrow
b) hen
c) pheasant
d) turkey

12) rouxinol
a) pheasant
b) owl
c) seagull
d) nightingale

13) coruja
a) duck
b) owl
c) parrot
d) eagle

14) corvo
a) crow
b) duck
c) dove
d) parrot

15) peru
a) swan
b) bird
c) turkey
d) goose

16) pomba
a) pheasant
b) nightingale
c) dove
d) heron

17) cegonha
a) rooster
b) stork
c) nightingale
d) flamingo

18) pombo
a) pigeon
b) goose
c) pheasant
d) turkey

19) pato
a) rooster
b) sparrow
c) bird
d) duck

20) pelicano
a) nightingale
b) eagle
c) pelican
d) heron

21) avestruz
a) rooster
b) bird
c) ostrich
d) parrot

22) pardal
a) stork
b) duck
c) heron
d) sparrow

23) galinha
a) hen
b) ostrich
c) swan
d) owl

24) papagaio
a) sparrow
b) rooster
c) parrot
d) goose

Portuguese - Word Quiz - #22 - Birds
Select the closest Portuguese word to match the English word.

1) seagull
a) papagaio
b) pássaro
c) gaivota
d) pombo

2) eagle
a) faisão
b) papagaio
c) galinha
d) águia

3) crow
a) falcão
b) galo
c) corvo
d) pelicano

4) vulture
a) abutre
b) avestruz
c) pomba
d) pardal

5) flamingo
a) corvo
b) flamingo
c) pomba
d) rouxinol

6) ostrich
a) pomba
b) flamingo
c) pombo
d) avestruz

7) turkey
a) coruja
b) cegonha
c) peru
d) galo

8) pelican
a) coruja
b) pássaro
c) pelicano
d) peru

9) dove
a) pomba
b) abutre
c) pombo
d) pardal

10) nightingale
a) gaivota
b) coruja
c) cegonha
d) rouxinol

11) bird
a) galinha
b) falcão
c) águia
d) pássaro

12) pigeon
a) garça
b) pelicano
c) pombo
d) abutre

13) hen
a) corvo
b) flamingo
c) cegonha
d) galinha

14) rooster
a) galinha
b) avestruz
c) galo
d) peru

15) sparrow
a) cegonha
b) pardal
c) águia
d) galinha

16) duck
a) pato
b) pássaro
c) pelicano
d) pomba

17) swan
a) ganso
b) falcão
c) pássaro
d) cisne

18) stork
a) pelicano
b) cegonha
c) papagaio
d) pomba

19) pheasant
a) avestruz
b) pombo
c) coruja
d) faisão

20) parrot
a) cisne
b) papagaio
c) ganso
d) avestruz

21) goose
a) águia
b) galinha
c) pombo
d) ganso

22) heron
a) flamingo
b) cegonha
c) pato
d) garça

23) owl
a) pardal
b) cisne
c) coruja
d) rouxinol

24) hawk
a) peru
b) gaivota
c) falcão
d) garça

Portuguese - Word Quiz - #23 - Birds
Select the closest Portuguese word to match the English word.

1) dove
a) águia
b) avestruz
c) gaivota
d) pomba

2) turkey
a) gaivota
b) papagaio
c) pelicano
d) peru

3) owl
a) avestruz
b) coruja
c) pelicano
d) pombo

4) seagull
a) flamingo
b) pomba
c) ganso
d) gaivota

5) pigeon
a) peru
b) coruja
c) pombo
d) cisne

6) hen
a) pardal
b) galo
c) avestruz
d) galinha

7) rooster
a) falcão
b) cegonha
c) galo
d) gaivota

8) ostrich
a) faisão
b) cisne
c) avestruz
d) papagaio

9) crow
a) corvo
b) garça
c) abutre
d) rouxinol

10) pheasant
a) faisão
b) pássaro
c) flamingo
d) gaivota

11) nightingale
a) rouxinol
b) pássaro
c) cegonha
d) faisão

12) stork
a) avestruz
b) abutre
c) cegonha
d) peru

13) goose
a) rouxinol
b) pombo
c) ganso
d) pardal

14) sparrow
a) coruja
b) cisne
c) rouxinol
d) pardal

15) eagle
a) pardal
b) pato
c) faisão
d) águia

16) swan
a) abutre
b) faisão
c) pomba
d) cisne

17) flamingo
a) papagaio
b) pássaro
c) flamingo
d) galo

18) heron
a) abutre
b) corvo
c) pombo
d) garça

19) hawk
a) gaivota
b) falcão
c) pato
d) coruja

20) bird
a) pássaro
b) pardal
c) cisne
d) papagaio

21) duck
a) pássaro
b) pato
c) peru
d) flamingo

22) vulture
a) faisão
b) pato
c) pelicano
d) abutre

23) parrot
a) papagaio
b) pássaro
c) pombo
d) rouxinol

24) pelican
a) pardal
b) galinha
c) cisne
d) pelicano

Portuguese - Word Quiz - #24 - Birds
Select the closest Portuguese word to match the English word.

1) vulture
a) abutre
b) pássaro
c) coruja
d) peru

2) goose
a) faisão
b) peru
c) ganso
d) águia

3) pelican
a) pomba
b) pombo
c) águia
d) pelicano

4) crow
a) faisão
b) garça
c) rouxinol
d) corvo

5) duck
a) coruja
b) corvo
c) ganso
d) pato

6) flamingo
a) faisão
b) pardal
c) pássaro
d) flamingo

7) dove
a) galo
b) pomba
c) ganso
d) papagaio

8) eagle
a) pardal
b) cisne
c) rouxinol
d) águia

9) nightingale
a) pombo
b) pelicano
c) rouxinol
d) pardal

10) bird
a) pássaro
b) cisne
c) pomba
d) avestruz

11) parrot
a) pomba
b) cisne
c) papagaio
d) falcão

12) seagull
a) gaivota
b) rouxinol
c) cegonha
d) pomba

13) stork
a) águia
b) abutre
c) faisão
d) cegonha

14) heron
a) cisne
b) ganso
c) pombo
d) garça

15) sparrow
a) rouxinol
b) pombo
c) peru
d) pardal

16) turkey
a) peru
b) rouxinol
c) avestruz
d) galo

17) rooster
a) gaivota
b) papagaio
c) águia
d) galo

18) ostrich
a) pelicano
b) gaivota
c) avestruz
d) rouxinol

19) hawk
a) galo
b) falcão
c) galinha
d) gaivota

20) pigeon
a) cisne
b) peru
c) falcão
d) pombo

21) pheasant
a) flamingo
b) pato
c) faisão
d) cisne

22) owl
a) avestruz
b) rouxinol
c) coruja
d) pato

23) hen
a) cisne
b) faisão
c) galinha
d) pato

24) swan
a) cisne
b) pato
c) gaivota
d) pássaro

Portuguese - Word Quiz - #25 - Clothing
Select the closest English word to match the Portuguese word.

1) luvas
a) gloves
b) cardigan
c) overalls
d) shirt

2) cinto
a) belt
b) hat
c) dressing gown
d) gloves

3) blusa
a) blouse
b) hiking boots
c) bathing suit
d) skirt

4) capa de chuva
a) zip
b) jeans
c) suit
d) mackintosh

5) cachecol
a) scarf
b) bikini
c) bra
d) dressing gown

6) terno
a) suit
b) jeans
c) clothes
d) braces/suspenders

7) camisa
a) coat
b) shirt
c) cardigan
d) pyjamas

8) camiseta
a) overalls
b) hat
c) zip
d) T-shirt

9) jeans
a) necktie
b) corset
c) bathing suit
d) jeans

10) roupas
a) bra
b) tights
c) clothes
d) cardigan

11) meias
a) running shoes
b) socks
c) zip
d) size

12) cardigã
a) cardigan
b) tights
c) dressing gown
d) anorak

13) suspensórios
a) suit
b) braces/suspenders
c) jacket
d) zip

14) tamanho
a) size
b) belt
c) trousers
d) knickers

15) botas para caminhada
a) anorak
b) bathing suit
c) tights
d) hiking boots

16) cinta
a) jacket
b) corset
c) shirt
d) braces/suspenders

17) boné
a) cap
b) hat
c) scarf
d) coat

18) paletó
a) shirt
b) coat
c) jeans
d) overalls

19) gravata borboleta
a) dress
b) umbrella
c) bow tie
d) cardigan

20) sutiã
a) T-shirt
b) clothes
c) anorak
d) bra

21) jaleco
a) sandals
b) jacket
c) cardigan
d) braces/suspenders

22) fecho éclair
a) waistcoat
b) glove
c) zip
d) hiking boots

23) chapéu
a) cardigan
b) hat
c) knickers
d) size

24) casaco de pele
a) sweatshirt
b) anorak
c) suit
d) trousers

Portuguese - Word Quiz - #26 - Clothing
Select the closest English word to match the Portuguese word.

1) cinta
a) zip
b) overcoat
c) corset
d) gloves

2) boné
a) tights
b) knickers
c) corset
d) cap

3) cardigã
a) belt
b) cardigan
c) blouse
d) trousers

4) camisa
a) scarf
b) jeans
c) braces/suspenders
d) shirt

5) gravata
a) socks
b) glove
c) T-shirt
d) necktie

6) cachecol
a) slippers
b) hat
c) scarf
d) suit

7) calças
a) scarf
b) trousers
c) hiking boots
d) bikini

8) tênis
a) bikini
b) suit
c) running shoes
d) socks

9) colete
a) T-shirt
b) tights
c) anorak
d) waistcoat

10) luvas
a) gloves
b) tights
c) sandals
d) bikini

11) sandálias
a) sandals
b) zip
c) bow tie
d) dressing gown

12) suéter
a) sweatshirt
b) jacket
c) scarf
d) pyjamas

13) traje de banho
a) bathing suit
b) necktie
c) skirt
d) scarf

14) calcinhas
a) waistcoat
b) knickers
c) tights
d) slippers

15) jaleco
a) bow tie
b) jacket
c) cardigan
d) umbrella

16) casaco de pele
a) anorak
b) hiking boots
c) bra
d) gloves

17) sutiã
a) trousers
b) dress
c) bra
d) hiking boots

18) calças justas
a) tights
b) waistcoat
c) socks
d) braces/suspenders

19) camiseta
a) bow tie
b) pyjamas
c) belt
d) T-shirt

20) cuecas
a) jeans
b) briefs
c) tights
d) skirt

21) paletó
a) coat
b) T-shirt
c) bra
d) umbrella

22) cinto
a) bow tie
b) belt
c) hiking boots
d) glove

23) suspensórios
a) running shoes
b) cardigan
c) braces/suspenders
d) necktie

24) blusa
a) trousers
b) coat
c) blouse
d) hat

Portuguese - Word Quiz - #27 - Clothing
Select the closest English word to match the Portuguese word.

1) calças
a) trousers
b) bra
c) sandals
d) jacket

2) vestido
a) overcoat
b) dress
c) scarf
d) suit

3) cardigã
a) cardigan
b) bow tie
c) bra
d) shirt

4) macacão
a) corset
b) belt
c) overalls
d) sweatshirt

5) luvas
a) blouse
b) gloves
c) jacket
d) shirt

6) camisa
a) briefs
b) shirt
c) tights
d) running shoes

7) capa de chuva
a) skirt
b) suit
c) umbrella
d) mackintosh

8) cinta
a) clothes
b) skirt
c) overalls
d) corset

9) jeans
a) mackintosh
b) gloves
c) dressing gown
d) jeans

10) meias
a) jeans
b) socks
c) scarf
d) pyjamas

11) gravata borboleta
a) scarf
b) socks
c) cap
d) bow tie

12) tamanho
a) size
b) jeans
c) umbrella
d) dressing gown

13) camiseta
a) bow tie
b) T-shirt
c) knickers
d) clothes

14) saia
a) hat
b) jacket
c) mackintosh
d) skirt

15) jaleco
a) jacket
b) dress
c) size
d) zip

16) roupão de banho
a) jacket
b) bikini
c) trousers
d) dressing gown

17) cachecol
a) jeans
b) overalls
c) scarf
d) anorak

18) cinto
a) belt
b) suit
c) braces/suspenders
d) necktie

19) chinelos
a) sandals
b) slippers
c) zip
d) jeans

20) blusa
a) bra
b) gloves
c) trousers
d) blouse

21) suéter
a) sweatshirt
b) jeans
c) hiking boots
d) coat

22) casaco de pele
a) T-shirt
b) anorak
c) bow tie
d) tights

23) calças justas
a) scarf
b) tights
c) clothes
d) braces/suspenders

24) guarda-chuva
a) hiking boots
b) clothes
c) cap
d) umbrella

Portuguese - Word Quiz - #28 - Clothing
Select the closest Portuguese word to match the English word.

1) bra
a) cinta
b) gravata
c) sobretudo
d) sutiã

2) bathing suit
a) suspensórios
b) luvas
c) paletó
d) traje de banho

3) trousers
a) calças
b) suspensórios
c) casaco de pele
d) tamanho

4) cardigan
a) sutiã
b) luva
c) cardigã
d) calças justas

5) belt
a) cinto
b) cachecol
c) pijama
d) luvas

6) socks
a) meias
b) cardigã
c) jaleco
d) colete

7) bow tie
a) sutiã
b) blusa
c) gravata borboleta
d) calças justas

8) bikini
a) vestido
b) biquíni
c) tamanho
d) paletó

9) dress
a) colete
b) terno
c) vestido
d) tênis

10) umbrella
a) guarda-chuva
b) camiseta
c) roupas
d) boné

11) briefs
a) gravata
b) roupão de banho
c) cuecas
d) paletó

12) zip
a) gravata borboleta
b) sandálias
c) macacão
d) fecho éclair

13) cap
a) vestido
b) boné
c) luva
d) colete

14) mackintosh
a) chapéu
b) gravata borboleta
c) capa de chuva
d) roupas

15) jeans
a) jeans
b) roupas
c) saia
d) tênis

16) clothes
a) roupas
b) tamanho
c) chapéu
d) calças

17) jacket
a) sandálias
b) jaleco
c) sutiã
d) pijama

18) T-shirt
a) camiseta
b) tamanho
c) cachecol
d) suspensórios

19) running shoes
a) terno
b) suspensórios
c) calças justas
d) tênis

20) corset
a) cinto
b) cinta
c) sutiã
d) luva

21) waistcoat
a) gravata
b) colete
c) jaleco
d) sutiã

22) hiking boots
a) chapéu
b) botas para caminhada
c) vestido
d) saia

23) skirt
a) camiseta
b) macacão
c) cinta
d) saia

24) suit
a) camisa
b) terno
c) cinto
d) cinta

Portuguese - Word Quiz - #29 - Clothing
Select the closest Portuguese word to match the English word.

1) bikini
a) terno
b) biquíni
c) sandálias
d) calças justas

2) knickers
a) cinta
b) meias
c) calcinhas
d) biquíni

3) corset
a) cinta
b) gravata
c) traje de banho
d) macacão

4) hiking boots
a) botas para caminhada
b) tênis
c) calcinhas
d) pijama

5) trousers
a) boné
b) traje de banho
c) sandálias
d) calças

6) hat
a) traje de banho
b) chapéu
c) cachecol
d) sandálias

7) necktie
a) fecho éclair
b) traje de banho
c) gravata
d) paletó

8) gloves
a) macacão
b) tênis
c) luvas
d) jaleco

9) overalls
a) macacão
b) camisa
c) sutiã
d) camiseta

10) skirt
a) casaco de pele
b) guarda-chuva
c) sutiã
d) saia

11) T-shirt
a) calças
b) camiseta
c) suéter
d) traje de banho

12) waistcoat
a) colete
b) biquíni
c) saia
d) gravata borboleta

13) socks
a) botas para caminhada
b) meias
c) luvas
d) suspensórios

14) slippers
a) chinelos
b) cinto
c) calças justas
d) jeans

15) dress
a) sutiã
b) fecho éclair
c) botas para caminhada
d) vestido

16) glove
a) luva
b) suspensórios
c) roupão de banho
d) calças

17) shirt
a) jaleco
b) traje de banho
c) sobretudo
d) camisa

18) dressing gown
a) roupão de banho
b) tamanho
c) vestido
d) calças justas

19) overcoat
a) jeans
b) sobretudo
c) meias
d) guarda-chuva

20) cap
a) boné
b) jeans
c) saia
d) cuecas

21) briefs
a) cuecas
b) guarda-chuva
c) camisa
d) gravata

22) tights
a) guarda-chuva
b) boné
c) terno
d) calças justas

23) sandals
a) cinta
b) roupas
c) sandálias
d) cuecas

24) umbrella
a) guarda-chuva
b) fecho éclair
c) calças
d) calcinhas

Portuguese - Word Quiz - #30 - Clothing
Select the closest Portuguese word to match the English word.

1) clothes
a) paletó
b) chinelos
c) roupas
d) botas para caminhada

2) gloves
a) pijama
b) cinto
c) luvas
d) fecho éclair

3) waistcoat
a) sandálias
b) vestido
c) colete
d) chapéu

4) hat
a) tamanho
b) meias
c) camiseta
d) chapéu

5) glove
a) casaco de pele
b) luva
c) guarda-chuva
d) roupas

6) umbrella
a) colete
b) traje de banho
c) cachecol
d) guarda-chuva

7) belt
a) calças justas
b) cinto
c) cinta
d) macacão

8) jacket
a) calças
b) vestido
c) calcinhas
d) jaleco

9) bra
a) chinelos
b) terno
c) biquíni
d) sutiã

10) overalls
a) saia
b) roupas
c) casaco de pele
d) macacão

11) blouse
a) suéter
b) cardigã
c) blusa
d) luva

12) socks
a) capa de chuva
b) vestido
c) meias
d) cuecas

13) bikini
a) biquíni
b) meias
c) cardigã
d) gravata

14) sweatshirt
a) gravata
b) sobretudo
c) suéter
d) capa de chuva

15) coat
a) paletó
b) boné
c) tênis
d) cardigã

16) knickers
a) casaco de pele
b) calcinhas
c) saia
d) boné

17) cap
a) boné
b) gravata borboleta
c) biquíni
d) roupas

18) tights
a) calças justas
b) luva
c) cinto
d) calças

19) jeans
a) botas para caminhada
b) casaco de pele
c) saia
d) jeans

20) zip
a) fecho éclair
b) boné
c) roupão de banho
d) traje de banho

21) necktie
a) roupão de banho
b) traje de banho
c) suspensórios
d) gravata

22) cardigan
a) fecho éclair
b) cardigã
c) casaco de pele
d) calças

23) shirt
a) calcinhas
b) tênis
c) pijama
d) camisa

24) dress
a) cinto
b) chapéu
c) macacão
d) vestido

Portuguese - Word Quiz - #31 - Family
Select the closest English word to match the Portuguese word.

1) pais
   a) bride
   b) parent
   c) dad
   d) stepmother

2) noiva
   a) stepfather
   b) nephew
   c) stepsister
   d) bride

3) meio-irmão
   a) relative
   b) stepbrother
   c) husband
   d) stepfather

4) neto
   a) stepsister
   b) son
   c) grandchild
   d) dad

5) parentes
   a) relatives
   b) husband
   c) parent
   d) son

6) padrasto
   a) niece
   b) stepdaughter
   c) stepfather
   d) son

7) enteada
   a) stepbrother
   b) mother
   c) stepfather
   d) stepdaughter

8) sobrinha
   a) grandmother
   b) aunt
   c) mother
   d) niece

9) madrasta
   a) stepmother
   b) mother
   c) husband
   d) relatives

10) enteado
   a) brother
   b) stepson
   c) mum
   d) husband

11) maẽ
   a) mother
   b) father
   c) stepsister
   d) stepmother

12) avô
   a) relatives
   b) grandmother
   c) uncle
   d) grandfather

13) primo
   a) grandchild
   b) stepsister
   c) cousin
   d) sister

14) filho
   a) dad
   b) mum
   c) mother
   d) son

15) marido
   a) parent
   b) nephew
   c) son
   d) husband

16) papai
   a) son
   b) parent
   c) dad
   d) stepfather

17) parente
   a) relatives
   b) relative
   c) stepfather
   d) niece

18) irmão
   a) mum
   b) brother
   c) dad
   d) uncle

19) meia-irmã
   a) mum
   b) parent
   c) brother
   d) stepsister

20) sobrinho
   a) dad
   b) stepfather
   c) grandfather
   d) nephew

21) família
   a) father
   b) family
   c) stepsister
   d) stepfather

22) avó
   a) grandchild
   b) cousin
   c) grandmother
   d) mother

23) filha
   a) daughter
   b) stepdaughter
   c) mum
   d) sister

24) mamãe
   a) mum
   b) stepsister
   c) daughter
   d) grandmother

Portuguese - Word Quiz - #32 - Family
Select the closest English word to match the Portuguese word.

1) tia
a) stepsister
b) dad
c) grandmother
d) aunt

2) enteado
a) stepson
b) mum
c) grandfather
d) stepbrother

3) espôsa
a) stepson
b) nephew
c) uncle
d) wife

4) enteada
a) stepdaughter
b) dad
c) mum
d) daughter

5) meio-irmão
a) uncle
b) stepbrother
c) stepfather
d) relatives

6) família
a) relatives
b) relative
c) family
d) stepdaughter

7) parentes
a) cousin
b) relatives
c) stepmother
d) grandfather

8) avó
a) stepmother
b) stepdaughter
c) grandmother
d) family

9) noiva
a) mum
b) uncle
c) stepfather
d) bride

10) neto
a) grandmother
b) mum
c) grandchild
d) stepsister

11) irmã
a) stepson
b) sister
c) mother
d) son

12) irmão
a) brother
b) cousin
c) stepsister
d) nephew

13) madrasta
a) stepdaughter
b) grandfather
c) stepfather
d) stepmother

14) pai
a) grandmother
b) father
c) niece
d) relatives

15) padrasto
a) stepfather
b) relative
c) grandfather
d) brother

16) marido
a) relative
b) wife
c) husband
d) sister

17) sobrinho
a) relatives
b) nephew
c) daughter
d) father

18) meia-irmã
a) sister
b) stepsister
c) brother
d) bride

19) filha
a) daughter
b) niece
c) wife
d) husband

20) pais
a) nephew
b) parent
c) stepbrother
d) relatives

21) maẽ
a) mother
b) stepfather
c) bride
d) son

22) sobrinha
a) relatives
b) bride
c) niece
d) mother

23) avô
a) family
b) grandfather
c) bride
d) stepbrother

24) primo
a) father
b) dad
c) cousin
d) family

Portuguese - Word Quiz - #33 - Family
Select the closest English word to match the Portuguese word.

1) neto
a) brother
b) father
c) grandchild
d) grandfather

2) papai
a) grandchild
b) relatives
c) bride
d) dad

3) sobrinho
a) nephew
b) wife
c) stepdaughter
d) family

4) pais
a) stepbrother
b) cousin
c) parent
d) stepdaughter

5) primo
a) uncle
b) niece
c) grandfather
d) cousin

6) avô
a) stepdaughter
b) sister
c) grandfather
d) wife

7) filha
a) dad
b) daughter
c) mum
d) stepsister

8) meia-irmã
a) father
b) stepsister
c) stepmother
d) cousin

9) irmã
a) sister
b) stepbrother
c) stepfather
d) stepsister

10) enteado
a) mother
b) stepson
c) brother
d) daughter

11) sobrinha
a) niece
b) parent
c) stepsister
d) stepbrother

12) marido
a) husband
b) family
c) stepfather
d) parent

13) noiva
a) stepmother
b) stepbrother
c) bride
d) daughter

14) tia
a) relative
b) grandchild
c) aunt
d) parent

15) avó
a) grandmother
b) stepson
c) relatives
d) nephew

16) espôsa
a) stepfather
b) relative
c) bride
d) wife

17) tio
a) mum
b) nephew
c) uncle
d) stepdaughter

18) enteada
a) mother
b) relative
c) uncle
d) stepdaughter

19) maẽ
a) sister
b) relative
c) stepsister
d) mother

20) madrasta
a) aunt
b) mother
c) relative
d) stepmother

21) pai
a) father
b) mum
c) brother
d) grandfather

22) parentes
a) grandchild
b) stepmother
c) relatives
d) son

23) família
a) stepson
b) relatives
c) family
d) grandchild

24) filho
a) grandchild
b) parent
c) mum
d) son

Portuguese - Word Quiz - #34 - Family
Select the closest Portuguese word to match the English word.

1) dad
a) papai
b) tia
c) meia-irmã
d) mamãe

2) uncle
a) parentes
b) mamãe
c) parente
d) tio

3) stepmother
a) sobrinho
b) avó
c) madrasta
d) tio

4) husband
a) pai
b) pais
c) marido
d) tia

5) son
a) irmão
b) família
c) filho
d) avô

6) niece
a) pais
b) avô
c) sobrinha
d) meio-irmão

7) sister
a) irmão
b) irmã
c) noiva
d) filho

8) bride
a) filha
b) noiva
c) avó
d) sobrinho

9) grandfather
a) meio-irmão
b) neto
c) enteada
d) avô

10) grandmother
a) sobrinho
b) enteada
c) avó
d) maẽ

11) stepfather
a) padrasto
b) irmão
c) meia-irmã
d) família

12) relative
a) meio-irmão
b) pais
c) papai
d) parente

13) stepson
a) tia
b) enteado
c) primo
d) mamãe

14) aunt
a) meia-irmã
b) família
c) madrasta
d) tia

15) father
a) pai
b) enteada
c) neto
d) maẽ

16) relatives
a) parentes
b) enteada
c) espôsa
d) filha

17) mother
a) neto
b) avó
c) avô
d) maẽ

18) daughter
a) avó
b) tio
c) madrasta
d) filha

19) cousin
a) avô
b) primo
c) filha
d) sobrinho

20) brother
a) sobrinho
b) irmão
c) irmã
d) parente

21) grandchild
a) sobrinho
b) padrasto
c) filha
d) neto

22) family
a) família
b) filho
c) tia
d) padrasto

23) parent
a) pais
b) irmã
c) sobrinho
d) mamãe

24) nephew
a) irmão
b) sobrinho
c) neto
d) noiva

Portuguese - Word Quiz - #35 - Family
Select the closest Portuguese word to match the English word.

1) stepmother
a) mamãe
b) pais
c) enteado
d) madrasta

2) stepson
a) meio-irmão
b) avô
c) enteado
d) madrasta

3) stepsister
a) família
b) meia-irmã
c) parente
d) pais

4) parent
a) tio
b) noiva
c) pais
d) meio-irmão

5) niece
a) meia-irmã
b) tia
c) avô
d) sobrinha

6) cousin
a) noiva
b) papai
c) primo
d) tia

7) relatives
a) padrasto
b) irmã
c) parentes
d) tia

8) grandchild
a) mãe
b) neto
c) madrasta
d) sobrinho

9) bride
a) meia-irmã
b) noiva
c) sobrinha
d) primo

10) mother
a) parentes
b) mãe
c) noiva
d) sobrinha

11) grandfather
a) primo
b) filho
c) filha
d) avô

12) stepbrother
a) mãe
b) meio-irmão
c) enteada
d) meia-irmã

13) stepdaughter
a) enteada
b) família
c) tio
d) pais

14) dad
a) papai
b) mãe
c) meia-irmã
d) madrasta

15) uncle
a) filha
b) tio
c) marido
d) enteada

16) wife
a) espôsa
b) irmã
c) pai
d) filho

17) brother
a) tio
b) irmão
c) neto
d) filha

18) husband
a) neto
b) noiva
c) marido
d) mãe

19) daughter
a) tia
b) filha
c) avó
d) avô

20) family
a) família
b) pais
c) irmão
d) sobrinho

21) grandmother
a) primo
b) avó
c) irmão
d) tia

22) aunt
a) espôsa
b) meio-irmão
c) tia
d) tio

23) mum
a) enteada
b) parente
c) filho
d) mamãe

24) sister
a) parentes
b) irmã
c) avó
d) padrasto

Portuguese - Word Quiz - #36 - Family
Select the closest Portuguese word to match the English word.

1) relatives
a) parentes
b) mamãe
c) família
d) avô

2) aunt
a) filha
b) meio-irmão
c) avó
d) tia

3) parent
a) espôsa
b) neto
c) noiva
d) pais

4) stepsister
a) espôsa
b) irmã
c) pais
d) meia-irmã

5) relative
a) papai
b) parente
c) avô
d) madrasta

6) stepson
a) enteado
b) tia
c) noiva
d) padrasto

7) husband
a) marido
b) filho
c) neto
d) meia-irmã

8) daughter
a) tio
b) sobrinha
c) papai
d) filha

9) grandfather
a) filho
b) mamãe
c) sobrinha
d) avô

10) wife
a) marido
b) tio
c) espôsa
d) sobrinha

11) nephew
a) sobrinho
b) espôsa
c) parentes
d) pai

12) stepmother
a) madrasta
b) meia-irmã
c) mamãe
d) enteado

13) niece
a) avó
b) pais
c) meio-irmão
d) sobrinha

14) mother
a) maẽ
b) família
c) papai
d) filha

15) stepbrother
a) pais
b) meio-irmão
c) noiva
d) primo

16) family
a) família
b) avô
c) meia-irmã
d) tio

17) uncle
a) madrasta
b) avô
c) tio
d) maẽ

18) son
a) meia-irmã
b) filha
c) avô
d) filho

19) cousin
a) primo
b) avó
c) tia
d) família

20) sister
a) sobrinho
b) irmã
c) pai
d) parente

21) stepfather
a) padrasto
b) tio
c) parente
d) avô

22) brother
a) neto
b) mamãe
c) irmão
d) parentes

23) stepdaughter
a) padrasto
b) mamãe
c) pai
d) enteada

24) dad
a) irmão
b) mamãe
c) papai
d) pais

Portuguese - Word Quiz - #37 - Food
Select the closest English word to match the Portuguese word.

1) sal
a) bread
b) salt
c) cake
d) cheese

2) bolacha
a) pastry
b) biscuit
c) cake
d) chocolate bar

3) ovo
a) egg
b) salad
c) chocolate bar
d) yoghurt

4) manteiga
a) butter
b) yoghurt
c) egg
d) cake

5) barra de chocolate
a) cheese
b) egg
c) food
d) chocolate bar

6) bolo
a) cookie
b) cake
c) bun
d) milk

7) pão
a) cookie
b) food
c) bread
d) vegetable soup

8) mostarda
a) cheese
b) mustard
c) chocolate bar
d) vinegar

9) azeite de oliva
a) olive oil
b) biscuit
c) salad
d) butter

10) biscoito
a) biscuit
b) cookie
c) cake
d) pastry

11) salada
a) cake
b) vinegar
c) food
d) salad

12) pãozinho
a) milk
b) bun
c) food
d) egg

13) vinagre
a) salad
b) ice-cream
c) egg
d) vinegar

14) pastelaria
a) food
b) pastry
c) cookie
d) mustard

15) queijo
a) chocolate bar
b) butter
c) cheese
d) yoghurt

16) comida
a) bun
b) food
c) yoghurt
d) bread

17) iogurte
a) olive oil
b) food
c) salad
d) yoghurt

18) leite
a) milk
b) mustard
c) vegetable soup
d) sugar

19) sopa de legumes
a) vegetable soup
b) butter
c) mustard
d) bread

20) sorvete
a) food
b) chocolate bar
c) bun
d) ice-cream

21) açúcar
a) yoghurt
b) mustard
c) sugar
d) cookie

22) queijo
a) mustard
b) pastry
c) sugar
d) cheese

23) vinagre
a) milk
b) salad
c) salt
d) vinegar

24) manteiga
a) olive oil
b) pastry
c) butter
d) bun

Portuguese - Word Quiz - #38 - Food
Select the closest English word to match the Portuguese word.

1) ovo
a) egg
b) salad
c) cake
d) sugar

2) pastelaria
a) salt
b) pastry
c) bun
d) food

3) vinagre
a) bun
b) vegetable soup
c) yoghurt
d) vinegar

4) iogurte
a) salad
b) vinegar
c) yoghurt
d) bread

5) sorvete
a) butter
b) cookie
c) mustard
d) ice-cream

6) bolacha
a) cheese
b) vinegar
c) milk
d) biscuit

7) sopa de legumes
a) vinegar
b) vegetable soup
c) cheese
d) food

8) manteiga
a) olive oil
b) butter
c) vinegar
d) ice-cream

9) salada
a) pastry
b) salad
c) cookie
d) food

10) leite
a) salt
b) mustard
c) bread
d) milk

11) biscoito
a) butter
b) salt
c) cookie
d) chocolate bar

12) azeite de oliva
a) cookie
b) pastry
c) olive oil
d) vinegar

13) açúcar
a) cake
b) cookie
c) sugar
d) milk

14) barra de chocolate
a) chocolate bar
b) cake
c) olive oil
d) biscuit

15) bolo
a) cheese
b) cake
c) egg
d) bun

16) mostarda
a) cake
b) yoghurt
c) mustard
d) biscuit

17) pão
a) cake
b) bread
c) biscuit
d) cookie

18) comida
a) food
b) salad
c) salt
d) vegetable soup

19) queijo
a) cheese
b) sugar
c) butter
d) salad

20) sal
a) olive oil
b) salt
c) yoghurt
d) cheese

21) pãozinho
a) bun
b) salt
c) ice-cream
d) vinegar

22) leite
a) milk
b) butter
c) egg
d) cookie

23) salada
a) yoghurt
b) pastry
c) salad
d) butter

24) barra de chocolate
a) cake
b) sugar
c) chocolate bar
d) yoghurt

Portuguese - Word Quiz - #39 - Food
Select the closest English word to match the Portuguese word.

1) pãozinho
a) vegetable soup
b) bun
c) salt
d) biscuit

2) iogurte
a) olive oil
b) yoghurt
c) chocolate bar
d) salad

3) azeite de oliva
a) cookie
b) olive oil
c) bread
d) cake

4) sopa de legumes
a) cheese
b) vegetable soup
c) chocolate bar
d) bun

5) queijo
a) vinegar
b) cheese
c) milk
d) butter

6) bolacha
a) biscuit
b) sugar
c) mustard
d) pastry

7) mostarda
a) sugar
b) mustard
c) cheese
d) cake

8) açúcar
a) egg
b) milk
c) sugar
d) olive oil

9) vinagre
a) vinegar
b) salad
c) cake
d) milk

10) biscoito
a) cookie
b) vinegar
c) milk
d) olive oil

11) sorvete
a) sugar
b) vegetable soup
c) cheese
d) ice-cream

12) manteiga
a) chocolate bar
b) biscuit
c) cookie
d) butter

13) pastelaria
a) pastry
b) cheese
c) salt
d) egg

14) bolo
a) yoghurt
b) sugar
c) salt
d) cake

15) sal
a) cheese
b) olive oil
c) salt
d) vegetable soup

16) pão
a) sugar
b) bread
c) mustard
d) salad

17) comida
a) vinegar
b) food
c) salad
d) vegetable soup

18) leite
a) bun
b) milk
c) food
d) ice-cream

19) salada
a) cheese
b) salt
c) salad
d) mustard

20) ovo
a) milk
b) sugar
c) pastry
d) egg

21) barra de chocolate
a) yoghurt
b) cheese
c) chocolate bar
d) cake

22) pão
a) vinegar
b) bread
c) olive oil
d) vegetable soup

23) vinagre
a) pastry
b) vinegar
c) salad
d) chocolate bar

24) biscoito
a) bun
b) bread
c) salad
d) cookie

Portuguese - Word Quiz - #40 - Food
Select the closest Portuguese word to match the English word.

1) chocolate bar
a) queijo
b) sorvete
c) leite
d) barra de chocolate

2) ice-cream
a) leite
b) sorvete
c) salada
d) sal

3) bread
a) açúcar
b) sal
c) mostarda
d) pão

4) food
a) bolacha
b) iogurte
c) comida
d) mostarda

5) sugar
a) bolo
b) iogurte
c) açúcar
d) azeite de oliva

6) vegetable soup
a) sopa de legumes
b) azeite de oliva
c) iogurte
d) biscoito

7) yoghurt
a) bolacha
b) pãozinho
c) vinagre
d) iogurte

8) cookie
a) sopa de legumes
b) barra de chocolate
c) ovo
d) biscoito

9) milk
a) sorvete
b) sopa de legumes
c) bolacha
d) leite

10) salad
a) ovo
b) salada
c) sal
d) leite

11) pastry
a) pãozinho
b) comida
c) pastelaria
d) vinagre

12) egg
a) salada
b) pãozinho
c) ovo
d) comida

13) bun
a) biscoito
b) pastelaria
c) pãozinho
d) leite

14) salt
a) bolo
b) leite
c) sal
d) manteiga

15) mustard
a) salada
b) mostarda
c) biscoito
d) leite

16) butter
a) biscoito
b) manteiga
c) queijo
d) mostarda

17) cheese
a) bolacha
b) pão
c) pãozinho
d) queijo

18) cake
a) pão
b) bolo
c) azeite de oliva
d) leite

19) vinegar
a) salada
b) pão
c) vinagre
d) bolacha

20) olive oil
a) iogurte
b) vinagre
c) azeite de oliva
d) salada

21) biscuit
a) bolacha
b) sopa de legumes
c) mostarda
d) comida

22) biscuit
a) vinagre
b) sopa de legumes
c) bolacha
d) leite

23) vegetable soup
a) salada
b) comida
c) sopa de legumes
d) pão

24) milk
a) pastelaria
b) leite
c) barra de chocolate
d) ovo

Portuguese - Word Quiz - #41 - Food
Select the closest Portuguese word to match the English word.

1) pastry
a) azeite de oliva
b) pastelaria
c) iogurte
d) leite

2) milk
a) mostarda
b) leite
c) vinagre
d) iogurte

3) bun
a) sal
b) leite
c) açúcar
d) pãozinho

4) butter
a) açúcar
b) sal
c) manteiga
d) sopa de legumes

5) vegetable soup
a) sopa de legumes
b) ovo
c) comida
d) sal

6) mustard
a) mostarda
b) pastelaria
c) pão
d) leite

7) cheese
a) iogurte
b) manteiga
c) queijo
d) bolacha

8) biscuit
a) pastelaria
b) bolacha
c) ovo
d) pão

9) salt
a) ovo
b) salada
c) manteiga
d) sal

10) yoghurt
a) salada
b) ovo
c) iogurte
d) manteiga

11) olive oil
a) azeite de oliva
b) bolo
c) sal
d) bolacha

12) vinegar
a) vinagre
b) sorvete
c) sopa de legumes
d) manteiga

13) cookie
a) vinagre
b) sorvete
c) manteiga
d) biscoito

14) salad
a) queijo
b) barra de chocolate
c) salada
d) leite

15) food
a) comida
b) sal
c) bolo
d) pãozinho

16) sugar
a) sorvete
b) queijo
c) bolo
d) açúcar

17) bread
a) barra de chocolate
b) queijo
c) pão
d) sopa de legumes

18) chocolate bar
a) barra de chocolate
b) leite
c) iogurte
d) bolo

19) ice-cream
a) sorvete
b) barra de chocolate
c) queijo
d) mostarda

20) egg
a) ovo
b) açúcar
c) biscoito
d) pãozinho

21) cake
a) iogurte
b) ovo
c) bolo
d) manteiga

22) food
a) biscoito
b) ovo
c) comida
d) sal

23) salad
a) salada
b) leite
c) pastelaria
d) manteiga

24) salt
a) vinagre
b) sal
c) biscoito
d) bolacha

Portuguese - Word Quiz - #42 - Food
Select the closest Portuguese word to match the English word.

1) cookie
- a) iogurte
- b) biscoito
- c) açúcar
- d) barra de chocolate

2) mustard
- a) sopa de legumes
- b) bolacha
- c) barra de chocolate
- d) mostarda

3) olive oil
- a) açúcar
- b) sopa de legumes
- c) azeite de oliva
- d) queijo

4) butter
- a) pão
- b) ovo
- c) sorvete
- d) manteiga

5) bread
- a) pastelaria
- b) pão
- c) sopa de legumes
- d) sal

6) biscuit
- a) biscoito
- b) bolacha
- c) bolo
- d) salada

7) salt
- a) salada
- b) queijo
- c) sal
- d) sorvete

8) salad
- a) salada
- b) vinagre
- c) bolacha
- d) comida

9) bun
- a) biscoito
- b) mostarda
- c) vinagre
- d) pãozinho

10) pastry
- a) ovo
- b) açúcar
- c) pastelaria
- d) pãozinho

11) vinegar
- a) pão
- b) vinagre
- c) barra de chocolate
- d) açúcar

12) cheese
- a) queijo
- b) vinagre
- c) leite
- d) sal

13) cake
- a) manteiga
- b) bolo
- c) bolacha
- d) queijo

14) sugar
- a) sopa de legumes
- b) açúcar
- c) leite
- d) pãozinho

15) ice-cream
- a) bolo
- b) ovo
- c) vinagre
- d) sorvete

16) chocolate bar
- a) açúcar
- b) iogurte
- c) azeite de oliva
- d) barra de chocolate

17) vegetable soup
- a) sopa de legumes
- b) azeite de oliva
- c) ovo
- d) manteiga

18) milk
- a) bolacha
- b) açúcar
- c) manteiga
- d) leite

19) egg
- a) sal
- b) barra de chocolate
- c) ovo
- d) pãozinho

20) food
- a) vinagre
- b) comida
- c) açúcar
- d) queijo

21) yoghurt
- a) iogurte
- b) leite
- c) pãozinho
- d) bolacha

22) vegetable soup
- a) biscoito
- b) sopa de legumes
- c) açúcar
- d) manteiga

23) butter
- a) açúcar
- b) manteiga
- c) bolacha
- d) sopa de legumes

24) salad
- a) sorvete
- b) bolacha
- c) salada
- d) pão

Portuguese - Word Quiz - #43 - Fruit
Select the closest English word to match the Portuguese word.

1) amêndoa
a) peach
b) almond
c) coconut
d) melon

2) banana
a) fruit
b) banana
c) lemon
d) pineapple

3) lima
a) walnut
b) raspberry
c) fig
d) lime

4) tangerina
a) tangerine
b) almond
c) plum
d) lime

5) ameixa
a) plum
b) melon
c) strawberry
d) coconut

6) damasco
a) apricot
b) rhubarb
c) pear
d) cherry

7) uva
a) strawberry
b) grape
c) walnut
d) coconut

8) passa
a) walnut
b) lime
c) melon
d) raisin

9) melancia
a) raspberry
b) watermelon
c) pineapple
d) coconut

10) pêssego
a) peach
b) grape
c) date
d) strawberry

11) noz
a) walnut
b) grapefruit
c) rhubarb
d) watermelon

12) ruibarbo
a) walnut
b) peanut
c) rhubarb
d) chestnut

13) cereja
a) watermelon
b) plum
c) cherry
d) blueberry

14) castanha
a) chestnut
b) pineapple
c) raisin
d) date

15) avelã
a) almond
b) cherry
c) hazelnut
d) peanut

16) côco
a) chestnut
b) peach
c) coconut
d) orange

17) abacaxi
a) plum
b) fruit
c) pineapple
d) lime

18) mirtilo
a) grapefruit
b) blueberry
c) lemon
d) hazelnut

19) tâmara
a) cherry
b) date
c) raspberry
d) fruit

20) fruta
a) fruit
b) hazelnut
c) rhubarb
d) chestnut

21) laranja
a) plum
b) blueberry
c) orange
d) fruit

22) maçã
a) tangerine
b) apple
c) melon
d) fig

23) pêra
a) coconut
b) lime
c) blueberry
d) pear

24) limão
a) rhubarb
b) coconut
c) fig
d) lemon

Portuguese - Word Quiz - #44 - Fruit
Select the closest English word to match the Portuguese word.

1) amora preta
a) blackberry
b) raisin
c) chestnut
d) fig

2) figo
a) plum
b) fruit
c) fig
d) grapefruit

3) ameixa
a) plum
b) tangerine
c) walnut
d) orange

4) abacaxi
a) cherry
b) pineapple
c) fig
d) rhubarb

5) tangerina
a) cherry
b) date
c) plum
d) tangerine

6) morango
a) strawberry
b) watermelon
c) peach
d) apple

7) côco
a) pineapple
b) watermelon
c) coconut
d) chestnut

8) passa
a) almond
b) raisin
c) banana
d) melon

9) pêra
a) tangerine
b) raspberry
c) melon
d) pear

10) melancia
a) watermelon
b) apple
c) pear
d) cherry

11) castanha
a) blackberry
b) chestnut
c) blueberry
d) grapefruit

12) banana
a) banana
b) apple
c) grapefruit
d) rhubarb

13) fruta
a) watermelon
b) grape
c) fruit
d) pear

14) uva
a) grape
b) lemon
c) date
d) walnut

15) melão
a) apple
b) melon
c) fig
d) rhubarb

16) mirtilo
a) date
b) blueberry
c) plum
d) tangerine

17) noz
a) plum
b) walnut
c) coconut
d) tangerine

18) cereja
a) orange
b) tangerine
c) pineapple
d) cherry

19) maçã
a) peanut
b) raisin
c) banana
d) apple

20) damasco
a) grape
b) apricot
c) raspberry
d) almond

21) ruibarbo
a) rhubarb
b) blueberry
c) peach
d) peanut

22) framboesa
a) date
b) fruit
c) raspberry
d) walnut

23) laranja
a) orange
b) pineapple
c) peanut
d) plum

24) pêssego
a) pear
b) hazelnut
c) peach
d) raisin

Portuguese - Word Quiz - #45 - Fruit
Select the closest English word to match the Portuguese word.

1) amendoim
a) grapefruit
b) coconut
c) peanut
d) watermelon

2) melão
a) raisin
b) date
c) melon
d) lime

3) noz
a) walnut
b) fruit
c) rhubarb
d) plum

4) banana
a) pineapple
b) banana
c) walnut
d) pear

5) castanha
a) lime
b) chestnut
c) almond
d) grapefruit

6) tangerina
a) peach
b) tangerine
c) strawberry
d) apricot

7) passa
a) peanut
b) pineapple
c) raisin
d) orange

8) avelã
a) plum
b) coconut
c) blackberry
d) hazelnut

9) cereja
a) almond
b) fig
c) peach
d) cherry

10) abacaxi
a) almond
b) blueberry
c) pineapple
d) cherry

11) tâmara
a) strawberry
b) raspberry
c) date
d) walnut

12) toranja
a) peach
b) watermelon
c) grapefruit
d) cherry

13) lima
a) apricot
b) fruit
c) lime
d) chestnut

14) morango
a) fig
b) strawberry
c) lemon
d) banana

15) pêra
a) pear
b) pineapple
c) raspberry
d) melon

16) melancia
a) apricot
b) watermelon
c) raspberry
d) walnut

17) uva
a) grape
b) orange
c) rhubarb
d) strawberry

18) maçã
a) blackberry
b) grape
c) raspberry
d) apple

19) ameixa
a) peanut
b) plum
c) pineapple
d) fruit

20) mirtilo
a) fruit
b) blueberry
c) grape
d) plum

21) figo
a) fig
b) lemon
c) raisin
d) lime

22) framboesa
a) date
b) hazelnut
c) walnut
d) raspberry

23) amora preta
a) peanut
b) raisin
c) blackberry
d) rhubarb

24) ruibarbo
a) cherry
b) watermelon
c) grapefruit
d) rhubarb

Portuguese - Word Quiz - #46 - Fruit
Select the closest Portuguese word to match the English word.

1) rhubarb
a) ruibarbo
b) damasco
c) maçã
d) avelã

2) almond
a) cereja
b) fruta
c) amêndoa
d) avelã

3) blackberry
a) uva
b) amora preta
c) framboesa
d) avelã

4) cherry
a) cereja
b) lima
c) ruibarbo
d) tangerina

5) grape
a) uva
b) framboesa
c) morango
d) abacaxi

6) banana
a) damasco
b) noz
c) banana
d) tâmara

7) tangerine
a) framboesa
b) pêra
c) tangerina
d) uva

8) hazelnut
a) pêra
b) avelã
c) banana
d) lima

9) pineapple
a) abacaxi
b) framboesa
c) pêra
d) toranja

10) apricot
a) damasco
b) castanha
c) passa
d) melancia

11) lemon
a) morango
b) abacaxi
c) limão
d) framboesa

12) raspberry
a) castanha
b) avelã
c) uva
d) framboesa

13) peanut
a) tangerina
b) tâmara
c) amendoim
d) cereja

14) fruit
a) lima
b) tâmara
c) avelã
d) fruta

15) lime
a) damasco
b) lima
c) ameixa
d) abacaxi

16) peach
a) pêssego
b) castanha
c) toranja
d) avelã

17) strawberry
a) morango
b) tangerina
c) amora preta
d) noz

18) fig
a) figo
b) passa
c) mirtilo
d) tangerina

19) plum
a) figo
b) ameixa
c) fruta
d) amora preta

20) date
a) tâmara
b) avelã
c) framboesa
d) laranja

21) watermelon
a) noz
b) damasco
c) framboesa
d) melancia

22) melon
a) pêra
b) tangerina
c) melão
d) toranja

23) apple
a) toranja
b) banana
c) damasco
d) maçã

24) blueberry
a) mirtilo
b) laranja
c) figo
d) castanha

Portuguese - Word Quiz - #47 - Fruit
Select the closest Portuguese word to match the English word.

1) peanut
a) banana
b) amendoim
c) laranja
d) passa

2) strawberry
a) pêra
b) mirtilo
c) castanha
d) morango

3) chestnut
a) castanha
b) framboesa
c) tangerina
d) passa

4) coconut
a) uva
b) côco
c) banana
d) mirtilo

5) orange
a) laranja
b) amora preta
c) maçã
d) abacaxi

6) rhubarb
a) ruibarbo
b) tâmara
c) amora preta
d) banana

7) banana
a) laranja
b) banana
c) mirtilo
d) morango

8) peach
a) limão
b) pêssego
c) morango
d) framboesa

9) date
a) maçã
b) tâmara
c) ruibarbo
d) pêra

10) tangerine
a) tangerina
b) framboesa
c) laranja
d) passa

11) blueberry
a) ruibarbo
b) avelã
c) tâmara
d) mirtilo

12) walnut
a) tangerina
b) framboesa
c) melão
d) noz

13) lemon
a) amora preta
b) melão
c) tangerina
d) limão

14) grape
a) ruibarbo
b) castanha
c) côco
d) uva

15) watermelon
a) melancia
b) amendoim
c) abacaxi
d) melão

16) blackberry
a) amora preta
b) morango
c) ameixa
d) maçã

17) grapefruit
a) amêndoa
b) figo
c) amora preta
d) toranja

18) fig
a) pêssego
b) figo
c) ameixa
d) pêra

19) cherry
a) cereja
b) passa
c) uva
d) ruibarbo

20) lime
a) lima
b) amêndoa
c) damasco
d) ameixa

21) apple
a) amora preta
b) côco
c) maçã
d) noz

22) fruit
a) fruta
b) ruibarbo
c) damasco
d) noz

23) pear
a) pêra
b) noz
c) tâmara
d) côco

24) almond
a) ameixa
b) abacaxi
c) tangerina
d) amêndoa

Portuguese - Word Quiz - #48 - Fruit
Select the closest Portuguese word to match the English word.

1) apple
a) morango
b) laranja
c) pêra
d) maçã

2) plum
a) lima
b) ameixa
c) pêssego
d) amora preta

3) grape
a) uva
b) amendoim
c) limão
d) maçã

4) rhubarb
a) ruibarbo
b) tâmara
c) maçã
d) framboesa

5) coconut
a) côco
b) tâmara
c) maçã
d) noz

6) orange
a) laranja
b) limão
c) cereja
d) fruta

7) pear
a) pêra
b) amêndoa
c) damasco
d) cereja

8) strawberry
a) damasco
b) avelã
c) melão
d) morango

9) peanut
a) melancia
b) passa
c) ruibarbo
d) amendoim

10) blueberry
a) maçã
b) passa
c) mirtilo
d) amêndoa

11) chestnut
a) castanha
b) tâmara
c) amendoim
d) fruta

12) peach
a) morango
b) melão
c) castanha
d) pêssego

13) watermelon
a) amendoim
b) melancia
c) ameixa
d) morango

14) tangerine
a) tangerina
b) lima
c) abacaxi
d) maçã

15) banana
a) laranja
b) banana
c) toranja
d) figo

16) blackberry
a) toranja
b) pêssego
c) amora preta
d) uva

17) almond
a) ameixa
b) amêndoa
c) damasco
d) côco

18) date
a) avelã
b) tâmara
c) lima
d) banana

19) lemon
a) laranja
b) fruta
c) limão
d) abacaxi

20) cherry
a) laranja
b) framboesa
c) limão
d) cereja

21) lime
a) passa
b) ruibarbo
c) castanha
d) lima

22) hazelnut
a) avelã
b) amendoim
c) côco
d) maçã

23) apricot
a) ameixa
b) damasco
c) tangerina
d) toranja

24) pineapple
a) damasco
b) cereja
c) abacaxi
d) mirtilo

Portuguese - Word Quiz - #49 - Hotel
Select the closest English word to match the Portuguese word.

1) escadas
a) stairs
b) breakfast
c) garage
d) suite

2) piso
a) receptionist
b) lift
c) to pay
d) floor

3) arrumadeira
a) maid
b) garage
c) complaint
d) lift

4) serviço de quarto
a) garage
b) maid
c) suite
d) room service

5) sala de jantar
a) dining room
b) room
c) hotel
d) garage

6) garagem
a) air conditioning
b) ice
c) garage
d) taxi

7) salão de espera
a) complaint
b) taxi
c) lobby
d) recreation

8) café da manhã
a) breakfast
b) hotel
c) room service
d) ground floor

9) mensagem
a) view
b) hotel
c) check-out
d) message

10) hotel
a) receptionist
b) hotel
c) check-out
d) lift

11) entrada
a) air conditioning
b) booking
c) entrance
d) swimming pool

12) elevador
a) maid
b) lift
c) booking
d) taxi

13) térreo
a) taxi
b) reception desk
c) ground floor
d) breakfast

14) recepção
a) entrance
b) breakfast
c) reception desk
d) recreation

15) carregador de malas
a) to pay
b) floor
c) balcony
d) bellboy

16) suíte
a) swimming pool
b) complaint
c) suite
d) receptionist

17) quarto
a) ground floor
b) internet
c) room
d) room service

18) pagar
a) ground floor
b) recreation
c) reception desk
d) to pay

19) táxi
a) taxi
b) balcony
c) complaint
d) message

20) gelo
a) room service
b) ice
c) floor
d) bellboy

21) sacada
a) price
b) room
c) manager
d) balcony

22) conta
a) booking
b) bill
c) internet
d) complaint

23) gerente
a) lift
b) ice
c) manager
d) lobby

24) reserva
a) receipt
b) manager
c) booking
d) receptionist

Portuguese - Word Quiz - #50 - Hotel
Select the closest English word to match the Portuguese word.

1) gelo
a) lift
b) recreation
c) ice
d) receptionist

2) salão de espera
a) ground floor
b) lobby
c) entrance
d) living room

3) conta
a) bill
b) view
c) suite
d) check-out

4) garagem
a) view
b) complaint
c) garage
d) suite

5) arrumadeira
a) to pay
b) ground floor
c) maid
d) internet

6) recreação
a) stairs
b) balcony
c) recreation
d) bill

7) serviço de quarto
a) to pay
b) complaint
c) room service
d) garage

8) recibo
a) bellboy
b) manager
c) receipt
d) entrance

9) piso
a) entrance
b) message
c) bill
d) floor

10) ar condicionado
a) price
b) air conditioning
c) recreation
d) suite

11) piscina
a) check-out
b) garage
c) swimming pool
d) ice

12) porteiro
a) recreation
b) entrance
c) room
d) doorman

13) recepção
a) reception desk
b) lift
c) stairs
d) suite

14) hotel
a) to pay
b) complaint
c) swimming pool
d) hotel

15) mensagem
a) to pay
b) message
c) garage
d) check-out

16) carregador de malas
a) bellboy
b) breakfast
c) internet
d) price

17) sala de jantar
a) stairs
b) lobby
c) dining room
d) entrance

18) escadas
a) receipt
b) bill
c) dining room
d) stairs

19) vista
a) view
b) check-out
c) manager
d) complaint

20) sacada
a) maid
b) balcony
c) floor
d) lift

21) suíte
a) suite
b) internet
c) hotel
d) taxi

22) gerente
a) manager
b) room service
c) reception desk
d) hotel

23) térreo
a) maid
b) air conditioning
c) ground floor
d) floor

24) queixa
a) receptionist
b) complaint
c) ice
d) to pay

Portuguese - Word Quiz - #51 - Hotel
Select the closest English word to match the Portuguese word.

1) preço
a) garage
b) price
c) doorman
d) lift

2) gelo
a) booking
b) recreation
c) complaint
d) ice

3) piso
a) swimming pool
b) view
c) floor
d) complaint

4) salão de espera
a) lobby
b) to pay
c) internet
d) receipt

5) gerente
a) hotel
b) swimming pool
c) manager
d) room

6) elevador
a) hotel
b) lift
c) manager
d) maid

7) café da manhã
a) breakfast
b) view
c) price
d) ground floor

8) térreo
a) manager
b) ground floor
c) balcony
d) room service

9) queixa
a) bellboy
b) complaint
c) dining room
d) stairs

10) hotel
a) receptionist
b) hotel
c) stairs
d) lift

11) suíte
a) internet
b) recreation
c) view
d) suite

12) escadas
a) air conditioning
b) reception desk
c) stairs
d) bill

13) sala de visita
a) bellboy
b) booking
c) living room
d) to pay

14) recepcionista
a) doorman
b) ice
c) floor
d) receptionist

15) reserva
a) view
b) booking
c) bellboy
d) reception desk

16) internet
a) internet
b) view
c) maid
d) receipt

17) carregador de malas
a) reception desk
b) ground floor
c) bellboy
d) internet

18) quarto
a) maid
b) entrance
c) room
d) doorman

19) táxi
a) garage
b) manager
c) hotel
d) taxi

20) check-out
a) suite
b) ground floor
c) ice
d) check-out

21) entrada
a) suite
b) entrance
c) hotel
d) breakfast

22) recreação
a) recreation
b) breakfast
c) receptionist
d) air conditioning

23) garagem
a) floor
b) garage
c) check-out
d) breakfast

24) recibo
a) to pay
b) ice
c) room service
d) receipt

Portuguese - Word Quiz - #52 - Hotel
Select the closest Portuguese word to match the English word.

1) hotel
a) recibo
b) queixa
c) garagem
d) hotel

2) stairs
a) escadas
b) quarto
c) salão de espera
d) elevador

3) swimming pool
a) check-out
b) arrumadeira
c) piscina
d) recepção

4) doorman
a) recibo
b) check-out
c) porteiro
d) vista

5) ground floor
a) mensagem
b) térreo
c) arrumadeira
d) queixa

6) dining room
a) sala de jantar
b) quarto
c) serviço de quarto
d) preço

7) message
a) piso
b) recreação
c) mensagem
d) gerente

8) balcony
a) porteiro
b) vista
c) recibo
d) sacada

9) check-out
a) recepcionista
b) gerente
c) check-out
d) arrumadeira

10) ice
a) recreação
b) vista
c) queixa
d) gelo

11) price
a) quarto
b) piscina
c) preço
d) check-out

12) living room
a) piso
b) sala de visita
c) táxi
d) hotel

13) manager
a) gerente
b) recreação
c) internet
d) vista

14) recreation
a) gelo
b) recreação
c) arrumadeira
d) queixa

15) breakfast
a) entrada
b) recepcionista
c) conta
d) café da manhã

16) lift
a) elevador
b) internet
c) recepção
d) táxi

17) air conditioning
a) serviço de quarto
b) entrada
c) ar condicionado
d) hotel

18) lobby
a) recreação
b) porteiro
c) gerente
d) salão de espera

19) receptionist
a) pagar
b) elevador
c) recepcionista
d) reserva

20) floor
a) internet
b) queixa
c) recibo
d) piso

21) internet
a) quarto
b) elevador
c) internet
d) pagar

22) taxi
a) escadas
b) café da manhã
c) táxi
d) vista

23) bill
a) gelo
b) conta
c) elevador
d) garagem

24) reception desk
a) sala de jantar
b) escadas
c) recepção
d) mensagem

Portuguese - Word Quiz - #53 - Hotel
Select the closest Portuguese word to match the English word.

1) message
a) internet
b) garagem
c) mensagem
d) piso

2) breakfast
a) queixa
b) café da manhã
c) conta
d) check-out

3) swimming pool
a) gelo
b) piscina
c) elevador
d) recepcionista

4) receipt
a) recibo
b) check-out
c) gerente
d) porteiro

5) living room
a) entrada
b) sala de visita
c) piso
d) recibo

6) lobby
a) salão de espera
b) porteiro
c) piscina
d) preço

7) balcony
a) sacada
b) escadas
c) preço
d) gelo

8) receptionist
a) sacada
b) recepcionista
c) táxi
d) gelo

9) internet
a) internet
b) piso
c) reserva
d) térreo

10) floor
a) queixa
b) piso
c) salão de espera
d) recepcionista

11) room service
a) café da manhã
b) serviço de quarto
c) conta
d) entrada

12) room
a) reserva
b) quarto
c) sacada
d) táxi

13) check-out
a) check-out
b) quarto
c) reserva
d) entrada

14) ground floor
a) recibo
b) térreo
c) conta
d) recepção

15) entrance
a) entrada
b) vista
c) elevador
d) carregador de malas

16) manager
a) pagar
b) recibo
c) quarto
d) gerente

17) stairs
a) escadas
b) ar condicionado
c) reserva
d) preço

18) ice
a) mensagem
b) gelo
c) suíte
d) queixa

19) dining room
a) sala de jantar
b) garagem
c) táxi
d) recepção

20) booking
a) recepcionista
b) sala de jantar
c) reserva
d) entrada

21) recreation
a) recreação
b) piscina
c) garagem
d) reserva

22) view
a) hotel
b) vista
c) serviço de quarto
d) gerente

23) air conditioning
a) ar condicionado
b) café da manhã
c) salão de espera
d) sala de visita

24) garage
a) garagem
b) pagar
c) café da manhã
d) piso

Portuguese - Word Quiz - #54 - Hotel
Select the closest Portuguese word to match the English word.

1) swimming pool
a) piscina
b) preço
c) queixa
d) mensagem

2) booking
a) queixa
b) check-out
c) garagem
d) reserva

3) balcony
a) sacada
b) serviço de quarto
c) pagar
d) internet

4) internet
a) sala de jantar
b) arrumadeira
c) check-out
d) internet

5) recreation
a) térreo
b) escadas
c) gelo
d) recreação

6) stairs
a) escadas
b) pagar
c) recepcionista
d) conta

7) entrance
a) gelo
b) entrada
c) sala de jantar
d) elevador

8) doorman
a) café da manhã
b) porteiro
c) recepção
d) gelo

9) receptionist
a) recepcionista
b) conta
c) suíte
d) táxi

10) manager
a) entrada
b) mensagem
c) gerente
d) arrumadeira

11) suite
a) pagar
b) recepção
c) suíte
d) queixa

12) check-out
a) suíte
b) serviço de quarto
c) check-out
d) carregador de malas

13) air conditioning
a) conta
b) mensagem
c) ar condicionado
d) piscina

14) maid
a) sala de jantar
b) quarto
c) salão de espera
d) arrumadeira

15) view
a) vista
b) recreação
c) hotel
d) sacada

16) price
a) entrada
b) escadas
c) mensagem
d) preço

17) ground floor
a) recreação
b) garagem
c) hotel
d) térreo

18) room service
a) térreo
b) carregador de malas
c) escadas
d) serviço de quarto

19) to pay
a) elevador
b) carregador de malas
c) sala de jantar
d) pagar

20) complaint
a) sacada
b) queixa
c) carregador de malas
d) recreação

21) breakfast
a) táxi
b) quarto
c) carregador de malas
d) café da manhã

22) message
a) quarto
b) salão de espera
c) mensagem
d) escadas

23) garage
a) garagem
b) café da manhã
c) térreo
d) salão de espera

24) lift
a) táxi
b) sala de jantar
c) elevador
d) preço

Portuguese - Word Quiz - #55 - Parts of the Body
Select the closest English word to match the Portuguese word.

1) sobrancelha
a) kidney
b) throat
c) vein
d) eyebrow

2) panturrilha
a) elbow
b) fist
c) calf
d) feet

3) olho
a) eye
b) heart
c) knuckle
d) waist

4) dente
a) tooth
b) tendon
c) neck
d) fingernail

5) língua
a) belly
b) appendix
c) tongue
d) lip

6) nervo
a) tendon
b) elbow
c) lip
d) nerve

7) rim
a) leg
b) nerve
c) lung
d) kidney

8) orelha
a) beard
b) gland
c) ear
d) thigh

9) junta
a) eyelash
b) blood
c) joint
d) head

10) bexiga
a) heart
b) eyelid
c) bladder
d) neck

11) tórax
a) tooth
b) thorax
c) knuckle
d) cheek

12) espinha dorsal
a) skin
b) backbone
c) eyebrow
d) fingernail

13) perna
a) lip
b) body
c) iris
d) leg

14) pulso
a) parts of the body
b) fist
c) knuckle
d) waist

15) cerebro
a) tongue
b) nose
c) liver
d) brain

16) lábio
a) leg
b) wrist
c) teeth
d) lip

17) dentes
a) lip
b) beard
c) teeth
d) backbone

18) bigode
a) fist
b) tongue
c) moustache
d) lung

19) tornozelo
a) stomach
b) thorax
c) ankle
d) shoulder

20) cotovêlo
a) cheek
b) tooth
c) elbow
d) joint

21) costela
a) head
b) elbow
c) bladder
d) rib

22) pálpebra
a) eyelid
b) teeth
c) nerve
d) blood

23) mão
a) knuckle
b) hand
c) bladder
d) finger

24) pescoço
a) neck
b) appendix
c) teeth
d) beard

Portuguese - Word Quiz - #56 - Parts of the Body
Select the closest English word to match the Portuguese word.

1) mandíbula
a) jaw
b) gland
c) kidney
d) parts of the body

2) cabeça
a) jaw
b) rib
c) head
d) liver

3) dente
a) cheek
b) tooth
c) mouth
d) throat

4) cabelo
a) fist
b) leg
c) neck
d) hair

5) bigode
a) fingernail
b) moustache
c) teeth
d) lip

6) nó dos dedos
a) knuckle
b) parts of the body
c) lung
d) tendon

7) músculo
a) artery
b) blood
c) muscle
d) wrist

8) orelha
a) knee
b) ear
c) nose
d) nerve

9) panturrilha
a) tonsils
b) calf
c) hair
d) lung

10) sardas
a) eye
b) freckles
c) backbone
d) vein

11) veia
a) back
b) vein
c) beard
d) iris

12) bochecha
a) face
b) waist
c) cheek
d) ear

13) perna
a) heart
b) gland
c) forehead
d) leg

14) pulmão
a) lung
b) appendix
c) toe
d) backbone

15) pé
a) foot
b) toe
c) hip
d) artery

16) junta
a) liver
b) nerve
c) thigh
d) joint

17) tórax
a) wrist
b) lung
c) thorax
d) backbone

18) tendão
a) shoulder
b) tendon
c) muscle
d) liver

19) pescoço
a) calf
b) brain
c) neck
d) beard

20) boca
a) leg
b) back
c) mouth
d) lung

21) artéria
a) arm
b) artery
c) blood
d) eye

22) ombro
a) gland
b) knee
c) bladder
d) shoulder

23) garganta
a) throat
b) joint
c) ankle
d) neck

24) unha
a) fingernail
b) muscle
c) elbow
d) ear

Portuguese - Word Quiz - #57 - Parts of the Body
Select the closest English word to match the Portuguese word.

1) íris
a) toe
b) stomach
c) iris
d) thumb

2) tornozelo
a) beard
b) ankle
c) bladder
d) lip

3) cilho
a) ankle
b) forehead
c) mouth
d) eyelash

4) ombro
a) shoulder
b) wrist
c) neck
d) belly

5) joelho
a) knee
b) freckles
c) artery
d) waist

6) bigode
a) feet
b) bladder
c) elbow
d) moustache

7) glândula
a) eyelash
b) gland
c) tonsils
d) skin

8) olho
a) shoulder
b) elbow
c) backbone
d) eye

9) cerebro
a) arm
b) appendix
c) breast
d) brain

10) bochecha
a) jaw
b) cheek
c) eyelash
d) fingernail

11) pele
a) eyelid
b) skin
c) muscle
d) tendon

12) pulso
a) mouth
b) hip
c) lip
d) fist

13) pé
a) stomach
b) foot
c) hair
d) thigh

14) sobrancelha
a) cheek
b) vein
c) eyebrow
d) iris

15) costela
a) rib
b) arm
c) artery
d) face

16) cintura
a) gland
b) waist
c) bladder
d) iris

17) cabelo
a) joint
b) breast
c) hair
d) calf

18) costas
a) belly
b) back
c) freckles
d) tooth

19) dedo
a) joint
b) finger
c) feet
d) heart

20) pescoço
a) neck
b) nerve
c) bone
d) joint

21) sardas
a) thumb
b) parts of the body
c) freckles
d) mouth

22) unha
a) fingernail
b) hair
c) joint
d) bone

23) boca
a) leg
b) heart
c) mouth
d) blood

24) sangue
a) knee
b) blood
c) tonsils
d) skin

Portuguese - Word Quiz - #58 - Parts of the Body
Select the closest Portuguese word to match the English word.

1) feet
a) dentes
b) coração
c) barriga
d) pés

2) neck
a) sobrancelha
b) cintura
c) pescoço
d) veia

3) wrist
a) bexiga
b) punho
c) testa
d) quadril

4) elbow
a) cotovêlo
b) sangue
c) queixo
d) íris

5) eye
a) olho
b) pulmão
c) partes do corpo
d) cara

6) lip
a) lábio
b) pulmão
c) cerebro
d) língua

7) throat
a) pescoço
b) garganta
c) barba
d) junta

8) belly
a) osso
b) barriga
c) bigode
d) dente

9) bladder
a) testa
b) bexiga
c) nó dos dedos
d) íris

10) appendix
a) estômago
b) panturrilha
c) apêndice
d) olho

11) fist
a) nervo
b) testa
c) glândula
d) pulso

12) kidney
a) joelho
b) rim
c) fígado
d) boca

13) brain
a) barba
b) cerebro
c) garganta
d) quadril

14) artery
a) bexiga
b) dedo
c) artéria
d) nó dos dedos

15) forehead
a) veia
b) artéria
c) testa
d) nervo

16) cheek
a) braço
b) pés
c) tórax
d) bochecha

17) gland
a) dente
b) sardas
c) costela
d) glândula

18) hip
a) língua
b) costela
c) quadril
d) dedo

19) freckles
a) sardas
b) dedo do pé
c) rim
d) joelho

20) beard
a) barba
b) sobrancelha
c) costas
d) quadril

21) tonsils
a) dedo
b) olho
c) amígdalas
d) costela

22) backbone
a) braço
b) espinha dorsal
c) nervo
d) fígado

23) thigh
a) cerebro
b) quadril
c) punho
d) côxa

24) ear
a) orelha
b) mandíbula
c) boca
d) pés

Portuguese - Word Quiz - #59 - Parts of the Body
Select the closest Portuguese word to match the English word.

1) forehead
a) testa
b) queixo
c) sangue
d) tendão

2) feet
a) pés
b) bochecha
c) punho
d) dente

3) body
a) barriga
b) coração
c) corpo
d) panturrilha

4) calf
a) pálpebra
b) tornozelo
c) panturrilha
d) bexiga

5) muscle
a) pálpebra
b) bexiga
c) barba
d) músculo

6) nerve
a) tornozelo
b) dedo do pé
c) pulmão
d) nervo

7) shoulder
a) panturrilha
b) tórax
c) ombro
d) fígado

8) bladder
a) bexiga
b) dentes
c) sangue
d) costela

9) hand
a) tendão
b) mão
c) bexiga
d) artéria

10) hair
a) pulmão
b) orelha
c) cabelo
d) pálpebra

11) moustache
a) nariz
b) bigode
c) dente
d) estômago

12) waist
a) barba
b) garganta
c) côxa
d) cintura

13) kidney
a) artéria
b) bochecha
c) pé
d) rim

14) skin
a) cintura
b) pele
c) íris
d) corpo

15) tongue
a) veia
b) glândula
c) tendão
d) língua

16) ear
a) orelha
b) corpo
c) punho
d) artéria

17) lung
a) bexiga
b) pulmão
c) dedo do pé
d) músculo

18) leg
a) nervo
b) amígdalas
c) apêndice
d) perna

19) brain
a) bigode
b) cerebro
c) testa
d) dedo polegar

20) heart
a) dente
b) coração
c) barriga
d) garganta

21) ankle
a) tornozelo
b) estômago
c) cerebro
d) bigode

22) jaw
a) cara
b) costas
c) músculo
d) mandíbula

23) arm
a) côxa
b) cabeça
c) queixo
d) braço

24) neck
a) pescoço
b) garganta
c) perna
d) orelha

Portuguese - Word Quiz - #60 - Parts of the Body
Select the closest Portuguese word to match the English word.

1) bladder
a) mandíbula
b) bexiga
c) dedo do pé
d) garganta

2) lip
a) lábio
b) dedo do pé
c) mandíbula
d) pés

3) tongue
a) língua
b) nariz
c) cabelo
d) nó dos dedos

4) arm
a) coração
b) músculo
c) braço
d) dente

5) parts of the body
a) partes do corpo
b) olho
c) artéria
d) pescoço

6) throat
a) cintura
b) dedo polegar
c) músculo
d) garganta

7) chin
a) cotovêlo
b) dedo polegar
c) queixo
d) bexiga

8) artery
a) costela
b) cilho
c) pescoço
d) artéria

9) lung
a) bexiga
b) pulmão
c) rim
d) glândula

10) iris
a) cerebro
b) cintura
c) mão
d) íris

11) waist
a) cintura
b) cabelo
c) cerebro
d) ombro

12) rib
a) costela
b) bigode
c) nariz
d) tornozelo

13) blood
a) sangue
b) garganta
c) fígado
d) cintura

14) belly
a) dentes
b) barriga
c) tendão
d) quadril

15) breast
a) amígdalas
b) veia
c) testa
d) seio

16) joint
a) junta
b) barba
c) veia
d) nervo

17) calf
a) bexiga
b) tornozelo
c) pulso
d) panturrilha

18) muscle
a) mandíbula
b) dentes
c) pulmão
d) músculo

19) freckles
a) sardas
b) mandíbula
c) pescoço
d) amígdalas

20) beard
a) amígdalas
b) corpo
c) artéria
d) barba

21) eye
a) queixo
b) cerebro
c) pé
d) olho

22) gland
a) lábio
b) íris
c) glândula
d) língua

23) toe
a) amígdalas
b) dedo do pé
c) artéria
d) pulso

24) eyelash
a) mão
b) panturrilha
c) cilho
d) corpo

Portuguese - Word Quiz - #61 - Restaurant
Select the closest English word to match the Portuguese word.

1) almoço
a) to order
b) lunch
c) expensive
d) soup spoon

2) cardápio
a) meal
b) soup bowl
c) menu
d) to eat

3) prato de sopa
a) to order
b) lunch
c) dinner
d) soup bowl

4) aperitivo
a) main course
b) dinner
c) dessert
d) to order

5) sobremesa
a) waiter
b) to order
c) dessert
d) meal

6) bebida
a) beverage
b) soup spoon
c) hungry
d) menu

7) pedir
a) wine list
b) dinner
c) lunch
d) to order

8) carta de vinhos
a) wine list
b) to eat
c) hungry
d) salad fork

9) toalha de mesa
a) beverage
b) expensive
c) tablecloth
d) dessert

10) prato de salada
a) salad bowl
b) menu
c) beverage
d) to eat

11) com sede
a) salad bowl
b) restaurant
c) thirsty
d) soup bowl

12) barato
a) hungry
b) lunch
c) cheap
d) tablecloth

13) garfo de salada
a) to eat
b) salad fork
c) menu
d) tablecloth

14) garçonete
a) waitress
b) dinner
c) thirsty
d) cheap

15) refeição
a) to drink
b) meal
c) expensive
d) soup spoon

16) jantar
a) waiter
b) tablecloth
c) dinner
d) hungry

17) garçom
a) to drink
b) menu
c) dinner
d) waiter

18) caro
a) thirsty
b) dinner
c) to drink
d) expensive

19) beber
a) to drink
b) dessert
c) soup spoon
d) expensive

20) restaurante
a) waiter
b) to eat
c) restaurant
d) lunch

21) faminto
a) lunch
b) hungry
c) menu
d) to order

22) colher de sopa
a) soup spoon
b) wine list
c) dessert
d) salad bowl

23) comer
a) salad fork
b) to eat
c) dessert
d) to order

24) pedir
a) lunch
b) soup spoon
c) to order
d) to drink

Portuguese - Word Quiz - #62 - Restaurant
Select the closest English word to match the Portuguese word.

1) toalha de mesa
a) lunch
b) tablecloth
c) soup spoon
d) soup bowl

2) jantar
a) menu
b) to eat
c) soup spoon
d) dinner

3) barato
a) to drink
b) cheap
c) expensive
d) thirsty

4) aperitivo
a) soup bowl
b) tablecloth
c) to drink
d) main course

5) almoço
a) restaurant
b) main course
c) menu
d) lunch

6) pedir
a) dessert
b) dinner
c) to order
d) expensive

7) colher de sopa
a) to eat
b) tablecloth
c) soup spoon
d) waiter

8) cardápio
a) restaurant
b) soup spoon
c) to order
d) menu

9) garçom
a) soup spoon
b) waiter
c) restaurant
d) to eat

10) faminto
a) waitress
b) lunch
c) hungry
d) thirsty

11) garfo de salada
a) waitress
b) expensive
c) salad fork
d) menu

12) refeição
a) meal
b) wine list
c) to order
d) beverage

13) com sede
a) beverage
b) restaurant
c) dessert
d) thirsty

14) carta de vinhos
a) cheap
b) restaurant
c) expensive
d) wine list

15) comer
a) to eat
b) menu
c) salad bowl
d) waiter

16) beber
a) hungry
b) to drink
c) menu
d) to order

17) caro
a) waiter
b) expensive
c) salad fork
d) waitress

18) prato de salada
a) salad bowl
b) meal
c) soup spoon
d) dinner

19) prato de sopa
a) tablecloth
b) to eat
c) wine list
d) soup bowl

20) garçonete
a) to eat
b) salad fork
c) waitress
d) tablecloth

21) sobremesa
a) beverage
b) expensive
c) dessert
d) salad bowl

22) restaurante
a) restaurant
b) cheap
c) hungry
d) to order

23) bebida
a) waiter
b) lunch
c) to order
d) beverage

24) jantar
a) dinner
b) cheap
c) menu
d) waiter

Portuguese - Word Quiz - #63 - Restaurant
Select the closest English word to match the Portuguese word.

1) barato
 a) salad fork
 b) main course
 c) cheap
 d) lunch

2) cardápio
 a) menu
 b) thirsty
 c) to eat
 d) wine list

3) garçonete
 a) wine list
 b) soup bowl
 c) waitress
 d) waiter

4) toalha de mesa
 a) to order
 b) lunch
 c) tablecloth
 d) expensive

5) sobremesa
 a) thirsty
 b) wine list
 c) dessert
 d) meal

6) aperitivo
 a) meal
 b) beverage
 c) main course
 d) restaurant

7) pedir
 a) soup spoon
 b) tablecloth
 c) hungry
 d) to order

8) com sede
 a) menu
 b) dinner
 c) waitress
 d) thirsty

9) comer
 a) salad fork
 b) menu
 c) dessert
 d) to eat

10) carta de vinhos
 a) wine list
 b) waitress
 c) restaurant
 d) hungry

11) jantar
 a) dinner
 b) soup spoon
 c) to eat
 d) to order

12) bebida
 a) lunch
 b) dinner
 c) to drink
 d) beverage

13) restaurante
 a) salad fork
 b) menu
 c) thirsty
 d) restaurant

14) garfo de salada
 a) dinner
 b) salad fork
 c) dessert
 d) expensive

15) garçom
 a) waiter
 b) to drink
 c) wine list
 d) waitress

16) faminto
 a) soup bowl
 b) hungry
 c) main course
 d) menu

17) beber
 a) main course
 b) to drink
 c) dinner
 d) waiter

18) prato de salada
 a) soup spoon
 b) soup bowl
 c) salad bowl
 d) wine list

19) colher de sopa
 a) menu
 b) salad bowl
 c) waitress
 d) soup spoon

20) refeição
 a) dinner
 b) meal
 c) to eat
 d) hungry

21) caro
 a) waiter
 b) menu
 c) salad bowl
 d) expensive

22) prato de sopa
 a) to order
 b) meal
 c) hungry
 d) soup bowl

23) almoço
 a) to eat
 b) lunch
 c) beverage
 d) dessert

24) com sede
 a) to order
 b) soup spoon
 c) main course
 d) thirsty

Portuguese - Word Quiz - #64 - Restaurant
Select the closest Portuguese word to match the English word.

1) soup bowl
a) beber
b) bebida
c) pedir
d) prato de sopa

2) expensive
a) carta de vinhos
b) barato
c) beber
d) caro

3) waitress
a) faminto
b) garçonete
c) jantar
d) beber

4) to drink
a) beber
b) barato
c) faminto
d) garçonete

5) lunch
a) garfo de salada
b) caro
c) carta de vinhos
d) almoço

6) to eat
a) cardápio
b) faminto
c) com sede
d) comer

7) cheap
a) caro
b) barato
c) prato de sopa
d) jantar

8) main course
a) prato de salada
b) faminto
c) pedir
d) aperitivo

9) beverage
a) toalha de mesa
b) prato de sopa
c) garçonete
d) bebida

10) waiter
a) faminto
b) garçonete
c) garfo de salada
d) garçom

11) soup spoon
a) sobremesa
b) cardápio
c) pedir
d) colher de sopa

12) meal
a) barato
b) jantar
c) refeição
d) colher de sopa

13) dinner
a) cardápio
b) garçom
c) jantar
d) restaurante

14) salad bowl
a) cardápio
b) carta de vinhos
c) prato de salada
d) sobremesa

15) menu
a) restaurante
b) com sede
c) cardápio
d) beber

16) salad fork
a) almoço
b) beber
c) refeição
d) garfo de salada

17) to order
a) pedir
b) almoço
c) caro
d) garçonete

18) hungry
a) com sede
b) almoço
c) colher de sopa
d) faminto

19) thirsty
a) carta de vinhos
b) com sede
c) jantar
d) garçonete

20) tablecloth
a) caro
b) com sede
c) refeição
d) toalha de mesa

21) dessert
a) sobremesa
b) garfo de salada
c) caro
d) prato de salada

22) wine list
a) carta de vinhos
b) barato
c) aperitivo
d) beber

23) restaurant
a) sobremesa
b) garfo de salada
c) cardápio
d) restaurante

24) beverage
a) refeição
b) colher de sopa
c) bebida
d) jantar

Portuguese - Word Quiz - #65 - Restaurant
Select the closest Portuguese word to match the English word.

1) waitress
a) garfo de salada
b) beber
c) jantar
d) garçonete

2) dessert
a) colher de sopa
b) beber
c) sobremesa
d) aperitivo

3) main course
a) almoço
b) aperitivo
c) prato de salada
d) com sede

4) expensive
a) pedir
b) caro
c) refeição
d) garfo de salada

5) to eat
a) pedir
b) carta de vinhos
c) aperitivo
d) comer

6) hungry
a) faminto
b) sobremesa
c) beber
d) almoço

7) meal
a) barato
b) garçom
c) refeição
d) carta de vinhos

8) cheap
a) barato
b) garfo de salada
c) aperitivo
d) beber

9) waiter
a) restaurante
b) garçom
c) almoço
d) comer

10) soup spoon
a) beber
b) colher de sopa
c) comer
d) garçonete

11) beverage
a) faminto
b) prato de salada
c) pedir
d) bebida

12) thirsty
a) refeição
b) jantar
c) com sede
d) faminto

13) dinner
a) garfo de salada
b) jantar
c) colher de sopa
d) prato de salada

14) to drink
a) prato de sopa
b) beber
c) cardápio
d) bebida

15) tablecloth
a) jantar
b) colher de sopa
c) bebida
d) toalha de mesa

16) soup bowl
a) prato de sopa
b) colher de sopa
c) pedir
d) cardápio

17) to order
a) pedir
b) refeição
c) beber
d) carta de vinhos

18) restaurant
a) aperitivo
b) jantar
c) caro
d) restaurante

19) salad fork
a) prato de salada
b) jantar
c) garçonete
d) garfo de salada

20) lunch
a) caro
b) carta de vinhos
c) refeição
d) almoço

21) menu
a) aperitivo
b) cardápio
c) almoço
d) caro

22) wine list
a) carta de vinhos
b) garçom
c) beber
d) cardápio

23) salad bowl
a) prato de salada
b) almoço
c) com sede
d) restaurante

24) restaurant
a) garfo de salada
b) garçonete
c) com sede
d) restaurante

Portuguese - Word Quiz - #66 - Restaurant
Select the closest Portuguese word to match the English word.

1) lunch
a) garçonete
b) almoço
c) beber
d) restaurante

2) wine list
a) bebida
b) jantar
c) beber
d) carta de vinhos

3) to drink
a) beber
b) faminto
c) colher de sopa
d) almoço

4) tablecloth
a) toalha de mesa
b) beber
c) almoço
d) refeição

5) expensive
a) aperitivo
b) prato de salada
c) carta de vinhos
d) caro

6) dessert
a) sobremesa
b) pedir
c) refeição
d) aperitivo

7) waiter
a) prato de salada
b) colher de sopa
c) garçom
d) faminto

8) dinner
a) toalha de mesa
b) com sede
c) restaurante
d) jantar

9) thirsty
a) com sede
b) almoço
c) toalha de mesa
d) bebida

10) meal
a) com sede
b) refeição
c) prato de sopa
d) pedir

11) main course
a) jantar
b) garçonete
c) aperitivo
d) pedir

12) menu
a) comer
b) garçonete
c) cardápio
d) toalha de mesa

13) to order
a) toalha de mesa
b) pedir
c) comer
d) barato

14) to eat
a) caro
b) prato de sopa
c) carta de vinhos
d) comer

15) waitress
a) garçom
b) bebida
c) garçonete
d) garfo de salada

16) soup bowl
a) prato de salada
b) prato de sopa
c) refeição
d) colher de sopa

17) salad bowl
a) colher de sopa
b) prato de salada
c) com sede
d) toalha de mesa

18) restaurant
a) restaurante
b) faminto
c) prato de salada
d) colher de sopa

19) cheap
a) refeição
b) toalha de mesa
c) barato
d) pedir

20) hungry
a) carta de vinhos
b) prato de sopa
c) bebida
d) faminto

21) salad fork
a) garfo de salada
b) cardápio
c) jantar
d) pedir

22) beverage
a) barato
b) bebida
c) garfo de salada
d) aperitivo

23) soup spoon
a) faminto
b) colher de sopa
c) prato de salada
d) caro

24) restaurant
a) garçonete
b) aperitivo
c) restaurante
d) colher de sopa

Portuguese - Word Quiz - #67 - Vegetables
Select the closest English word to match the Portuguese word.

1) erva doce
a) fennel
b) potato
c) vegetable
d) beans

2) aipo
a) gherkins
b) onion
c) broccoli
d) celery

3) cebola
a) pumpkin
b) onion
c) radish
d) asparagus

4) batata
a) cucumber
b) potato
c) beet
d) cabbage

5) espinafre
a) cauliflower
b) asparagus
c) beet
d) spinach

6) tomate
a) vegetable
b) parsley
c) tomato
d) pepper

7) milho
a) corn
b) spinach
c) cucumber
d) cabbage

8) brócolis
a) broccoli
b) potato
c) radish
d) lettuce

9) legume
a) carrot
b) vegetable
c) pumpkin
d) garlic

10) pimenta
a) fennel
b) vegetable
c) pepper
d) corn

11) abóbora
a) carrot
b) peas
c) pumpkin
d) aubergine

12) alface
a) lettuce
b) cabbage
c) broccoli
d) asparagus

13) espargos
a) gherkins
b) broccoli
c) asparagus
d) cucumber

14) salsa
a) asparagus
b) cucumber
c) parsley
d) pepper

15) picles
a) beans
b) pumpkin
c) aubergine
d) gherkins

16) pepino
a) artichoke
b) beet
c) cucumber
d) spinach

17) alho
a) garlic
b) vegetable
c) onion
d) carrot

18) cogumelo
a) tomato
b) fennel
c) mushroom
d) peas

19) berinjela
a) carrot
b) aubergine
c) garlic
d) pumpkin

20) rabanete
a) broccoli
b) radish
c) pumpkin
d) parsley

21) repolho
a) potato
b) cabbage
c) gherkins
d) corn

22) ervilhas
a) artichoke
b) carrot
c) onion
d) peas

23) cenoura
a) cabbage
b) lettuce
c) carrot
d) beet

24) alcachofra
a) artichoke
b) potato
c) garlic
d) asparagus

Portuguese - Word Quiz - #68 - Vegetables
Select the closest English word to match the Portuguese word.

1) alho
a) pumpkin
b) garlic
c) artichoke
d) beans

2) salsa
a) parsley
b) potato
c) beet
d) pumpkin

3) abóbora
a) pumpkin
b) spinach
c) radish
d) celery

4) cogumelo
a) garlic
b) asparagus
c) artichoke
d) mushroom

5) repolho
a) artichoke
b) radish
c) cabbage
d) lettuce

6) milho
a) pepper
b) cauliflower
c) corn
d) onion

7) berinjela
a) aubergine
b) artichoke
c) radish
d) asparagus

8) pepino
a) cucumber
b) beet
c) radish
d) broccoli

9) beterraba
a) beet
b) beans
c) lettuce
d) radish

10) picles
a) gherkins
b) pepper
c) asparagus
d) celery

11) batata
a) cabbage
b) beans
c) gherkins
d) potato

12) rabanete
a) tomato
b) peas
c) pumpkin
d) radish

13) tomate
a) broccoli
b) corn
c) tomato
d) celery

14) aipo
a) radish
b) celery
c) vegetable
d) cabbage

15) espargos
a) parsley
b) asparagus
c) pepper
d) onion

16) cebola
a) beet
b) garlic
c) pepper
d) onion

17) couvre-flor
a) tomato
b) cabbage
c) beet
d) cauliflower

18) cenoura
a) pumpkin
b) onion
c) tomato
d) carrot

19) alcachofra
a) mushroom
b) lettuce
c) artichoke
d) parsley

20) ervilhas
a) beans
b) peas
c) asparagus
d) pumpkin

21) pimenta
a) tomato
b) potato
c) lettuce
d) pepper

22) brócolis
a) carrot
b) celery
c) fennel
d) broccoli

23) legume
a) aubergine
b) pepper
c) artichoke
d) vegetable

24) feijão
a) potato
b) beans
c) corn
d) radish

Portuguese - Word Quiz - #69 - Vegetables
Select the closest English word to match the Portuguese word.

1) abóbora
a) cucumber
b) gherkins
c) pumpkin
d) beet

2) cenoura
a) carrot
b) lettuce
c) aubergine
d) spinach

3) cogumelo
a) radish
b) peas
c) carrot
d) mushroom

4) repolho
a) aubergine
b) cabbage
c) spinach
d) peas

5) batata
a) corn
b) potato
c) fennel
d) cauliflower

6) salsa
a) cucumber
b) parsley
c) spinach
d) beet

7) ervilhas
a) mushroom
b) asparagus
c) parsley
d) peas

8) tomate
a) tomato
b) celery
c) carrot
d) lettuce

9) espinafre
a) carrot
b) parsley
c) gherkins
d) spinach

10) alface
a) lettuce
b) garlic
c) pepper
d) spinach

11) pepino
a) cucumber
b) pepper
c) gherkins
d) beans

12) legume
a) celery
b) cucumber
c) artichoke
d) vegetable

13) berinjela
a) pumpkin
b) aubergine
c) broccoli
d) garlic

14) feijão
a) peas
b) beans
c) artichoke
d) aubergine

15) erva doce
a) fennel
b) corn
c) radish
d) cauliflower

16) espargos
a) broccoli
b) vegetable
c) cabbage
d) asparagus

17) cebola
a) onion
b) parsley
c) vegetable
d) radish

18) milho
a) carrot
b) cabbage
c) vegetable
d) corn

19) picles
a) fennel
b) beans
c) gherkins
d) onion

20) brócolis
a) artichoke
b) gherkins
c) broccoli
d) pumpkin

21) pimenta
a) pepper
b) cabbage
c) peas
d) lettuce

22) aipo
a) gherkins
b) onion
c) pumpkin
d) celery

23) beterraba
a) potato
b) beet
c) cauliflower
d) garlic

24) alho
a) peas
b) pumpkin
c) garlic
d) gherkins

Portuguese - Word Quiz - #70 - Vegetables
Select the closest Portuguese word to match the English word.

1) mushroom
a) alcachofra
b) cogumelo
c) espargos
d) pimenta

2) cauliflower
a) couvre-flor
b) milho
c) salsa
d) cebola

3) pumpkin
a) cenoura
b) cogumelo
c) alcachofra
d) abóbora

4) aubergine
a) pimenta
b) legume
c) berinjela
d) erva doce

5) cabbage
a) erva doce
b) repolho
c) alcachofra
d) rabanete

6) parsley
a) espinafre
b) beterraba
c) salsa
d) alcachofra

7) asparagus
a) aipo
b) cenoura
c) espargos
d) picles

8) broccoli
a) alface
b) alho
c) brócolis
d) salsa

9) spinach
a) couvre-flor
b) berinjela
c) batata
d) espinafre

10) lettuce
a) alcachofra
b) alface
c) legume
d) pepino

11) gherkins
a) aipo
b) picles
c) cogumelo
d) alcachofra

12) corn
a) milho
b) pimenta
c) beterraba
d) espinafre

13) celery
a) aipo
b) berinjela
c) espinafre
d) milho

14) garlic
a) alho
b) cogumelo
c) alface
d) batata

15) artichoke
a) alcachofra
b) cenoura
c) abóbora
d) berinjela

16) tomato
a) tomate
b) beterraba
c) espargos
d) ervilhas

17) radish
a) aipo
b) rabanete
c) brócolis
d) couvre-flor

18) cucumber
a) legume
b) pepino
c) repolho
d) couvre-flor

19) potato
a) batata
b) aipo
c) pepino
d) rabanete

20) carrot
a) legume
b) alho
c) salsa
d) cenoura

21) peas
a) espinafre
b) ervilhas
c) abóbora
d) erva doce

22) beans
a) salsa
b) rabanete
c) pepino
d) feijão

23) onion
a) ervilhas
b) legume
c) cebola
d) espinafre

24) vegetable
a) picles
b) espinafre
c) pepino
d) legume

Portuguese - Word Quiz - #71 - Vegetables
Select the closest Portuguese word to match the English word.

1) vegetable
a) cogumelo
b) erva doce
c) legume
d) alcachofra

2) broccoli
a) brócolis
b) espinafre
c) repolho
d) pepino

3) beet
a) cenoura
b) cebola
c) beterraba
d) aipo

4) potato
a) brócolis
b) cogumelo
c) pimenta
d) batata

5) radish
a) bctcrraba
b) alface
c) rabanete
d) repolho

6) pumpkin
a) picles
b) pimenta
c) abóbora
d) cogumelo

7) cucumber
a) abóbora
b) beterraba
c) pepino
d) salsa

8) cauliflower
a) couvre-flor
b) espinafre
c) cebola
d) cenoura

9) peas
a) legume
b) pimenta
c) espargos
d) ervilhas

10) celery
a) beterraba
b) aipo
c) picles
d) alcachofra

11) spinach
a) erva doce
b) espinafre
c) abóbora
d) ervilhas

12) carrot
a) cenoura
b) tomate
c) picles
d) brócolis

13) tomato
a) cebola
b) rabanete
c) espinafre
d) tomate

14) corn
a) rabanete
b) milho
c) batata
d) pimenta

15) lettuce
a) ervilhas
b) alface
c) aipo
d) erva doce

16) mushroom
a) espinafre
b) cogumelo
c) rabanete
d) couvre-flor

17) onion
a) cebola
b) abóbora
c) espargos
d) ervilhas

18) gherkins
a) milho
b) picles
c) aipo
d) espargos

19) asparagus
a) espargos
b) pepino
c) tomate
d) abóbora

20) pepper
a) erva doce
b) cenoura
c) salsa
d) pimenta

21) artichoke
a) abóbora
b) erva doce
c) pepino
d) alcachofra

22) parsley
a) salsa
b) ervilhas
c) pepino
d) milho

23) garlic
a) pepino
b) pimenta
c) alho
d) abóbora

24) cabbage
a) repolho
b) berinjela
c) espargos
d) aipo

Portuguese - Word Quiz - #72 - Vegetables
Select the closest Portuguese word to match the English word.

1) cabbage
a) aipo
b) pepino
c) pimenta
d) repolho

2) cucumber
a) picles
b) alface
c) pepino
d) alho

3) broccoli
a) abóbora
b) alface
c) brócolis
d) cenoura

4) pepper
a) pimenta
b) abóbora
c) salsa
d) cogumelo

5) beet
a) couvre-flor
b) pepino
c) beterraba
d) legume

6) vegetable
a) feijão
b) legume
c) cebola
d) couvre-flor

7) spinach
a) alho
b) milho
c) legume
d) espinafre

8) beans
a) feijão
b) ervilhas
c) batata
d) espinafre

9) pumpkin
a) feijão
b) aipo
c) repolho
d) abóbora

10) garlic
a) berinjela
b) picles
c) erva doce
d) alho

11) radish
a) cebola
b) rabanete
c) beterraba
d) erva doce

12) corn
a) batata
b) milho
c) picles
d) abóbora

13) artichoke
a) batata
b) alho
c) alcachofra
d) brócolis

14) peas
a) berinjela
b) rabanete
c) ervilhas
d) brócolis

15) lettuce
a) legume
b) alface
c) rabanete
d) picles

16) mushroom
a) espinafre
b) brócolis
c) cogumelo
d) alho

17) tomato
a) tomate
b) cenoura
c) picles
d) repolho

18) potato
a) milho
b) cebola
c) batata
d) espinafre

19) fennel
a) abóbora
b) erva doce
c) pepino
d) legume

20) asparagus
a) batata
b) abóbora
c) tomate
d) espargos

21) onion
a) cebola
b) cogumelo
c) alcachofra
d) aipo

22) gherkins
a) espinafre
b) brócolis
c) cogumelo
d) picles

23) parsley
a) picles
b) rabanete
c) salsa
d) legume

24) carrot
a) repolho
b) cenoura
c) berinjela
d) espinafre

Quiz Solutions

#1 - 1) c - seat 2) d - emergency 3) d - cabin 4) d - weight 5) d - check-in 6) b - passenger 7) a - to land 8) d - land 9) b - wing 10) d - to declare 11) b - gate 12) d - to check bags 13) a - life preserver 14) d - runway 15) a - travel agency 16) a - gangway 17) d - late 18) d - ticket 19) b - pilot 20) d - altitude 21) d - helicopter 22) a - domestic 23) b - non-smoking 24) c - departure

#2 - 1) c - turbulence 2) d - wing 3) c - crew 4) d - passport 5) b - non-smoking 6) c - ticket agent 7) a - airplane 8) b - round trip ticket 9) c - travel agency 10) a - headphones 11) d - seat 12) c - first class 13) d - to board 14) c - to land 15) b - to take off 16) a - emergency 17) c - late 18) a - duty-free 19) c - pilot 20) c - domestic 21) d - exit 22) c - to check bags 23) d - airport 24) b - to fly

#3 - 1) a - destination 2) a - exit 3) b - ticket 4) a - officer 5) d - security 6) b - cabin 7) a - seat 8) c - economy class 9) c - luggage 10) b - hangar 11) c - information 12) d - flight 13) a - suitcase 14) c - air hostess 15) d - copilot 16) c - window 17) b - departure 18) b - boarding pass 19) b - oxygen 20) a - domestic 21) c - round trip ticket 22) d - helicopter 23) c - duty-free 24) a - headphones

#4 - 1) a - pilôto 2) b - corredor 3) d - sentar-se 4) c - voar 5) a - cancelar 6) b - agência de viagem 7) b - tarde 8) a - vôo 9) a - mala 10) c - sem parada 11) a - aeroporto 12) b - helicóptero 13) b - isento de impostos 14) c - proibido fumar 15) d - conexão 16) c - passaporte 17) a - direto 18) b - saída 19) a - portão 20) d - voador 21) c - tripulação 22) b - oxigênio 23) a - destino 24) c - turbulência

#5 - 1) a - peso 2) d - segurança 3) c - helicóptero 4) d - aeromoça 5) a - fumantes 6) c - chegada 7) d - isento de impostos 8) d - bagagem 9) d - não-fumantes 10) b - pousar 11) d - doméstico 12) a - checar bagagens 13) a - check-in 14) a - oficial 15) a - cartão de embarque 16) a - detector de metais 17) c - cedo 18) b - saída 19) c - conexão 20) c - bilhete de ida e volta 21) a - portão 22) c - bilhete 23) a - proibido fumar 24) a - aeroporto

#6 - 1) c - chegada 2) c - passaporte 3) b - voar 4) c - avião 5) a - de primeira classe 6) d - mochila 7) b - segurança 8) c - pilôto 9) c - bandeja 10) b - cartão de embarque 11) c - assento 12) c - partida 13) c - proibido fumar 14) a - não-fumantes 15) a - tripulação 16) d - carregar 17) a - sem parada 18) a - tarde 19) a - conexão 20) d - asa 21) b - peso 22) a - passagem de ida 23) c - mala 24) b - turbulência

#7 - 1) b - wallaby 2) b - jaguar 3) c - bull 4) d - mouse 5) c - cougar 6) d - donkey 7) b - frog 8) a - leopard 9) b - tiger 10) c - pig 11) c - armadillo 12) d - elephant 13) b - snake 14) d - zebra 15) c - lion 16) c - fox 17) c - rat 18) b - cat 19) d - bobcat 20) a - buffalo 21) a - horse 22) d - panther 23) a - bear 24) a - beaver

#8 - 1) b - tiger 2) a - cheetah 3) d - pig 4) b - goat 5) b - kangaroo 6) a - porcupine 7) a - lion 8) a - cow 9) b - mouse 10) b - tortoise 11) c - cougar 12) a - wolf 13) a - wallaby 14) b - lamb 15) d - little dog 16) a - llama 17) c - alligator 18) c - camel 19) b - badger 20) a - panda 21) c - bull 22) d - baboon 23) b - snake 24) b - beaver

Quiz Solutions

#9 - 1) b - hippopotamus   2) d - mouse   3) b - wallaby   4) c - tortoise   5) a - ocelot   6) a - lamb
7) c - leopard   8) d - kangaroo   9) a - panda   10) a - bobcat   11) c - little dog   12) c - koala   13) a - rat
14) d - sheep   15) d - baboon   16) d - panther   17) d - frog   18) d - bull   19) d - cow   20) b - wolf
21) c - giraffe   22) d - donkey   23) d - dog   24) d - llama

#10 - 1) a - tigre   2) a - gorila   3) d - bicho   4) a - touro   5) a - hipopótamo   6) a - camelo   7) b - puma
8) d - búfalo   9) c - lince   10) b - lobo   11) b - crocodilo   12) b - canguru pequeno   13) d - guepardo
14) c - raposa   15) c - cobra   16) d - camundongo   17) c - porco-espinho   18) c - tartaruga   19) c - leão
20) c - onça   21) d - panda   22) a - tamanduá   23) c - cervo   24) c - girafa

#11 - 1) b - ovelha   2) b - hipopótamo   3) a - tamanduá   4) b - tatu   5) d - macoco   6) b - rinoceronte
7) d - sapo   8) d - cavalo   9) c - cervo   10) a - oricteropo   11) b - zebra   12) d - tigre   13) c - cão
14) b - hiena   15) d - cachorrinho   16) a - rato   17) d - esquilo   18) c - raposa   19) b - elefante
20) d - jacaré   21) d - castor   22) c - gazela   23) b - guepardo   24) d - pantera

#12 - 1) b - jacaré   2) a - gorila   3) d - tamanduá   4) c - tartaruga   5) b - gazela   6) c - oricteropo
7) c - guepardo   8) d - coelho   9) c - texugo   10) b - lobo   11) b - castor   12) d - hipopótamo
13) c - cobra   14) c - camelo   15) d - búfalo   16) a - tigre   17) c - puma   18) b - rinoceronte   19) b - vaca
20) c - lhama   21) b - asno   22) d - lince   23) d - cão   24) d - urso

#13 - 1) b - clock   2) d - mirror   3) a - refrigerator   4) b - soap   5) d - dish   6) c - handbag   7) d - knife
8) d - shower   9) b - ceiling   10) a - radio   11) a - kettle   12) c - shower curtain   13) a - coffee pot
14) a - cabinet   15) d - torch   16) a - furniture   17) b - tap   18) d - door   19) c - broom   20) a - cup
21) a - floor   22) c - wall   23) b - roof   24) c - washing machine

#14 - 1) a - dresser   2) c - rubbish bag   3) b - table   4) a - shower   5) d - knife   6) d - bath (tub)
7) b - sheet   8) a - chair   9) b - bookcase   10) d - napkin   11) a - tap   12) c - couch   13) b - tin
14) a - water   15) b - bed   16) c - carpet   17) c - roof   18) d - rubbish can   19) c - hoover   20) a - vase
21) d - refrigerator   22) a - torch   23) d - purse   24) c - pail

#15 - 1) c - ashtray   2) d - pail   3) b - pot   4) d - kettle   5) c - door   6) b - rubbish bag   7) a - bottle
8) a - painting   9) a - bag   10) c - water   11) c - sheet   12) b - staircase   13) d - shower curtain
14) b - switch   15) c - tin   16) c - napkin   17) a - dresser   18) d - image   19) b - kitchen   20) a - sleeping
bag   21) c - fork   22) b - bowl   23) c - frying pan   24) b - knife

#16 - 1) a - xícara   2) c - saco de dormir   3) a - vassoura   4) d - retrato   5) b - garrafa   6) d - pia da
cozinha   7) a - máquina de lavar louça   8) b - panela   9) a - máquina de lavar   10) b - imagem
11) a - prato   12) d - caldeira   13) d - lata de lixo   14) d - této   15) b - cinzeiro   16) d - chave
17) c - espelho   18) d - garfo   19) b - vaso   20) c - caixa   21) b - saco de lixo   22) c - cogelador
23) d - aspirador de pó   24) a - liquidificador

Quiz Solutions

#17 - 1) d - caixa   2) b - soalho   3) a - gaveta   4) d - cômoda   5) a - telhado   6) a - guardanapo
7) b - tapete   8) c - mesa   9) c - secador de roupa   10) d - lanterna elétrica   11) a - liquidificador
12) b - vaso   13) d - této   14) a - prateleira   15) c - faca   16) c - frigideira   17) a - sacola
18) c - almofada   19) d - televisão   20) b - chave   21) c - geladeira   22) c - parede   23) d - saco de lixo
24) a - estante de livros

#18 - 1) c - água   2) b - caixa   3) b - televisão   4) b - espelho   5) b - vassoura   6) b - lata de lixo
7) c - sofá   8) a - tapete   9) c - cadeira   10) a - móveis   11) d - banheira   12) c - colher   13) c - cômoda
14) c - copo   15) c - alarme de relógio   16) c - garfo   17) d - retrato   18) d - sabão   19) c - garrafa
20) c - porta   21) d - porta-moedas   22) d - máquina de lavar   23) b - xícara   24) c - cafeteira

#19 - 1) b - hen   2) c - parrot   3) d - ostrich   4) a - duck   5) b - hawk   6) a - owl   7) c - dove
8) d - pigeon   9) d - heron   10) c - goose   11) a - flamingo   12) b - swan   13) a - crow   14) c - rooster
15) c - pheasant   16) d - nightingale   17) d - pelican   18) c - vulture   19) c - eagle   20) b - sparrow
21) d - seagull   22) d - bird   23) d - stork   24) d - turkey

#20 - 1) a - eagle   2) b - dove   3) c - parrot   4) b - swan   5) a - turkey   6) c - stork   7) d - bird
8) d - crow   9) c - duck   10) a - pelican   11) d - seagull   12) c - goose   13) d - flamingo   14) c - ostrich
15) d - sparrow   16) a - pheasant   17) a - owl   18) a - heron   19) b - nightingale   20) b - pigeon
21) a - hawk   22) b - hen   23) d - rooster   24) a - vulture

#21 - 1) d - goose   2) a - eagle   3) b - seagull   4) c - hawk   5) c - heron   6) a - swan   7) a - bird
8) d - vulture   9) d - rooster   10) a - flamingo   11) c - pheasant   12) d - nightingale   13) b - owl
14) a - crow   15) c - turkey   16) c - dove   17) b - stork   18) a - pigeon   19) d - duck   20) c - pelican
21) c - ostrich   22) d - sparrow   23) a - hen   24) c - parrot

#22 - 1) c - gaivota   2) d - águia   3) c - corvo   4) a - abutre   5) b - flamingo   6) d - avestruz   7) c - peru
8) c - pelicano   9) a - pomba   10) d - rouxinol   11) d - pássaro   12) c - pombo   13) d - galinha
14) c - galo   15) b - pardal   16) a - pato   17) d - cisne   18) b - cegonha   19) d - faisão   20) b - papagaio
21) d - ganso   22) d - garça   23) c - coruja   24) c - falcão

#23 - 1) d - pomba   2) d - peru   3) b - coruja   4) d - gaivota   5) c - pombo   6) d - galinha   7) c - galo
8) c - avestruz   9) a - corvo   10) a - faisão   11) a - rouxinol   12) c - cegonha   13) c - ganso
14) d - pardal   15) d - águia   16) d - cisne   17) c - flamingo   18) d - garça   19) b - falcão   20) a - pássaro
21) b - pato   22) d - abutre   23) a - papagaio   24) d - pelicano

#24 - 1) a - abutre   2) c - ganso   3) d - pelicano   4) d - corvo   5) d - pato   6) d - flamingo   7) b - pomba
8) d - águia   9) c - rouxinol   10) a - pássaro   11) c - papagaio   12) a - gaivota   13) d - cegonha
14) d - garça   15) d - pardal   16) a - peru   17) d - galo   18) c - avestruz   19) b - falcão   20) d - pombo
21) c - faisão   22) c - coruja   23) c - galinha   24) a - cisne

Quiz Solutions

#25 - 1) a - gloves 2) a - belt 3) a - blouse 4) d - mackintosh 5) a - scarf 6) a - suit 7) b - shirt
8) d - T-shirt 9) d - jeans 10) c - clothes 11) b - socks 12) a - cardigan 13) b - braces/suspenders
14) a - size 15) d - hiking boots 16) b - corset 17) a - cap 18) b - coat 19) c - bow tie 20) d - bra
21) b - jacket 22) c - zip 23) b - hat 24) b - anorak

#26 - 1) c - corset 2) d - cap 3) b - cardigan 4) d - shirt 5) d - necktie 6) c - scarf 7) b - trousers
8) c - running shoes 9) d - waistcoat 10) a - gloves 11) a - sandals 12) a - sweatshirt 13) a - bathing
suit 14) b - knickers 15) b - jacket 16) a - anorak 17) c - bra 18) a - tights 19) d - T-shirt
20) b - briefs 21) a - coat 22) b - belt 23) c - braces/suspenders 24) c - blouse

#27 - 1) a - trousers 2) b - dress 3) a - cardigan 4) c - overalls 5) b - gloves 6) b - shirt
7) d - mackintosh 8) d - corset 9) d - jeans 10) b - socks 11) d - bow tie 12) a - size 13) b - T-shirt
14) d - skirt 15) a - jacket 16) d - dressing gown 17) c - scarf 18) a - belt 19) b - slippers
20) d - blouse 21) a - sweatshirt 22) b - anorak 23) b - tights 24) d - umbrella

#28 - 1) d - sutiã 2) d - traje de banho 3) a - calças 4) c - cardigã 5) a - cinto 6) a - meias
7) c - gravata borboleta 8) b - biquíni 9) c - vestido 10) a - guarda-chuva 11) c - cuecas 12) d - fecho
éclair 13) b - boné 14) c - capa de chuva 15) a - jeans 16) a - roupas 17) b - jaleco 18) a - camiseta
19) d - tênis 20) b - cinta 21) b - colete 22) b - botas para caminhada 23) d - saia 24) b - terno

#29 - 1) b - biquíni 2) c - calcinhas 3) a - cinta 4) a - botas para caminhada 5) d - calças 6) b - chapéu
7) c - gravata 8) c - luvas 9) a - macacão 10) d - saia 11) b - camiseta 12) a - colete 13) b - meias
14) a - chinelos 15) d - vestido 16) a - luva 17) d - camisa 18) a - roupão de banho 19) b - sobretudo
20) a - boné 21) a - cuecas 22) d - calças justas 23) c - sandálias 24) a - guarda-chuva

#30 - 1) c - roupas 2) c - luvas 3) c - colete 4) d - chapéu 5) b - luva 6) d - guarda-chuva 7) b - cinto
8) d - jaleco 9) d - sutiã 10) d - macacão 11) c - blusa 12) c - meias 13) a - biquíni 14) c - suéter
15) a - paletó 16) b - calcinhas 17) a - boné 18) a - calças justas 19) d - jeans 20) a - fecho éclair
21) d - gravata 22) b - cardigã 23) d - camisa 24) d - vestido

#31 - 1) b - parent 2) d - bride 3) b - stepbrother 4) c - grandchild 5) a - relatives 6) c - stepfather
7) d - stepdaughter 8) d - niece 9) a - stepmother 10) b - stepson 11) a - mother 12) d - grandfather
13) c - cousin 14) d - son 15) d - husband 16) c - dad 17) b - relative 18) b - brother
19) d - stepsister 20) d - nephew 21) b - family 22) c - grandmother 23) a - daughter 24) a - mum

#32 - 1) d - aunt 2) a - stepson 3) d - wife 4) a - stepdaughter 5) b - stepbrother 6) c - family
7) b - relatives 8) c - grandmother 9) d - bride 10) c - grandchild 11) b - sister 12) a - brother
13) d - stepmother 14) b - father 15) a - stepfather 16) c - husband 17) b - nephew 18) b - stepsister
19) a - daughter 20) b - parent 21) a - mother 22) c - niece 23) b - grandfather 24) c - cousin

Quiz Solutions

#33 - 1) c - grandchild 2) d - dad 3) a - nephew 4) c - parent 5) d - cousin 6) c - grandfather
7) b - daughter 8) b - stepsister 9) a - sister 10) b - stepson 11) a - niece 12) a - husband 13) c - bride
14) c - aunt 15) a - grandmother 16) d - wife 17) c - uncle 18) d - stepdaughter 19) d - mother
20) d - stepmother 21) a - father 22) c - relatives 23) c - family 24) d - son

#34 - 1) a - papai 2) d - tio 3) c - madrasta 4) c - marido 5) c - filho 6) c - sobrinha 7) b - irmã
8) b - noiva 9) d - avô 10) c - avó 11) a - padrasto 12) d - parente 13) b - enteado 14) d - tia
15) a - pai 16) a - parentes 17) d - mãe 18) d - filha 19) b - primo 20) b - irmão 21) d - neto
22) a - família 23) a - pais 24) b - sobrinho

#35 - 1) d - madrasta 2) c - enteado 3) b - meia-irmã 4) c - pais 5) d - sobrinha 6) c - primo
7) c - parentes 8) b - neto 9) b - noiva 10) b - mãe 11) d - avô 12) b - meio-irmão 13) a - enteada
14) a - papai 15) b - tio 16) a - espôsa 17) b - irmão 18) c - marido 19) b - filha 20) a - família
21) b - avó 22) c - tia 23) d - mamãe 24) b - irmã

#36 - 1) a - parentes 2) d - tia 3) d - pais 4) d - meia-irmã 5) b - parente 6) a - enteado 7) a - marido
8) d - filha 9) d - avô 10) c - espôsa 11) a - sobrinho 12) a - madrasta 13) d - sobrinha 14) a - mãe
15) b - meio-irmão 16) a - família 17) c - tio 18) d - filho 19) a - primo 20) b - irmã 21) a - padrasto
22) c - irmão 23) d - enteada 24) c - papai

#37 - 1) b - salt 2) b - biscuit 3) a - egg 4) a - butter 5) d - chocolate bar 6) b - cake 7) c - bread
8) b - mustard 9) a - olive oil 10) b - cookie 11) d - salad 12) b - bun 13) d - vinegar 14) b - pastry
15) c - cheese 16) b - food 17) d - yoghurt 18) a - milk 19) a - vegetable soup 20) d - ice-cream
21) c - sugar 22) d - cheese 23) d - vinegar 24) c - butter

#38 - 1) a - egg 2) b - pastry 3) d - vinegar 4) c - yoghurt 5) d - ice-cream 6) d - biscuit
7) b - vegetable soup 8) b - butter 9) b - salad 10) d - milk 11) c - cookie 12) c - olive oil
13) c - sugar 14) a - chocolate bar 15) b - cake 16) c - mustard 17) b - bread 18) a - food
19) a - cheese 20) b - salt 21) a - bun 22) a - milk 23) c - salad 24) c - chocolate bar

#39 - 1) b - bun 2) b - yoghurt 3) b - olive oil 4) b - vegetable soup 5) b - cheese 6) a - biscuit
7) b - mustard 8) c - sugar 9) a - vinegar 10) a - cookie 11) d - ice-cream 12) d - butter 13) a - pastry
14) d - cake 15) c - salt 16) b - bread 17) b - food 18) b - milk 19) c - salad 20) d - egg
21) c - chocolate bar 22) b - bread 23) b - vinegar 24) d - cookie

#40 - 1) d - barra de chocolate 2) b - sorvete 3) d - pão 4) c - comida 5) c - açúcar 6) a - sopa de
legumes 7) d - iogurte 8) d - biscoito 9) d - leite 10) b - salada 11) c - pastelaria 12) c - ovo
13) c - pãozinho 14) c - sal 15) b - mostarda 16) b - manteiga 17) d - queijo 18) b - bolo
19) c - vinagre 20) c - azeite de oliva 21) a - bolacha 22) c - bolacha 23) c - sopa de legumes
24) b - leite

Quiz Solutions

#41 - 1) b - pastelaria   2) b - leite   3) d - pãozinho   4) c - manteiga   5) a - sopa de legumes   6) a - mostarda   7) c - queijo   8) b - bolacha   9) d - sal   10) c - iogurte   11) a - azeite de oliva   12) a - vinagre   13) d - biscoito   14) c - salada   15) a - comida   16) d - açúcar   17) c - pão   18) a - barra de chocolate   19) a - sorvete   20) a - ovo   21) c - bolo   22) c - comida   23) a - salada   24) b - sal

#42 - 1) b - biscoito   2) d - mostarda   3) c - azeite de oliva   4) d - manteiga   5) b - pão   6) b - bolacha   7) c - sal   8) a - salada   9) d - pãozinho   10) c - pastelaria   11) b - vinagre   12) a - queijo   13) b - bolo   14) b - açúcar   15) d - sorvete   16) d - barra de chocolate   17) a - sopa de legumes   18) d - leite   19) c - ovo   20) b - comida   21) a - iogurte   22) b - sopa de legumes   23) b - manteiga   24) c - salada

#43 - 1) b - almond   2) b - banana   3) d - lime   4) a - tangerine   5) a - plum   6) a - apricot   7) b - grape   8) d - raisin   9) b - watermelon   10) a - peach   11) a - walnut   12) c - rhubarb   13) c - cherry   14) a - chestnut   15) c - hazelnut   16) c - coconut   17) c - pineapple   18) b - blueberry   19) b - date   20) a - fruit   21) c - orange   22) b - apple   23) d - pear   24) d - lemon

#44 - 1) a - blackberry   2) c - fig   3) a - plum   4) b - pineapple   5) d - tangerine   6) a - strawberry   7) c - coconut   8) b - raisin   9) d - pear   10) a - watermelon   11) b - chestnut   12) a - banana   13) c - fruit   14) a - grape   15) b - melon   16) b - blueberry   17) b - walnut   18) d - cherry   19) d - apple   20) b - apricot   21) a - rhubarb   22) c - raspberry   23) a - orange   24) c - peach

#45 - 1) c - peanut   2) c - melon   3) a - walnut   4) b - banana   5) b - chestnut   6) b - tangerine   7) c - raisin   8) d - hazelnut   9) d - cherry   10) c - pineapple   11) c - date   12) c - grapefruit   13) c - lime   14) b - strawberry   15) a - pear   16) b - watermelon   17) a - grape   18) d - apple   19) b - plum   20) b - blueberry   21) a - fig   22) d - raspberry   23) c - blackberry   24) d - rhubarb

#46 - 1) a - ruibarbo   2) c - amêndoa   3) b - amora preta   4) a - cereja   5) a - uva   6) c - banana   7) c - tangerina   8) b - avelã   9) a - abacaxi   10) a - damasco   11) c - limão   12) d - framboesa   13) c - amendoim   14) d - fruta   15) b - lima   16) a - pêssego   17) a - morango   18) a - figo   19) b - ameixa   20) a - tâmara   21) d - melancia   22) c - melão   23) d - maçã   24) a - mirtilo

#47 - 1) b - amendoim   2) d - morango   3) a - castanha   4) b - côco   5) a - laranja   6) a - ruibarbo   7) b - banana   8) b - pêssego   9) b - tâmara   10) a - tangerina   11) d - mirtilo   12) d - noz   13) d - limão   14) d - uva   15) a - melancia   16) a - amora preta   17) d - toranja   18) b - figo   19) a - cereja   20) a - lima   21) c - maçã   22) a - fruta   23) a - pêra   24) d - amêndoa

#48 - 1) d - maçã   2) b - ameixa   3) a - uva   4) a - ruibarbo   5) a - côco   6) a - laranja   7) a - pêra   8) d - morango   9) d - amendoim   10) c - mirtilo   11) a - castanha   12) d - pêssego   13) b - melancia   14) a - tangerina   15) b - banana   16) c - amora preta   17) b - amêndoa   18) b - tâmara   19) c - limão   20) d - cereja   21) d - lima   22) a - avelã   23) b - damasco   24) c - abacaxi

Quiz Solutions

#49 - 1) a - stairs   2) d - floor   3) a - maid   4) d - room service   5) a - dining room   6) c - garage
7) c - lobby   8) a - breakfast   9) d - message   10) b - hotel   11) c - entrance   12) b - lift   13) c - ground
floor   14) c - reception desk   15) d - bellboy   16) c - suite   17) c - room   18) d - to pay   19) a - taxi
20) b - ice   21) d - balcony   22) b - bill   23) c - manager   24) c - booking

#50 - 1) c - ice   2) b - lobby   3) a - bill   4) c - garage   5) c - maid   6) c - recreation   7) c - room service
8) c - receipt   9) d - floor   10) b - air conditioning   11) c - swimming pool   12) d - doorman
13) a - reception desk   14) d - hotel   15) b - message   16) a - bellboy   17) c - dining room   18) d - stairs
19) a - view   20) b - balcony   21) a - suite   22) a - manager   23) c - ground floor   24) b - complaint

#51 - 1) b - price   2) d - ice   3) c - floor   4) a - lobby   5) c - manager   6) b - lift   7) a - breakfast
8) b - ground floor   9) b - complaint   10) b - hotel   11) d - suite   12) c - stairs   13) c - living room
14) d - receptionist   15) b - booking   16) a - internet   17) c - bellboy   18) c - room   19) d - taxi
20) d - check-out   21) b - entrance   22) a - recreation   23) b - garage   24) d - receipt

#52 - 1) d - hotel   2) a - escadas   3) c - piscina   4) c - porteiro   5) b - térreo   6) a - sala de jantar
7) c - mensagem   8) d - sacada   9) c - check-out   10) d - gelo   11) c - preço   12) b - sala de visita
13) a - gerente   14) b - recreação   15) d - café da manhã   16) a - elevador   17) c - ar condicionado
18) d - salão de espera   19) c - recepcionista   20) d - piso   21) c - internet   22) c - táxi   23) b - conta
24) c - recepção

#53 - 1) c - mensagem   2) b - café da manhã   3) b - piscina   4) a - recibo   5) b - sala de visita   6) a - salão
de espera   7) a - sacada   8) b - recepcionista   9) a - internet   10) b - piso   11) b - serviço de quarto
12) b - quarto   13) a - check-out   14) b - térreo   15) a - entrada   16) d - gerente   17) a - escadas
18) b - gelo   19) a - sala de jantar   20) c - reserva   21) a - recreação   22) b - vista   23) a - ar
condicionado   24) a - garagem

#54 - 1) a - piscina   2) d - reserva   3) a - sacada   4) d - internet   5) d - recreação   6) a - escadas
7) b - entrada   8) b - porteiro   9) a - recepcionista   10) c - gerente   11) c - suíte   12) c - check-out
13) c - ar condicionado   14) d - arrumadeira   15) a - vista   16) d - preço   17) d - térreo   18) d - serviço de
quarto   19) d - pagar   20) b - queixa   21) d - café da manhã   22) c - mensagem   23) a - garagem
24) c - elevador

#55 - 1) d - eyebrow   2) c - calf   3) a - eye   4) a - tooth   5) c - tongue   6) d - nerve   7) d - kidney
8) c - ear   9) c - joint   10) c - bladder   11) b - thorax   12) b - backbone   13) d - leg   14) b - fist
15) d - brain   16) d - lip   17) c - teeth   18) c - moustache   19) c - ankle   20) c - elbow   21) d - rib
22) a - eyelid   23) b - hand   24) a - neck

#56 - 1) a - jaw   2) c - head   3) b - tooth   4) d - hair   5) b - moustache   6) a - knuckle   7) c - muscle
8) b - ear   9) b - calf   10) b - freckles   11) b - vein   12) c - cheek   13) d - leg   14) a - lung   15) a - foot
16) d - joint   17) c - thorax   18) b - tendon   19) c - neck   20) c - mouth   21) b - artery   22) d - shoulder
23) a - throat   24) a - fingernail

Quiz Solutions

#57 - 1) c - iris   2) b - ankle   3) d - eyelash   4) a - shoulder   5) a - knee   6) d - moustache   7) b - gland
8) d - eye   9) d - brain   10) b - cheek   11) b - skin   12) d - fist   13) b - foot   14) c - eyebrow   15) a - rib
16) b - waist   17) c - hair   18) b - back   19) b - finger   20) a - neck   21) c - freckles   22) a - fingernail
23) c - mouth   24) b - blood

#58 - 1) d - pés   2) c - pescoço   3) b - punho   4) a - cotovêlo   5) a - olho   6) a - lábio   7) b - garganta
8) b - barriga   9) b - bexiga   10) c - apêndice   11) d - pulso   12) b - rim   13) b - cerebro   14) c - artéria
15) c - testa   16) d - bochecha   17) d - glândula   18) c - quadril   19) a - sardas   20) a - barba
21) c - amígdalas   22) b - espinha dorsal   23) d - côxa   24) a - orelha

#59 - 1) a - testa   2) a - pés   3) c - corpo   4) c - panturrilha   5) d - músculo   6) d - nervo   7) c - ombro
8) a - bexiga   9) b - mão   10) c - cabelo   11) b - bigode   12) d - cintura   13) d - rim   14) b - pele
15) d - língua   16) a - orelha   17) b - pulmão   18) d - perna   19) b - cerebro   20) b - coração
21) a - tornozelo   22) d - mandíbula   23) d - braço   24) a - pescoço

#60 - 1) b - bexiga   2) a - lábio   3) a - língua   4) c - braço   5) a - partes do corpo   6) d - garganta
7) c - queixo   8) d - artéria   9) b - pulmão   10) d - íris   11) a - cintura   12) a - costela   13) a - sangue
14) b - barriga   15) d - seio   16) a - junta   17) d - panturrilha   18) d - músculo   19) a - sardas
20) d - barba   21) d - olho   22) c - glândula   23) b - dedo do pé   24) c - cilho

#61 - 1) b - lunch   2) c - menu   3) d - soup bowl   4) a - main course   5) c - dessert   6) a - beverage
7) d - to order   8) a - wine list   9) c - tablecloth   10) a - salad bowl   11) c - thirsty   12) c - cheap
13) b - salad fork   14) a - waitress   15) b - meal   16) c - dinner   17) d - waiter   18) d - expensive
19) a - to drink   20) c - restaurant   21) b - hungry   22) a - soup spoon   23) b - to eat   24) c - to order

#62 - 1) b - tablecloth   2) d - dinner   3) b - cheap   4) d - main course   5) d - lunch   6) c - to order
7) c - soup spoon   8) d - menu   9) b - waiter   10) c - hungry   11) c - salad fork   12) a - meal
13) d - thirsty   14) d - wine list   15) a - to eat   16) b - to drink   17) b - expensive   18) a - salad bowl
19) d - soup bowl   20) c - waitress   21) c - dessert   22) a - restaurant   23) d - beverage   24) a - dinner

#63 - 1) c - cheap   2) a - menu   3) c - waitress   4) c - tablecloth   5) c - dessert   6) c - main course
7) d - to order   8) d - thirsty   9) d - to eat   10) a - wine list   11) a - dinner   12) d - beverage
13) d - restaurant   14) b - salad fork   15) a - waiter   16) b - hungry   17) b - to drink   18) c - salad bowl
19) d - soup spoon   20) b - meal   21) d - expensive   22) d - soup bowl   23) b - lunch   24) d - thirsty

#64 - 1) d - prato de sopa   2) d - caro   3) b - garçonete   4) a - beber   5) d - almoço   6) d - comer
7) b - barato   8) d - aperitivo   9) d - bebida   10) d - garçom   11) d - colher de sopa   12) c - refeição
13) c - jantar   14) c - prato de salada   15) c - cardápio   16) d - garfo de salada   17) a - pedir
18) d - faminto   19) b - com sede   20) d - toalha de mesa   21) a - sobremesa   22) a - carta de vinhos
23) d - restaurante   24) c - bebida

Quiz Solutions

#65 - 1) d - garçonete   2) c - sobremesa   3) b - aperitivo   4) b - caro   5) d - comer   6) a - faminto
7) c - refeição   8) a - barato   9) b - garçom   10) b - colher de sopa   11) d - bebida   12) c - com sede
13) b - jantar   14) b - beber   15) d - toalha de mesa   16) a - prato de sopa   17) a - pedir
18) d - restaurante   19) d - garfo de salada   20) d - almoço   21) b - cardápio   22) a - carta de vinhos
23) a - prato de salada   24) d - restaurante

#66 - 1) b - almoço   2) d - carta de vinhos   3) a - beber   4) a - toalha de mesa   5) d - caro
6) a - sobremesa   7) c - garçom   8) d - jantar   9) a - com sede   10) b - refeição   11) c - aperitivo
12) c - cardápio   13) b - pedir   14) d - comer   15) c - garçonete   16) b - prato de sopa   17) b - prato de
salada   18) a - restaurante   19) c - barato   20) d - faminto   21) a - garfo de salada   22) b - bebida
23) b - colher de sopa   24) c - restaurante

#67 - 1) a - fennel   2) d - celery   3) b - onion   4) b - potato   5) d - spinach   6) c - tomato   7) a - corn
8) a - broccoli   9) b - vegetable   10) c - pepper   11) c - pumpkin   12) a - lettuce   13) c - asparagus
14) c - parsley   15) d - gherkins   16) c - cucumber   17) a - garlic   18) c - mushroom   19) b - aubergine
20) b - radish   21) b - cabbage   22) d - peas   23) c - carrot   24) a - artichoke

#68 - 1) b - garlic   2) a - parsley   3) a - pumpkin   4) d - mushroom   5) c - cabbage   6) c - corn
7) a - aubergine   8) a - cucumber   9) a - beet   10) a - gherkins   11) d - potato   12) d - radish
13) c - tomato   14) b - celery   15) b - asparagus   16) d - onion   17) d - cauliflower   18) d - carrot
19) c - artichoke   20) b - peas   21) d - pepper   22) d - broccoli   23) d - vegetable   24) b - beans

#69 - 1) c - pumpkin   2) a - carrot   3) d - mushroom   4) b - cabbage   5) b - potato   6) b - parsley
7) d - peas   8) a - tomato   9) d - spinach   10) a - lettuce   11) a - cucumber   12) d - vegetable
13) b - aubergine   14) b - beans   15) a - fennel   16) d - asparagus   17) a - onion   18) d - corn
19) c - gherkins   20) c - broccoli   21) a - pepper   22) d - celery   23) b - beet   24) c - garlic

#70 - 1) b - cogumelo   2) a - couvre-flor   3) d - abóbora   4) c - berinjela   5) b - repolho   6) c - salsa
7) c - espargos   8) c - brócolis   9) d - espinafre   10) b - alface   11) b - picles   12) a - milho   13) a - aipo
14) a - alho   15) a - alcachofra   16) a - tomate   17) b - rabanete   18) b - pepino   19) a - batata
20) d - cenoura   21) b - ervilhas   22) d - feijão   23) c - cebola   24) d - legume

#71 - 1) c - legume   2) a - brócolis   3) c - beterraba   4) d - batata   5) c - rabanete   6) c - abóbora
7) c - pepino   8) a - couvre-flor   9) d - ervilhas   10) b - aipo   11) b - espinafre   12) a - cenoura
13) d - tomate   14) b - milho   15) b - alface   16) b - cogumelo   17) a - cebola   18) b - picles
19) a - espargos   20) d - pimenta   21) d - alcachofra   22) a - salsa   23) c - alho   24) a - repolho

#72 - 1) d - repolho   2) c - pepino   3) c - brócolis   4) a - pimenta   5) c - beterraba   6) b - legume
7) d - espinafre   8) a - feijão   9) d - abóbora   10) d - alho   11) b - rabanete   12) b - milho
13) c - alcachofra   14) c - ervilhas   15) b - alface   16) c - cogumelo   17) a - tomate   18) c - batata
19) b - erva doce   20) d - espargos   21) a - cebola   22) d - picles   23) c - salsa   24) b - cenoura

About the Author

Erik Zidowecki is a computer programmer and language lover. He is a co-founder of UniLang and founder of Parleremo, both web communities dedicated to helping people learn languages. He is also the Editor in Chief of Parrot Time magazine, a magazine devoted to language, linguistics, culture and the Parleremo community.

About Parleremo Languages

Parleremo is a language learning web site and online community. Free to any who wish to learn about languages and cultures, Parleremo uses a mixture of static and interactive resources as well as peer to peer sharing of knowledge and experience.

We are devoted to providing language materials and resources to people that want to learn and work with a like minded community.

Connect with Me:

Follow me on Twitter: https://twitter.com/Parleremo
Friend me on Facebook: https://www.facebook.com/ezidowecki
Join my group on Facebook: https://www.facebook.com/groups/264839636895941/
Join my site: http://www.parleremo.org/

35852889R00140

Made in the USA
Lexington, KY
08 April 2019